内蒙古社会保障事业发展报告

2024

建设更加健全、更可持续的社会保障体系

宋娟 白维军 主编

中国经济出版社
CHINA ECONOMIC PUBLISHING HOUSE
·北京·

图书在版编目（CIP）数据

内蒙古社会保障事业发展报告．2024／宋娟，白维军主编．--北京：中国经济出版社，2024.12.

ISBN 978-7-5136-8005-9

Ⅰ．D632.1

中国国家版本馆CIP数据核字第2024UJ7141号

责任编辑　王　帅

责任印制　马小宾

出版发行　中国经济出版社

印 刷 者　北京建宏印刷有限公司

经 销 者　各地新华书店

开　　本　710mm×1000mm　1/16

印　　张　19.5

字　　数　285千字

版　　次　2024年12月第1版

印　　次　2024年12月第1次

定　　价　88.00元

广告经营许可证　京西工商广字第8179号

中国经济出版社　**网址** http://epc.sinopec.com/epc/　**社址** 北京市东城区安定门外大街58号　**邮编** 100011

本版图书如存在印装质量问题，请与本社销售中心联系调换（联系电话：010-57512564）

前言
Preface

《内蒙古社会保障事业发展报告（2024）》是继《内蒙古社会保障事业发展报告（2022）》之后，又一本由内蒙古大学公共管理学院社会保障研究团队集体编著的、立足于内蒙古社会保障建设实际的年度研究报告。本报告围绕内蒙古建设更加健全、更可持续的社会保障体系这一主题，以翔实的数据资料反映了内蒙古社会保障的最新发展情况。

近年来，内蒙古自治区秉持共同富裕与共享发展的核心理念，社会保障事业取得了显著成就。具体表现为：社会保障覆盖面持续拓宽，制度建设日益完善，服务水平显著提升，基金管理高效有序，社会保险的普惠性、多样性和可持续性得到了进一步增强。2023 年，国务院制定了《关于推动内蒙古高质量发展　奋力书写中国式现代化新篇章的意见》，这充分体现了党中央、国务院对内蒙古发展的深切关怀与高度重视。同年，人力资源和社会保障部与内蒙古自治区人民政府签署了《共同推动内蒙古人力资源和社会保障事业高质量发展战略合作协议》，该协议涵盖了 24 项具体支持措施，其中，构建更加健全、更可持续的社会保障体系被列为了重点任务之一。

内蒙古社会保障体系的建设始终坚持以习近平新时代中国特色社会主义思想为指导，深入贯彻习近平总书记关于社会保障事业的重要论述精神和对内蒙古的重要指示精神，在既有探索与实践的基础上，面对社会治理领域涌现的新形势与新挑战，内蒙古及时响应，不断取得新的突破与进展。本报告重点关注了内蒙古养老保障、医疗保障、失业保险、工伤保险、长期护理保险以及分层分类的社会救助等制度中的焦点、热点、难点问题。

在养老保障体系方面，内蒙古以全覆盖、保基本、多层次、可持续为目标，积极探索符合地方实际的养老保障体系建设路径。通过加强基本养老保险的覆盖与管理，推动企业年金和职业年金的发展，鼓励个人储蓄和商业保险的参与，以及构建多元化的养老服务体系，内蒙古正逐步构建一个更加健全、适应地方特色的养老保障体系，旨在确保老年人能够享受安全、体面、健康的晚年生活。

在医疗保障制度建设方面，内蒙古在巩固全民医保成果的基础上，不断完善医疗保障制度设计，持续深化医疗保障制度改革。这主要体现在全面推进医疗保险DIP支付方式改革、深化医药服务价格改革、强化医保基金监管，以及优化医保便民服务，促进三医协同发展和治理，持续提升医疗保障水平。

在失业保险及公共就业服务方面，面对新的就业形势和挑战，内蒙古不断完善就业需求调查和失业监测预警机制，同时面向大学毕业生、农牧民工、失业人员和退役军人等重点人群提供优质的公共就业服务。2023年，内蒙古修订了《内蒙古自治区就业促进条例》，在产业带动、资金扶持、服务保障等方面进行了全面升级，特别是明确了数字经济背景下新业态、新模式的发展，并强调平台企业应完善新业态就业人员的社会保障，以推动实现高质量、更充分的就业。

在工伤保险方面，内蒙古近年来积极推进省级统筹，此举对提高基金使用效率、强化保障能力、促进制度公平与可持续发展具有重要意义。2024年，内蒙古工伤保险基金正式迈入自治区级统收统支的新阶段，标志着自2020年起逐步探索的调剂金管理模式顺利过渡至全面统收统支管理，为基金预算管理、监管强化及长期安全稳定运行奠定了坚实基础。

在长期护理保险方面，内蒙古自2020年起在部分盟市启动了长期护理保险制度试点，其中，呼和浩特市作为全国第二批试点城市，创新性地构建了“四轮驱动”与“五个到位”并重的“青城模式”。随着试点工作的深入，各盟市围绕失能评估、承办机构考核、定点管理等关键环节持续探索完善，致力于建立健全多元化、满足群众需求的长期护理保险制度，显著提升了失能人员的福祉感受。

在构建分层分类社会救助体系方面，内蒙古为加大对低收入人口的救助力度，不断完善城乡统筹、分层分类的社会救助体系。通过全面开展低收入人口认定、加强动态监测、实施分层分类救助及落实具体保障措施，针对六类低收入人口，根据其困难程度和类型，精准施策，提供包括基本生活救助、专项社会救助及急难社会救助在内的综合保障，为兜牢基本民生底线提供了坚实的制度支撑。

社会保障作为一项复杂的系统工程，在内蒙古正经历着深化改革的关键时期，政府与相关部门积极行动，取得了诸多具有历史意义的新进展。《内蒙古社会保障事业发展报告（2024）》虽难以全面覆盖当前内蒙古社会保障事业的全部内容，但力图通过编著团队的共同努力，将该报告打造成持续追踪内蒙古社会保障事业发展与深入展开政策研究的精品之作。本报告由内蒙古大学公共管理学院劳动与社会保障系的宋娟副教授和白维军教授担任主编，他们精心策划了全书的篇章结构，并负责最终的统稿工作。各报告标题和作者如下：

总报告　内蒙古社会保障事业发展报告（2024）（白维军、付冀珊）

报告一　多层次、多支柱养老保障体系的现状及未来展望（赵淼）

报告二　推进高质量医疗保障制度建设（宋娟）

报告三　健全就业需求调查和失业监测预警机制（王坤、甄琪、王宇星）

报告四　推动工伤保险省级统筹研究（苏敏、赵文菲、戈宏英、杨紫）

报告五　长期护理保险政策实践及未来展望（陈旖旎）

报告六　推进养老服务高质量发展研究（安华、于多雨）

报告七　提升公共就业服务质量研究（韩慧）

报告八　完善新业态就业者的社会保障（韩慧）

报告九　健全分层分类的社会救助体系（杜孟其）

报告十　社会保障数字化治理进程、问题与对策（杜孟其）

调研报告一　“统种共富”农地合作经营的典型经验与风险防范——基于达拉特旗案例（李杰）

调研报告二　内蒙古社会医疗保险 DIP 支付方式政策优化研究（宋娟）

在本报告的编写过程中，作者团队倾注了极大的精力与心血。尽管我们力求尽善尽美，但仍难免存在疏漏与不足之处。在此，我们真诚希望各位读者批评指正，并提出宝贵意见和建议，以助我们不断改进和完善。同时，衷心感谢中国经济出版社编辑老师的认真审校和辛勤付出，为本报告的顺利出版奠定了坚实基础。

宋　娟

2024 年 11 月 12 日

于内蒙古大学图书馆

目录
Contents

Ⅰ 总报告

Ⅱ 专题报告

Ⅲ　调研报告

I　总报告

内蒙古社会保障事业发展报告（2024）

白维军　付冀珊[①]

社会保障是保障和改善民生、维护社会公平、增进人民福祉的基本制度保障，是促进经济社会发展、实现广大人民群众共享改革发展成果的重要制度安排，发挥着民生保障安全网、收入分配调节器、经济运行减震器的作用，是治国安邦的大问题。作为现代国家治理体系的重要组成部分，社会保障不仅承载着保障民生、稳定社会的重任，更是实现社会公平与正义的重要途径。在全球化和科技迅猛发展的背景下，人口老龄化、就业不稳定和健康风险等问题日益凸显，社会保障的功能和边界不断扩展，这已成为各国政府和学界关注的重要议题。如何通过政策创新和制度优化构建更加健全、更可持续的社会保障体系，关乎中国式现代化的实现程度，也是提升人民群众获得感、幸福感、安全感的重要保障。

习近平总书记在十九届中央政治局第二十八次集体学习时指出，“要加快发展多层次、多支柱养老保险体系，健全基本养老、基本医疗保险筹资和待遇调整机制，扩大年金制度覆盖范围，规范发展第三支柱养老保险，积极发展商业医疗保险，更好满足人民群众多样化需求”。2023 年 6 月，习近平总书记在内蒙古自治区考察时再次强调，“要健全多层次社会保障体系”。内蒙古自治区是一个有着 2400 多万人口的欠发达地区，在建立健全社会保障体系上，内蒙古自治区不仅着眼于制度的健全与完善，更注重通过实践积累经验，以创新驱动社会保障事业的发展，努力构建一个既符合国家战略需求，又贴合地方实际的社会保障体系。

---

① 白维军，内蒙古大学公共管理学院教授、博士生导师；付冀珊，内蒙古大学公共管理学院博士研究生。

本报告旨在系统梳理和分析近年来内蒙古社会保障事业的政策进展与实际成效，力图通过宏观层面对政策演进、新时代发展机遇与具体案例的剖析，揭示内蒙古在社会保障领域的关键突破与面临的挑战，并就如何发展内蒙古社会保障事业进行路径构建。

一、内蒙古社会保障事业发展取得的成效

习近平总书记指出，社会保障关乎人民最关心最直接最现实的利益问题。在“十四五”即将收官之年，经济增速换挡、人口老龄化加剧以及就业结构持续变化等，要求我们进一步健全多层次的社会保障体系，以应对未来的不确定性。通过健全社会保障运行体制机制，探索相对贫困治理途径，可以更好地实现其基础性作用。这不仅有助于提升社会保障在国家治理体系中的地位，也为实现共同富裕提供坚实的制度保障。近年来，内蒙古自治区党委政府在坚持以人民为中心的发展思想的引领下，社会保障事业取得了显著进展。社保覆盖范围持续扩大，社保服务水平不断提升，社保制度建设趋向完善，社保资金管理高效运行，社会保险普惠性、多样性和可持续性进一步发展，从传统的社会救助、养老保险、医疗保险，到新兴的长期护理保险与特殊群体的保障措施，内蒙古不断探索与完善适应本地的发展路径，在多元复杂的社会结构中，实现全民共济、安居乐业的发展目标。

（一）社会保障制度建设持续革新

近年来，内蒙古自治区在社会保障领域不断深化改革，完善政策与制度创新。2023 年 8 月 3 日，内蒙古自治区人力资源和社会保障厅与财政厅联合发布《关于 2023 年调整退休人员基本养老金的通知》，对退休人员按照定额、养老金水平、缴费年限调整和高龄群体倾斜与调整。① 2023 年 8 月 28 日，内蒙古自治区医疗保障局会同自治区财政厅、国家税务总局内蒙古自治区税务局发布《关于做好 2023 年城乡居民基本医疗保障工作的通知》，巩固

① 内蒙古自治区人力资源和社会保障厅．关于 2023 年调整退休人员基本养老金的通知［EB/OL］．（2023 – 08 – 06）．https://rst.nmg.gov.cn/zfxxgk/fdzdgknr/zhongdianyewu/202308/t20230806_2357449.html.

居民医保住院待遇水平，确保政策范围内基金支付比例稳定在70%左右。同时，稳步提升门诊保障水平，全面推行居民门诊统筹制度；确保实现农村低收入人口和脱贫人口医保全覆盖，强化三重制度综合保障效能；提高城乡居民基本医疗保险筹资标准，调整居民医保个人缴费标准，建立健全医疗保障待遇清单制度，促进医疗保障制度法定化、决策科学化、管理规范化，健全覆盖全民的多层次社会保障体系。①

根据《人力资源社会保障部　财政部　国家税务总局关于阶段性降低失业保险、工伤保险费率有关问题的通知》，内蒙古实施阶段性降低失业保险和工伤保险费率的政策，显著减轻了企业的社会保险缴费负担，降低了企业的运营成本，增强了其经营活力和竞争力。② 内蒙古自治区延续实施一次性扩岗补助政策，一定程度上鼓励企业增加了就业岗位，增强了企业的招聘意愿。此外，“免申即享”与“自主申请”相结合的经办模式，确保了审核发放过程的方便、快捷、规范和安全。一系列政策的出台和实施，体现了内蒙古自治区在社会保障领域的持续改革和创新，旨在提高民生福祉、增强社会公平性和可持续性。

（二）社会保障水平不断提高

1. 社会保险普惠性进一步增强

2024年，内蒙古自治区进一步扩大社会保障覆盖面，社会保障普惠性与多样性显著增强。根据《内蒙古自治区“十四五”老龄事业发展规划》，内蒙古在“十四五”期间建立了更加科学完善的覆盖全民、统筹城乡、公平统一、可持续的多层次社会保障体系，自治区政府通过实施财政补贴、企业和个人缴费等措施，解决了社会保障遗留问题，进一步扩大了城乡居民养老保险的覆盖面，积极构建了老龄事业高质量发展格局，提升了老年人的获得感、

① 内蒙古自治区医疗保障局.《关于做好2023年城乡居民基本医疗保障工作的通知》政策解读［EB/OL］.（2023-08-28）. https://ylbzj.nmg.gov.cn/zwgk/zfxxgk/fdzdgknr/zcjd/202308/t20230828_2368463.html.

② 人力资源社会保障部. 人力资源社会保障部　财政部　国家税务总局关于阶段性降低失业保险、工伤保险费率有关问题的通知［EB/OL］.（2023-03-31）. https://www.gov.cn/zhengce/zhengceku/2023-03/31/content_5749452.htm.

幸福感和安全感。[①] 此外，人社部门坚持“全覆盖、保基本、多层次、可持续”的方针，坚决守住兜牢民生保障底线。企业退休人员养老金水平逐步提高，工伤职工伤残津贴、供养亲属抚恤金、生活护理费等标准显著提升。

2023 年，内蒙古参加城镇职工基本养老保险人数 932.2 万人，同比增长 4.1%。参加城乡居民基本养老保险人数 815.5 万人，同比增长 2.1%；参加基本医疗保险人数 2158.7 万人。其中，职工基本医疗保险人数达 606.6 万人，城乡居民基本医疗保险人数 1552.1 万人，累计领取失业保险金人数 7.3 万人。城乡居民基本医疗保险覆盖率达到 95%，基本养老保险覆盖率达到 90%。[②] 此外，内蒙古聚焦困难人群、学生、儿童和新生儿、流动人口等重点人群，实施精准参保扩面，全面落实持居住证参保政策，使得流动人口能够更方便地参与社会保险，确保应参尽参。内蒙古通过多种措施拓宽牧民就业增收渠道，提高牧民收入，并引导未参保企业、灵活就业人员、进城务工农牧民、新业态从业人员等重点群体参保，有效提升了农牧民和灵活就业人员的社会保障水平。

2. 社会保障便民服务持续丰富

2024 年，内蒙古自治区在社保服务方面推出多项创新模式和举措，旨在提升社会保障水平，增强民众的获得感、幸福感和安全感。内蒙古自治区启动以“全民参保，共享美好”为主题的“社保服务进万家”活动，通过进社区、进乡村、进企业、进校园等多渠道广泛宣传社保政策，提高民众对社保政策的知晓率，并提供更优质、更便利的社保服务。内蒙古自治区创新参保缴费方式，积极推进线上“一网通办”、线下“一厅联办”“一站式”服务，通过内蒙古人才网、就业服务云平台等网站登记求职信息，提供就业岗位推荐，明确 26 项人才政策措施，推动人才“势能”转化为高质量发展“动能”，提供多渠道便民参保缴费服务措施。围绕重点产业链和发展方向开展

① 内蒙古自治区人民政府. 内蒙古自治区人民政府办公厅关于印发自治区“十四五”老龄事业发展规划的通知[EB/OL].（2021－12－15）. https://www.nmg.gov.cn/ztzl/sswghjh/zxgh/mzfpjz/202112/t20211215_1977801.html? dzb=true.

② 内蒙古自治区统计局. 内蒙古自治区 2023 年国民经济和社会发展统计公报[EB/OL].（2024－03－21）. https://www.nmg.gov.cn/tjsj/sjfb/tjsj/tjgb/202403/t20240321_2483646.html? slb=true.

人才引进工作，自治区本级引进高层次专业技术人才469名，落实引进高层次人才科研资金1亿元，支持指导各盟市加强人才引进工作，各地举办引才活动117场，引进人才1.4万人；紧贴自治区产业发展方向，争取国家支持，新获批博士后科研工作站2个、博士后科研流动站7个，增加了引聚和培育人才新平台，全区博士后科研工作站、流动站累计达到69个。[①]

2023年12月25日，人力资源社会保障部与内蒙古自治区政府签署了《共同推动内蒙古人力资源和社会保障事业高质量发展战略合作协议》，确定了57条具体合作事项，有力推动内蒙古人社事业高质量发展。[②] 未来，自治区人社部门将加强人力资源开发和利用，扎实推进“人力资源社会保障工作巩固拓展年”，深化党建引领提质、就业扩容提质、社会保障改革提质、技术技能人才引育提质、劳动关系治理提质、政务服务创优提质、风险防控筑堤提质7项工程，以期推动城镇新增就业和基本养老保险参保人数的稳定增长，为内蒙古的社会保障体系提供更加坚实的基础。

（三）多层次社会保障体系建设不断完善

1. 养老保险

社保是民生之本、民生之基。“十四五”规划纲要提出，基本养老保险参保率提高到95%，积极发展多层次、多支柱养老保险体系。截至2023年年底，全国基本养老保险参保人数10.66亿人，同比增加1336万人。内蒙古自治区基本养老保险参保人数1747.7万人，基本参保率提前完成“十四五”规划目标任务。[③] 养老保险的多层次，从另一角度来讲即养老体系的多支柱。2023年12月15日，内蒙古自治区政府新闻办公室召开新闻发布会，通报自治区党委办公厅、政府办公厅联合印发《关于推进基本养老服务体系建设的实施方案》，强调加强自治区基本养老服务体系建设，是贯彻落实习近平总

---

① 人民网．内蒙古：保障和改善民生成效更加明显[EB/OL]．(2024-01-25)．https://www.mohrss.gov.cn/SYrlzyhshbzb/dongtaixinwen/dfdt/202401/t20240125_512766.html.

② 内蒙古自治区人力资源和社会保障厅．人力资源社会保障部与内蒙古自治区签署战略合作协议[EB/OL]．(2023-12-25)．https://rst.nmg.gov.cn/xwzx/xwdt/202312/t20231225_2431396.html.

③ 内蒙古自治区统计局．内蒙古自治区2023年国民经济和社会发展统计公报[EB/OL]．(2024-03-21)．https://www.nmg.gov.cn/tjsj/sjfb/tjsj/tjgb/202403/t20240321_2483646.html?slb=true.

书记考察内蒙古重要讲话精神，办好习近平总书记交给内蒙古的五大任务和建设模范自治区两件大事的具体举措，是实施积极应对人口老龄化国家战略的重要内容，是推动实现全体老年人享有基本养老服务的制度安排，是提升广大老年人获得感、幸福感、安全感的必然要求。[①] 基本养老保险方面，内蒙古自治区已建立起覆盖城市与乡镇农村的城乡居民养老保险和覆盖城镇各类用人单位及其职工的职工基本养老保险。参保人员按月缴纳基本养老保险费，达到规定的缴费年限后，可享受基本养老金待遇。补充养老保险制度通过政府引导和支持，鼓励企业、机构和个人参与补充养老保险，为参保人员提供额外的养老保障。同时，内蒙古自治区积极推动商业养老保险的发展，通过引导保险机构推出符合市场需求的商业养老保险产品，为个人提供更多元化的养老保障选择。

“十四五”时期以来，自治区加快构建“居家社区机构相协调，医养康养相结合”的养老服务体系，各项基本养老服务制度得到有效落实。目前，全区共有55.04万名80周岁以上老年人享受高龄津贴，34.7万名70～79周岁低保老年人享受养老服务补贴政策，4.05万名经认定生活不能自理的经济困难老年人享受护理补贴政策。全区累计建成各类居家社区养老服务机构（设施）1685个，居家社区养老服务覆盖率达97.6%，城市“一刻钟”养老服务圈基本建成。各苏木乡镇累计建成养老服务中心415个，养老服务设施覆盖率达53.3%；村级养老服务站（含幸福院）4910个，养老服务设施覆盖率达44.5%，全区农村养老服务覆盖率和可及度大幅提高，养老服务供给能力和服务水平显著提升。在此基础上，《关于推进基本养老服务体系建设的实施方案》设定了总体要求、工作目标、主要任务、组织保障4个工作板块与任务，这对未来自治区健全多层次社会保险体系、不断完善养老服务建设具有重要的支撑作用。[②] 未来几年，内蒙古自治区将不断完善基本养老服务保障机制，重点抓好健全老年人长期照护保障制度，建立基本养老服务经费保障机制，落实养老服务优惠扶持政策，同时不断提高基本养老服务供给

---

①② 中国政府网．内蒙古自治区印发《关于推进基本养老服务体系建设的实施方案》[EB/OL]．(2023－12－17)．https://www.gov.cn/lianbo/difang/202312/content_6920718.htm.

能力，提出科学规划养老服务设施布局，加快补齐配建养老服务设施短板。

2. 医疗保险

截至2023年年末，内蒙古自治区参加职工基本医疗保险的人数为606.6万人，同比增长3.4%；参加城乡居民基本医疗保险的人数为1552.1万人，同比下降2.0%；总体参加基本医疗保险的人数为2158.7万人，同比下降0.5%。[①]其中呼和浩特市基本医疗保险实际参保人数达235.75万人，全民参保率达97.78%，全市医疗保险基金总收入达64.59亿元。全市基本医疗保险基金总支出达60.52亿元，累计总结余达114.63亿元。基金运行稳中向好态势持续巩固，保障能力稳步提升。[②]

内蒙古自治区始终坚持城镇基本医疗保险全覆盖、保基本、多层次、可持续的施行方针，遵循享受待遇权利与履行缴费义务相对应、保障水平与经济社会发展水平相适应的原则。城镇基本医疗保险在盟市级统筹的基础上，逐步实现自治区级统筹。此外，旗县级以上人民政府医疗保险行政部门负责本行政区域内的城镇基本医疗保险管理工作。基层劳动保障站所协助开展城镇基本医疗保险政策宣传，办理参保登记、咨询查询等服务工作。

目前，内蒙古自治区城镇基本医疗保险基金的筹集和使用实行以收定支、收支平衡、略有结余的原则。城镇基本医疗保险基金筹资标准与当地经济社会发展水平、医疗消费水平、参保人员的基本医疗需求等相适应。城镇基本医疗保险基金由医疗保险费收入、财政补贴、利息、转移收入和其他收入构成。职工基本医疗保险费由用人单位和职工共同缴纳。用人单位按照不低于上年度本单位职工工资总额6%的比例缴纳职工基本医疗保险费，职工按照不低于本人工资2%的比例缴纳。用人单位上年度职工平均工资低于统筹地区上年度在岗职工平均工资80%的，以在岗职工平均工资的80%为缴费基数；高于统筹地区上年度在岗职工平均工资300%的，以在岗职工平均工资

① 内蒙古自治区统计局．内蒙古自治区2023年国民经济和社会发展统计公报[EB/OL].（2024-03-21）. https://www.nmg.gov.cn/tjsj/sjfb/tjsj/tjgb/202403/t20240321_2483646.html?slb=true.

② 内蒙古自治区人民政府．2023年我市全民参保率达到97.78%[EB/OL].（2024-02-23）. https://www.nmg.gov.cn/zwyw/gzdt/msdt/202402/t20240223_2470924.html.

的300%为缴费基数。[①] 职工基本医疗保险基金由统筹基金和个人账户构成。职工基本医疗保险个人缴纳的医疗保险费全部计入个人账户，单位缴纳的医疗保险费按比例计入个人账户，其余计入统筹基金。

城镇居民基本医疗保险只建立统筹基金，不建立个人账户。其中统筹基金主要用于参保人员的住院、门诊紧急抢救、门诊特殊慢性病等医疗支出。个人账户用于支付参保人员门诊就医、住院费用的自付部分或者定点零售药店购药等费用。基本医疗保险实行个人缴费和政府补贴相结合的方式。居民个人缴费比例为当地城镇居民人均可支配收入的2%左右，具体缴费标准由统筹地区人民政府根据当地经济社会发展水平和居民家庭个人经济负担能力确定和调整。享受最低生活保障的人、丧失劳动能力的残疾人、低收入家庭60周岁以上的老年人和未成年人等所需个人缴费部分，由政府给予补贴。

当前，城镇居民基本医疗保险在逐步提高各级财政补贴的基础上，逐步提高个人缴费额度。参保人员在基本医疗保险定点医疗机构发生的符合基本医疗保险药品目录、诊疗项目、医疗服务设施标准的医疗费用，由基本医疗保险统筹基金和参保人员共同负担。参保人员医疗费用中应当由基本医疗保险统筹基金支付的部分，由医疗保险经办机构与医疗机构直接结算。基本医疗保险统筹基金的支出设立起付标准、最高支付限额和医疗费用的支付比例。支付比例视医疗机构的级别逐级设置，并向基层医疗机构和蒙医中医医疗机构倾斜。若参加职工基本医疗保险的个人达到法定退休年龄，且累计缴费年限满25年的，退休后不再缴纳基本医疗保险费，按照规定享受职工基本医疗保险待遇。达到法定退休年龄，累计缴费年限未达到规定年限的，按照上年度的缴费标准一次性缴纳余期应当缴纳的基本医疗保险费；补足余期费用后按照规定的标准享受职工基本医疗保险待遇。此外，对于灵活就业人员参加职工基本医疗保险，参保人员应当按照统筹地区规定，以统筹地区上年度在岗职工平均工资为缴费基数，选择按照统筹地区城镇职工基本医疗保险单位和个人缴费比例全额缴费（享受统筹地区职工基本医疗保险待遇，建立个人

---

① 内蒙古自治区人民政府．内蒙古自治区城镇基本医疗保险条例[EB/OL]．(2020-03-26)．https://www.nmg.gov.cn/zwfw/cjh/ylwsly/bmwj/202103/t20210326_1313266.html.

账户），或选择按不低于统筹地区职工基本医疗保险单位缴费比例的80%缴费（享受统筹地区职工基本医疗保险住院和门诊特殊慢性病等待遇，不建立个人账户）。

3. 工伤保险

截至2023年年底，全区工伤保险参保人数达361.8万人，失业保险参保人数达329.3万人，确保职工在伤残或失业时其基本医疗和生活有保障。自2020年7月1日起，《内蒙古自治区工伤保险自治区级统筹办法》开始实施。办法规定，工伤保险实行自治区级统筹，按照制度统一、分级负责、属地管理、缺口分担的原则实施。按照以支定收、收支平衡的原则，制定自治区统一的费率浮动管理办法。用人单位缴纳工伤保险费的数额为本单位职工工资总额乘以单位缴费费率之积。用人单位上年度职工月平均工资低于自治区职工月平均工资60%的，按照自治区职工月平均工资的60%计算；高于自治区职工月平均工资300%的，按照自治区职工月平均工资的300%计算。[①] 同时，为高效办理工伤保险业务，按照自治区统一的工伤保险业务经办规程，建立统一的工伤保险信息系统，推进社会保障卡在工伤保险领域的应用，实现工伤保险参保登记、工伤认定、劳动能力鉴定、待遇核发、基金管理等信息互联互通。

2021年12月10日，自治区工伤预防联席会议领导小组召开自治区工伤预防项目启动会，标志着内蒙古自治区全面启动实施工伤预防五年行动计划，预防、康复、补偿“三位一体”的工伤保险制度体系将进一步完善。[②] 当前，内蒙古职工如因工作遭受事故伤害或者患职业病，可直接享受工伤医疗待遇。职工住院治疗工伤，经医疗机构出具证明，报统筹地区经办机构同意，可到统筹地区以外就医，符合规定的交通、食宿费用由工伤保险基金支付。职工治疗工伤在签订服务协议的工伤定点医疗机构就医，情况紧急可以先到就近的医疗机构急救，并由用人单位在5个工作日内报告经办机构。工伤职工病情相对稳定后，由经办机构视伤情确定是否转入签订服务协议的工伤定点医

① 中华人民共和国中央人民政府．内蒙古：工伤保险实现自治区级统筹［EB/OL］．（2020-06-13）．https://www.gov.cn/xinwen/2020-06/13/content_5519182.htm.

② 中华人民共和国中央人民政府．内蒙古全面启动实施工伤预防五年行动计划［EB/OL］．（2021-12-15）．https://www.gov.cn/xinwen/2021-12/15/content_5660932.htm.

疗机构继续治疗。如职工因工致残被鉴定为一级至四级伤残的，可享受从工伤保险基金按伤残等级支付的一次性伤残补助金，工伤职工符合领取基本养老金条件的，停发伤残津贴，享受基本养老保险待遇。

基本养老保险待遇低于伤残津贴的，从工伤保险基金补足差额。如职工因工致残被鉴定为五级至十级伤残的，他们将分别按照 18 个月、16 个月、13 个月、11 个月、9 个月和 7 个月的个人工资标准获得伤残补助金。此外，保留与用人单位的劳动关系，由用人单位安排适当工作。难以安排工作的，由用人单位按月发放伤残津贴。工伤职工与用人单位解除或者终止劳动关系时，由工伤保险基金支付一次性工伤医疗补助金，由用人单位支付一次性伤残就业补助金。工伤职工未达到法定退休年龄前，用人单位和工伤职工以伤残津贴为基数，按规定共同缴纳基本养老保险费和基本医疗保险费。工伤职工达到法定退休年龄时，若其养老保险和医疗保险缴费年限不足统筹地区规定的缴费年限的，由用人单位和工伤职工按规定一次性补缴剩余年限的基本养老保险费和医疗保险费。

4. 生育保险

自 2023 年 7 月 1 日起内蒙古自治区全面实行新的生育保险医疗待遇。参保职工因分娩、流产、节育或绝育手术发生的符合医保政策范围内有关规定的住院医疗费用，不设置待遇起付线（起付线指医保基金的起付标准。参保人在定点医疗机构发生的政策范围内的医疗费用，自己要先承担起付标准以下的费用，起付标准以上的部分再由医保基金按规定、按比例报销。根据地区、医疗机构、门诊或住院等情况的不同，起付标准也各不相同），由基本医疗保险基金据实支付。新待遇实施前，准妈妈在产前、产后进行门诊检查的费用大概为 1000 元；正常生产支付 3000 元，剖宫产支付 5000 元，多胞胎情况下每多生育一个婴儿增加 500 元。怀孕不满 4 个月流产或进行节育手术的支付 800 元，满 4 个月以上流产的支付 1200 元。计划生育绝育手术符合规定医疗费用由基本医保基金实行限额支付，最高不超过 1500 元。①

① 内蒙古自治区人民政府．自治区本级生育保险待遇标准调整［EB/OL］．（2023 - 07 - 01）．https://www.nmg.gov.cn/zwyw/gzdt/bmdt/202307/t20230701_2340194.html.

新待遇实施后，女职工在妊娠期、分娩期、产褥期发生的符合医保政策范围内有关规定的门诊产检费用，不设置待遇起付线及封顶线，由基本医疗保险基金据实支付。门诊进行流产或节育手术的，不设置待遇起付线，符合医保政策范围内有关规定的医疗费用支付上限为2000元，超限额不予支付，限额以内据实支付。这在一定程度上为女性减轻了各项生育负担。生育津贴方面，非财政供养单位参保的女职工，生育津贴以用人单位上年度在职职工月平均缴费基数为计发标准。男职工护理假津贴以同样基数标准执行。但当前，全区尚未建立完善的多层次、多样化生育保险，对不同生育情况的女性缺乏针对性保障。在待遇支付上，女性职工可以享受生育医疗费用和生育津贴两项，而男职工的未就业配偶则只能享受生育医疗费用，这并未较好地保护女性的生育权益。① 且当前由于生育保险的参保过程与津贴申报流程较为烦琐，极少数女性可以实际享受到生育保险待遇。且大部分企事业单位常常忽略生育保险的保障项目，大多数女性按常规的生育流程缴纳医疗费用，一系列的开销花费巨大，进一步降低了女性的生育意愿，不利于社会保障进程的延续与发展。

5. 失业保险

截至2022年年末，内蒙古自治区参加失业保险人数为329.3万人，同比增长6.8%，这标志着内蒙古社会保障体系的持续优化及对失业人员保障力度的显著加强。② 当前，内蒙古自治区城镇企业、事业单位、社会团体和民办非企业单位均按照本单位工资总额的2%缴纳失业保险费；其职工按照本人工资的1%缴纳失业保险费。无固定工资额的缴费单位，以统筹地区上年度社会平均工资为基数缴纳失业保险费。失业保险基金在设区的市实行全市统筹，其他地区实行旗县级统筹。③

---

① 常春．“三孩”政策下生育保险制度的问题及普惠化改革[J]．中国劳动关系学院学报，2022，36(6)：36－45.

② 内蒙古自治区统计局．内蒙古自治区2023年国民经济和社会发展统计公报[EB/OL]．(2024－03－21)．https://www.nmg.gov.cn/tjsj/sjfb/tjsj/tjgb/202403/t20240321_2483646.html？slb＝true.

③ 内蒙古自治区人民政府．内蒙古自治区人力资源和社会保障厅 财政厅 国家税务总局 内蒙古自治区税务局关于印发《内蒙古自治区失业保险基金自治区级统筹经办规程》的通知[EB/OL]．(2023－03－20)．https://www.nmg.gov.cn/zwfw/cjh/shbzly/zcfg/202303/t20230320_2276309.html.

此外，失业保险金第 1 个月至第 12 个月按照统筹地区最低工资标准的 80% 发放，第 13 个月至第 24 个月按照统筹地区最低工资标准的 70% 发放。累计缴费满 10 年且男满 50 周岁、女满 45 周岁的，失业保险金在前款标准基础上增发 20%。夫妻双方同时失业的，失业保险金在前款标准基础上每人增发 8%。失业人员失业前，所在单位和本人按照规定履行缴费义务满 1 年的，领取 2 个月的失业保险金；满 2 年的，领取 4 个月的失业保险金，以此类推。满 10 年以上的，领取 24 个月的失业保险金。对自谋职业的失业人员，可将其应享受的失业保险金一次性付给本人。

对于领取失业保险金的失业人员，个人档案由失业保险经办机构免费管理。被用人单位录用的，其档案随之转移。但对于农牧民来说，单位招用的农牧民合同制工人本人并不缴纳失业保险费。农牧民合同制工人连续工作满 1 年的，一次性发给本人 2 个月的生活补助费；连续工作每增加 1 年增加 1 个月的生活补助费，最高不得超过 12 个月。12 个月过后，该类农牧民合同制工人就不再拥有收入来源，不享受失业保险的其他待遇，这对于农牧民来说极其缺乏保障性与安全性。因此，建立多层次失业保险制度，让各失业群体根据实际情况落实失业保险十分必要。

（四）社会保障资金管理高效运行

2024 年，内蒙古自治区继续调整养老金发放标准，确保养老金水平稳步提升。内蒙古全面落实企业职工基本养老保险全国统筹，基金当期收支结余 130.4 亿元，基金支付能力明显增强；大中型企业积极建立企业年金制度，政府部门和事业单位的职业年金制度不断完善，进一步提高退休职工生活质量。通过健全基金管理制度，加强基金的审计和监督，自治区引入专业化投资管理机构，提高基金的投资收益率，确保养老保险基金的安全性和可持续性，进一步增强了养老保险的保障能力。年金制度覆盖范围逐步扩大，个人养老金先行工作稳步推进，工伤、失业保险基金实现自治区级统收统支，城乡居民养老保险基金在全国率先实现盟市级管理，构建多层次、多支柱养老保险体系取得积极成效。

此外，自治区深入实施全民参保计划，全区参加基本养老、工伤和失业保险人数分别达1747.7万人、361.8万人、329.3万人。具体来看，2023年年末，城镇职工基本养老保险参保人数达932.2万人，同比增长4.1%；城乡居民基本养老保险参保人数达815.5万人，同比增长2.1%。基本养老保险参保率提前完成"十四五"规划的目标任务。同时，自治区积极开展集体经济补助城乡居民养老保险工作，开辟了改善筹资结构、提高待遇水平的新路径。强化社保基金管理，落实人防、制防、技防、群防"四防"协同，推行社会保险业务经办跨区域"同审统办"改革，提高经办效能，防范管理风险，守护好老百姓的"养老钱""保命钱"。

（五）社会保障民生建设稳步推进

1. 高质高效就业成果显现

2023年全年，全区城镇新增就业21.9万人，完成年度计划的109.4%。突出抓好重点群体就业，强化重大项目用工需求对接，提高招聘活动频次，加大就业帮扶力度。内蒙古2023届普通高校毕业生161125名，同比增长9个百分点。毕业生就业总体专业对口度、工作满意度与2022年相比基本持平，职业期待吻合度提高近2个百分点，工作稳定度提高近4个百分点。离校未就业高校毕业生就业率达92.5%，失业人员再就业13.1万人、就业困难人员就业7.3万人、农牧民转移就业260.1万人，同比分别增加2.4万人、0.4万人、0.7万人。"零就业"家庭保持动态清零，就业底线兜得更牢、劳动者"饭碗"端得更稳。①

内蒙古自治区人民政府推出"创业内蒙古""技能内蒙古"等五项行动，为不同群体提供就业机会和培训支持。此外，自治区持续实施阶段性降低工伤和失业保险费率、失业保险稳岗返还等助企纾困政策，开展补贴性职业技能培训，惠及30.4万人次，兑现政策红利42亿元。2023年3月，内蒙古自治区启动了《内蒙古自治区就业促进条例》修改工作，2023年9月27日，经内蒙古自治区第十四届人民代表大会常务委员会第六次会议通过《关于修

---

① 北疆就业网．内蒙古自治区2023届普通高校毕业生就业质量年度报告[EB/OL]．(2023-12-15)．https://www.nmbys.cn/news/view/aid/137858/tag/jydt.

改〈内蒙古自治区就业促进条例〉的决定》，修改后的《条例》自2023年12月1日起施行，标志着内蒙古就业工作和法治化水平进入了新阶段。[①] 内蒙古自治区在2023年的就业工作上不仅完成了既定目标，还进一步提升了就业质量，为高校毕业生以及青年群体的就业提供了有力的支持和保障。

2. 民生满意度显著提高

针对老百姓最关切的民生问题，内蒙古自治区制定《全区人社系统优化招商引资营商环境的若干措施》，从助力企业招才引智、帮助企业纾困解难、服务企业便捷高效等方面提出了10条具体举措，创新开展人社干部“手拉手结对联系基层”“走基层送政策”“走企业访需求”“走流程优服务”活动，全区人社系统1909名人社服务专员，联系服务企业1.6万家，回应诉求4200余条，帮助企业解决用工7.5万人。自治区大力推进“网上办”“掌上办”“一窗办”，推出“员工入职”“退休办理”等6个“一件事一次办”，企业和群众办事越来越便捷。[②]

为及时了解自治区人社公共服务的群众诉求和满意度，持续优化人社公共服务，自治区人力资源和社会保障厅于2023年6月组织开展了“内蒙古自治区人社公共服务满意度”问卷调查，对人力资源社会保障部门公共服务的总体印象非常满意的占73%，认为本地人力资源社会保障公共服务总体状况与上一年度相比有较大提升的占61%。在群众诉求、期望和建议等问题方面，对人力资源社会保障公共服务满意且无意见的占67%，建议优化服务流程、简化办事环节的占52%，灵活设置服务时间、提高服务效率的占44%，其他的占4%。总体来看，群众对人社公共服务总体印象较上年度有所提升且总体满意度较高，但在优化服务流程、简化办事环节等方面，群众仍有较为迫切的诉求和期望。接下来，自治区人力资源和社会保障厅应持续密切关

① 内蒙古自治区人力资源与社会保障厅．关于修改《内蒙古自治区就业促进条例》有关情况新闻发布会召开［EB/OL］．（2023－11－17）．https://rst.nmg.gov.cn/hdjl/xwfb/202311/t20231117_2412357.html.

② 内蒙古自治区人民政府．关于印发《全区人社系统优化招商引资营商环境的若干措施》的通知［EB/OL］．（2023－03－24）．https://www.nmg.gov.cn/zwfw/cjh/shbzly/zcfg/202303/t20230324_2279136.html.

注群众诉求，认真分析采纳群众意见建议，持续强化社保经办服务能力，不断探索创新服务模式和服务举措，持续为办事群众提供优质、便捷、高效的人社服务。

二、新时期内蒙古社会保障事业发展的新内涵

习近平总书记强调，社会保障是保障和改善民生、维护社会公平、增进人民福祉的基本制度保障。要促进我国社会保障事业高质量、可持续发展，就需要系统集成、协同高效的改革措施。要持续增强制度的统一性和规范性，发展多层次、多支柱养老保险体系，把更多人纳入社会保障体系。[①] 这不仅回应了人民对美好生活的向往，体现了对新时代中国社会保障体系的深刻思考和战略部署，也为我国社会保障事业的发展提供了理论指导和实践指引。在此基础上，内蒙古自治区人力资源和社会保障厅、财政厅等部门联合发布《内蒙古自治区“十四五”人力资源和社会保障事业发展规划》，旨在深化养老保险制度改革，建设多层次、多支柱的养老保险体系，推进养老保险事业的高质量可持续发展。[②] 新时期，明确内蒙古自治区社会保障事业发展内涵，将有效助力社会保障事业朝着更加高效、更加科学、更具创新性的方向迈进。

（一）社会保障的持续高质量发展

2022 年 10 月，习近平总书记在中国共产党第二十次全国代表大会上提出，高质量发展是全面建设社会主义现代化国家的首要任务。发展是党执政兴国的第一要务。没有坚实的物质技术基础，就不可能全面建成社会主义现代化强国。[③] 乡村振兴作为其中的重要内容决定着高质量发展实际成效。内蒙古地区作为特色农业农村发展地区，坚持城乡融合发展，畅通城乡要素流

① 新华社．《求是》杂志发表习近平总书记重要文章《促进我国社会保障事业高质量发展、可持续发展》[EB/OL]．(2022-04-15)．https://www.gov.cn/xinwen/2022-04/15/content_5685396.htm.

② 内蒙古自治区人民政府．内蒙古自治区人力资源和社会保障厅关于印发《内蒙古自治区“十四五”人力资源和社会保障事业发展规划》的通知[EB/OL]．(2022-03-31)．https://www.nmg.gov.cn/zwgk/zfgb/2022n/202206/202203/t20220331_2026437.html.

③ 新华社．习近平：高举中国特色社会主义伟大旗帜 为全面建设社会主义现代化国家而团结奋斗——在中国共产党第二十次全国代表大会上的报告[EB/OL]．(2022-10-25)．https://www.gov.cn/xinwen/2022-10/25/content_5721685.htm? eqid=8e9c952200069f9b00000004647ed0f1.

动，扎实推动乡村产业、人才、文化、生态、组织振兴。内蒙古自治区巩固和拓展脱贫攻坚成果，积极拓宽农民增收致富渠道，增强脱贫地区和脱贫群众内生发展动力。

2023 年，内蒙古自治区财政一般公共预算安排 227.1 亿元用于乡村振兴，包括高标准农田建设、现代农业体系建设等，积极延伸和拓展农牧业产业链条，巩固拓展脱贫攻坚成果同乡村振兴有效衔接等。中央和自治区积极安排 86.76 亿元补助资金，向重点帮扶旗县倾斜支持。此外，内蒙古自治区健全防止返贫动态监测和帮扶机制，强化组织保障，确保各盟市、旗县农村牧区工作领导小组牵头抓总，成立乡村振兴专班履行工作专责。注重挖掘乡村多种功能和价值，结合生态文明建设，统筹乡村基础设施和公共服务布局，推动乡村文化与生态旅游融合发展，建设宜居宜业和美乡村。伊金霍洛旗通过多元发展构建文旅赋能乡村振兴特色模式；宁城县通过实施“鸿雁计划”，凝聚在外乡贤、汇聚创业乡情、培育乡土人才，走出了一条精准化引才、精细化育才的乡村人才振兴路子，有效提升了农村牧区的经济发展水平，为自治区高质量发展持续增添新动能。到 2025 年，内蒙古自治区预计农牧业农村牧区现代化将取得重要进展，生活设施便利度将得到进一步提高。

（二）社会保障推进共同富裕

作为社会保障事业发展的一大重要目标，共同富裕是贯穿于我国探索发展道路、明确改革方向和创新经济社会发展理论的核心价值指向，是中国共产党自成立以来的不懈追求。新时期，习近平总书记一系列关于共同富裕重要论述，科学回答了什么是共同富裕、为什么要实现共同富裕、怎样实现共同富裕等重大理论和实践问题，是新时代扎实推进共同富裕的行动指南和根本遵循，开启了逐步实现全体人民共同富裕的新局面。①

共同富裕目标是全体人民物质生活和精神生活的普遍丰裕，而社会保障制度通过缩小贫富差距、防贫减贫，激发了经济发展活力，充分发挥了第三次分配的调节功能。因此，社会保障事业不仅是保障和改善民生的基本途径，

---

① 张占斌，毕照卿．习近平关于共同富裕重要论述的理论逻辑与实践要求［J］．中共党史研究，2022（2）：5－16.

也是促进经济社会发展、实现广大人民群众共享改革发展成果的重要制度安排，因此，社会保障事业与共同富裕目标具有发展的一致性。作为拥有独特资源优势的特色区域，内蒙古自治区农业、手工业和旅游业等特色产业的有力发展，不断为居民创造了更多就业机会，提高了居民的收入水平。在此经济社会稳定发展的坚实基础上，环境也是各项政策顺利推行的前提与基础。全面提升民族地区的安全保障，确保民族地区居民的基本生活需求得到满足。发展作为共同富裕的核心要素，将致力于推动民族地区经济的多元化发展，有效激发民族地区的内生增长动力。

因此，实现内蒙古自治区共同富裕不仅会促进社会的整体和谐和民族团结，也将通过提升地区安全和经济发展水平促进全国范围内的均衡发展，持续推动自治区社会保障事业进步与完善，最终实现各民族的共同繁荣。这是新时代中国特色社会主义的重要目标，也是全面建设社会主义现代化国家不可或缺的一环。在此基础上，内蒙古自治区始终秉持先有“共享”，后有“共富”的发展理念，聚焦人民群众关心、直接且现实的利益问题，深入实施全民参保计划，健全城乡居民养老保险待遇调整机制，依托全国统一的社会保险信息平台，创新推进养老保险数据共享机制，加强跨地区、跨层级、跨部门的信息共享，促进养老保险业务协同，优化社保基金的管理，实现人防、制防、技防、群防“四防”并举，推动社会保险业务数字化转型①，努力构建覆盖全民、统筹城乡、公平统一、安全规范、可持续的多层次社会保障体系，为实现共同富裕目标奠定坚实的基础，持续推动内蒙古自治区经济发展和社会进步。

（三）多层次社会保障体系建设不断完善

为深化养老保险制度改革，内蒙古自治区持续推进构建多层次、多支柱的养老保险体系，以实现养老保险事业的高质量可持续发展。原有的单一层次社会保障制度安排已难以满足人民日益增长的社保需求，制度可持续性面

① 中华人民共和国人力资源和社会保障部．内蒙古：保障和改善民生成效更加明显[EB/OL].（2024－01－25）. https://www.mohrss.gov.cn/SYrlzyhshbzb/dongtaixinwen/dfdt/202401/t20240125_512766.html.

临巨大挑战，因此调动市场主体与社会力量参与的积极性，使社会保障责任趋向多主体分担的情况势在必行。多层次社保需求的实现需要多层次供给的支撑。法定第一保障层次只能提供最基本的公平保障，超越基本保障之上或政府无法包办的福利及服务需求只能通过市场主体与社会组织来承担，这无疑推动了社会保障体系向多层次的方向发展。①

因此，健全多层次社会保障体系对于实现社会稳定、经济发展和个人幸福具有重要意义。长期以来，内蒙古自治区始终坚持以人民为中心，在发展中更加注重保障和改善民生，补齐民生短板，增进民生福祉，让各族人民实实在在地感受到推进共同富裕在行动、在身边。同时积极健全多层次社会保障体系，持续扩大参保覆盖面，加大社会救助和困难家庭保障扶持力度，并有效推进养老事业与养老产业多主体协同发展。习近平总书记在内蒙古考察时强调，在全国来看，推动全体人民共同富裕最艰巨的任务在一些边疆民族地区，这些边疆民族地区在走向共同富裕的道路上不能掉队。②

此外，党的二十大精神为内蒙古健全社会保障体系提供了重要的指导和支持，为内蒙古在社会保障领域的改革和发展带来了重要的时代机遇。因此，内蒙古自治区社会保障体系的发展要紧密围绕党中央对内蒙古的战略定位，积极融入和构建新发展格局，在建设“两个屏障”“两个基地”“一个桥头堡”上展现民生新作为，巩固拓展脱贫攻坚成果，增强脱贫地区和脱贫群众内生发展动力，坚决防范规模性返贫风险，确保多层次社会保障体系的持续稳步推进。

（四）社会保障政策落地生根

务实须以政策为前提，制定政策的目的在于各项举措落地生根。内蒙古自治区制定 2035 年的远景目标，旨在全面提升就业质量和就业结构，保持较

① 郑功成．多层次社会保障体系建设：现状评估与政策思路［J］．社会保障评论，2019，3（1）：3－29.

② 习近平在内蒙古考察时强调　把握战略定位坚持绿色发展　奋力书写中国式现代化内蒙古新篇章［J］．中国人力资源社会保障，2023（7）：1－2.

低的失业水平，并构建更加公平的多层次社会保障体系。[①] 此外，自治区实施一系列降低社会保险缴费率政策，如自 2019 年 5 月 1 日起，将城镇职工基本养老保险单位缴费比例统一降至 16% 等，进一步保障了居民的养老需求，为推动建立更加科学、完善的人力资源和社会保障体系奠定了坚实基础。

具体操作层面，内蒙古自治区积极推行一系列稳岗返还、一次性留工补助、扩岗补助和吸纳就业补贴等政策措施，以应对经济波动带来的就业压力。同时，财政惠民补贴资金以社会保障卡为载体集中统一发放，提高了社保卡的使用率和便捷性。针对老年人群体，内蒙古自治区不断深化养老保险制度改革，规范企业职工基本养老保险自治区级统筹，并建立城乡居民养老保险待遇确定和基础养老金正常调整机制，探索扩大企业年金覆盖面，支持优抚医院、军供站等建设，提升优抚保障水平，稳步提高退休人员养老金和城乡居民基础养老金水平。[②]

医疗保障方面，内蒙古自治区深化医疗保障制度改革，成功构建了适应全区经济发展水平和老龄化发展趋势的长期护理保险制度框架，同时，自治区基本医疗保险和居民医保筹资管理办法也得到了进一步优化，确保了住院报销比例达到 85% 左右（职工医保）或 70% 左右（居民医保），一系列有效措施不仅提升了多层次社会保障体系的覆盖面和保障水平，也提高了经办服务的效率和质量，真正实现了好政策惠及千家万户、落地生根的美好愿望。

三、内蒙古社会保障事业发展面临的问题与挑战

内蒙古自治区作为我国边疆要塞地区，其社会保障事业的发展在促进共同富裕和高质量发展中扮演着重要角色。在“十四五”即将收官之际，内蒙古社会保障事业发展仍面临诸多问题与挑战，深入挖掘和分析内蒙古社会保障事业发展现状，不仅是解决当前困境的关键步骤，更是推动全国社会保障

---

① 内蒙古自治区人民政府．内蒙古自治区人力资源和社会保障厅关于印发《内蒙古自治区“十四五”人力资源和社会保障事业发展规划》的通知［EB/OL］．（2021－09－30）．https://www.nmg.gov.cn/zwgk/zfgb/2022n/202206/202203/t20220331_2026437.html.

② 席恒，凯迪日耶·阿不都热合曼．社会保障促进共同富裕：来自地方的实践与创新［J］．中州学刊，2024（4）：101－110.

体系高质量发展的基础工作。这有助于推动构建更加健全、更可持续的社会保障体系，也将为社会和谐稳定和社会保障事业可持续高质量发展提供助力。

（一）社会保障筹资责任不平衡

社保制度的核心理念是：责任共担、互助共济，但现行医保体系并非完全按照权利义务相统一的原则运行。政府的社保支出取之于民，要用之于民，但我国社保缴费责任主体并未实现全覆盖，政府及企业缴费负担过重。

以长期护理保险为例，呼和浩特市作为国家长期护理保险第二批试点城市，截至2023年年末，已享受长期护理保险待遇10465人，累计受理失能人员申请17235人次，完成评估14582人次，已享受长期护理保险待遇10465人，其中职工3261人、居民7204人，累计支付待遇9040.95万元。虽然长期护理服务需要较高的成本投入，但当前内蒙古筹资渠道主要依赖于医保体系，尤其是以医保基金划拨为主，完全依赖医保基金和财政补贴可能导致政府压力过大。同时，此种筹资方式可能导致参保人对长期护理服务的可及性和质量产生怀疑，影响长期护理服务的社会支持和可持续性。

此外，无论从用人单位与政府筹资责任重、个人筹资责任轻，还是退休人员可以在不缴费的情况下享受医保服务的现实，都体现了当前社保制度权利义务的失衡。但如若对其进行有效平衡，就需要对参保人员的利益进行重新调整与分配，势必会带来一定风险与挑战。例如，个人账户资金虽有医疗保险基金之名，却无统筹使用之实，一些地区完全归个人支配，对退休人员而言，本人不仅不需要缴纳医疗保险费，还可以从医疗统筹基金中划出一部分记入其个人账户，属于既得私有权益。并且从近年来的数据中可以看出，无须承担缴费义务的退休人员医保基金支出明显高于承担缴费义务的在职人员，这更加剧了权利义务的失衡与制度的不公平性。但直接采取“一刀切”的利益减损也并不可取，极易影响政府权威性与公信力，因此温和稳健的渐进式社保主体责任改革任重而道远。

（二）社会保障制度衔接性有待提升

社会保险、社会救助与社会福利三大制度是社会保障制度最主要的构成部分。有学者认为，理想的社会保障体系发展应逐渐从以社会救助为主的模式发展到以社会保险为主，再进一步发展到以社会福利为主的社会保障模式。在我国脱贫攻坚取得全面胜利，全面建成小康社会的第一个百年奋斗目标实现背景下，社会救助初具成效，但一些认为社会救助制度已经完成了历史使命从而可以退出历史舞台的观点仍然是片面的。虽然一定标准下的绝对贫困已被消除，但相对贫困仍将长期存在，一些地区也面临着返贫的潜在风险。因此，兜牢民生保障的底线，加强社会救助、社会保险与社会福利之间协调联运与无缝对接，对发展多层次社会保障体系具有重要作用。

但当前内蒙古自治区各项制度各行其是，缺乏沟通，一些保障项目难以界定应归为社会福利还是社会救助，例如，失业保险方面，单位招用的农牧民合同制工人本人并不缴纳失业保险费。连续工作满 1 年的，一次性发给本人 2 个月的生活补助费；连续工作每增加 1 年增加 1 个月的生活补助费，最高不得超过 12 个月，具体应归为社会保险体系还是社会救助体系尚且模糊不清，不利于社会保障工作的高效开展。且部分养老保险从职工到城乡居民的过渡流程烦琐且认定不清，医疗救助、基本医疗保险、大病保险的信息对接也存在滞后。因此，商业保险公司、社会慈善机构和医疗互助组织应建立有效组织连接，打造容纳各方补充保障资源的信息平台，保障信息安全的前提下实现信息共享，实现社会保障综合效能最大化。

（三）社会保障水平城乡差距较大

内蒙古地区人口分布不均，城市与农村牧区之间存在明显差异，不同民族之间的社会保障需求也有所不同。内蒙古自治区作为资源型经济省份，经济结构特点决定了其社会保障体系建设需要更多地关注农牧民、产业工人、农民工等群体。内蒙古自治区的呼包鄂“金三角地区”经济总量和财政收入占到全区总量的六成以上，而东部盟市经济发展水平较低，由此而来的社会救助水平也无法达到均衡状态。

以城乡最低生活保障为例，截至 2023 年，全区城市最低生活保障标准最高的鄂尔多斯东胜区达到每月 950 元，呼和浩特市辖区为 883 元，最低的乌兰察布市为 725 元，最低与最高相差近 30%。农村最低生活保障标准最高的锡林郭勒盟达到每年 12660 元，最低的兴安盟大部分旗县平均每年为 5916

元，相差近60%。[①] 当前，内蒙古自治区城市最低生活保障实行补差制度，以家庭为单位，人均收入低于最低生活保障标准的，纳入保障范围，并以家庭收入和最低生活保障标准的差距给予补助。农村最低生活保障实行定期定量补助制度，纳入保障范围的家庭享受定期定量全额补助。但地方经济的相对滞后仍然是制约社会救助均衡发展的重要因素。内蒙古自治区城镇最低生活保障人均月补助850元，那么全年享受补助10200元；而农村最低生活保障人均年补助7000元，牧区略高，城乡差距高达40%。在具体实施过程中，大部分地区对最低生活保障线的确定仅通过估算得来，在申请审批过程中，各地以有无行动能力和年龄结构进行简单分类、分档救助，并未严格按照家庭实际收入进行科学救助，单一的家庭收入证明和工作人员的入户调查也无法保证数据的真实性，此举进一步拉大了城乡社保水平差距。

（四）社会保障数字平台建设亟待完善

随着互联网云服务技术与新质生产力的迅猛发展，内蒙古自治区社会保障工作机构与平台相继建立，内蒙古自治区加快“数字人社”建设，以数字化手段赋能社保经办工作，打造“智慧社保”服务品牌。通过创新养老保险数据共享机制，自治区加强跨地区、跨层级、跨部门的信息共享，促进养老保险业务协同；重构“智慧经办”新格局，构建“智慧风控”新体系、汇聚“智慧服务”新动能。[②] 一体化在线政务服务平台建设实现了用户数据同步和跨区域互认通办，行政村、嘎查和社区共建立了2165个社保卡“一站式”服务网点，为社保等民生事项提供了便利。

当前，尽管自治区内已建立了多个社保服务平台，如内蒙古人社通、内蒙古12333网上服务大厅等，但系统之间缺乏有效数据共享机制，地区间技术发展不平衡，信息孤岛现象严重，影响了数据的整合和利用效率，也增加了用户在不同平台间切换的复杂性。此外，自治区社保中心联合多职能部门

① 内蒙古自治区人民政府．内蒙古自治区人民政府关于2023年全区社会救助标准有关事宜的通知［EB/OL］.（2023-05-10）. https://www.nmg.gov.cn/zfbgt/zwgk/zzqwj/202305/t20230510_2308888.html.

② 中华人民共和国人力资源和社会保障部．内蒙古：数字赋能 打造祖国北疆“智慧社保”服务品牌［EB/OL］.（2024-08-15）. https://www.mohrss.gov.cn/SYrlzyhshbzb/dongtaixinwen/dfdt/202408/t20240815_524015.html.

建立的社会保险基金管理风险防控数据平台在数据治理方面仍存在不足，数据标准不统一、数据质量参差不齐等使得数据的价值大打折扣，各相关部门在数据管理和应用上缺乏统一的标准和协调机制，数据管理水准不一，无法形成整体联动效应。此外，自治区内平台普遍对于自身定位不足，未能充分挖掘和利用本地特色资源，用户体验较差，难以满足用户的多样化需求。因此，内蒙古社会保障数字平台与智慧平台建设在数据共享、数据治理、用户体验等方面仍面临诸多挑战，须更好构建科学的信息化发展总体架构，加强部门间的协调与合作，提升数据管理水平，以支持智慧社保平台的建设和运营，从而更好地服务于公众和社会保障事业的发展。

四、内蒙古社会保障事业发展的对策建议

习近平总书记指出，“要坚持以人民为中心，在发展中更加注重保障和改善民生，补齐民生短板，增进民生福祉”。[①] 人力资源社会保障部与内蒙古自治区人民政府签署的《共同推动内蒙古人力资源和社会保障事业高质量发展战略合作协议》，进一步明确加强技能人才队伍建设、构建新时代和谐劳动关系等可持续社会保障体系发展目标。完善内蒙古社会保障事业有助于坚持系统观念、树立战略眼光、增强风险意识、拓宽国际视野，科学谋划“十四五”乃至更长时期的发展目标，促进经济发展和社会稳定，不断推动内蒙古社会保障事业高质量发展。

（一）完善社会保障制度体系

不同的保障项目肩负着不同的社会保障责任，不同层次的项目满足不同层次的社保需要，因此只有在体系结构规划完整、不同层次系统设计的条件下，才能使不同主体明确自身责任与效益，使不同层次保障项目充分发挥出有效功能。[②]

因此，内蒙古自治区要找准自身优势，促进多层次社会保障体系统筹规

① 习近平在内蒙古考察时强调　把握战略定位坚持绿色发展　奋力书写中国式现代化内蒙古新篇章[J]．中国人力资源社会保障，2023(7)：1－2.

② 郑功成．多层次社会保障体系建设：现状评估与政策思路[J]．社会保障评论，2019，3(1)：3－29.

划，完善的顶层设计可以从以下三个层次协同推进。

一是政府主导的法定保障层次，包括法定社会保险、社会救助与社会福利及相关服务，这是现代社会保障体系的核心部分，体现公民的法定社会权益和政府与社会的责任。这一最为基础的层次需通过立法明确权责，并借助公权力推行，其功能只宜以保障基本生活、解除人民基本生活后顾之忧为目标，同时起到预防贫困、促进社会公正的作用。内蒙古应根据本区的具体情况，因地制宜完善自身的基本保障体系。对需要特别关注的农牧区、福利群体等要加大扶持力度，扩大保障范围与层次。

二是在相关政策支持与政府引导下，如税收优惠和财政资金补贴，由市场主体、民间社会组织提供具有公益性的保障项目，包括企业或职业年金、补充医疗保险、公益性养老服务等，对法定保障制度进行有效补充。

三是通过市场交易行为由市场主体提供更高层次的商业性保障及相关服务，包括商业性养老金、健康保险和营利性养老服务、儿童服务、残疾人服务等，其由市场主体提供，按照平等交易、责任自负、谁受益谁付费原则推行，目的在于满足居民较高层次的个性化福利需求。此外，要不断细化具体保障项目的制度设计，优化制度结构，合理分配责任，在主体分层的同时，保证制度的公正性、有效性和可持续性，进一步推动多层次社会保障制度体系建设与发展。

（二）提升社会保险经办能力

2023 年 9 月，国务院公布《社会保险经办条例》，对社会保险经办管理服务提出了新的要求。当前，随着数字化转型与“智慧养老”“智慧医疗”等的发展，社保数字化改革提升到了新的高度。一系列数字赋能建设旨在打造人民满意、服务高效的“智慧社保”。内蒙古应以实施方案为指导，将社保经办业务与数字技术深度融合，逐步实现数字化、智能化的社保经办工作新形态。当前社会保险业务办理流程烦琐，大部分社会保险业务办理周期较长，办理效率低下，业务相关信息不透明。因此，全区亟须构建一个统一的社会保险经办管理服务体系，对于民众反映众多的流程烦琐问题，采取有效措施推动社会保险经办体系实现全面覆盖，并提供“一站式”便捷服务。

同时，社会保险经办机构与相关行政机关的信息与资源应积极实现共享。登记管理机关部门应当与社会保险经办机构共享用人单位登记信息，减轻当事人提供材料的负担。此外，自治区应明确直接结算、异地就医结算的情形和规则，合理规定个人医疗费用、生育医疗费用、工伤医疗费用以及康复费用等由社会保险基金支付的部分。人力资源社会保障行政部门要建立健全异地就医医疗费用结算制度，做好异地就医结算工作。同时各盟市应根据管理职能和职责的不同，有计划地对组织机构、经办队伍进行重构与调整。对于智慧化社会保险服务建设，各盟市要积极学习区内已建成的示范性社保服务平台，推进市级、县级数据库建设，实时记录参保人员各项服务需求信息、资源信息、健康档案等内容，建立相应的身体健康管理系统、心理健康管理系统、服务收集与分类系统、专业人员管理系统、信息政策发布管理系统、政策宣传系统、应急呼叫系统、风险预防系统等，不断提升服务的智慧化水平与精准度，优化特殊需求的集成处理能力，确保为参保对象提供既智慧便捷又公平可及的社保经办服务体验。

（三）促进社会保障体系协同发展

当前，内蒙古自治区社会保障制度建设初具规模，制度整体运行良好，改革持续推进。但从社会保障这一整体系统来看，社会保险、社会救助和社会福利制度体系结构失衡。各社保子系统之间各行其是，区域制度一体化、集成化、综合化发展明显不足。

在此，长三角地区为内蒙古提供了很好的借鉴案例。长三角地区作为我国社会保障制度的“先行者”与“试验田”，社会保障“一体化”建设初具成效。其在空间上形成“三省一市”（江苏省、安徽省、浙江省与上海市）发展格局，通过系统集成形成更大规模和空间上的结构效能，从当前的分散隔离状态走向更高层级的优化整合，积极从“人找政策”过渡到“政策找人”，建立主动发现网络，鼓励多元主体参与救助，提升社会整体参与度。同时，其建立救助智能化研判和预警系统，打通数据链条，自动精准匹配，并实时监控与汇聚分析救助项目与救助对象，为社保政策优化和制度设计提供了改革方向。[①] 此外，面对老龄化进程持续加快，中国的平均养老金替代率仅为43.6%，较55%的养老金替代率国际警戒线仍然有着巨大差距，预计未来这一数据还将持续走低。当前，长三角地区“三省一市”已统一使用本省城镇非私营单位就业人员平均工资和城镇私营单位就业人员平均工资加权计算的全口径城镇单位就业人员平均工资作为核定缴费基数，并统一缴费率，不仅缩小了地区间未来养老保险的待遇差距，也有利于异地养老保险的转移接续，减轻了养老保险经办机构的管理负担，有效满足了长三角地区居民异地养老的现实需要，这对内蒙古自治区社会保障一体化发展具有极高的借鉴意义。因此，呼包鄂地区可作为内蒙古自治区的“先行示范区”，借鉴长三角地区养老保险缴费基数改革模式，为其他盟市提供试点先例，不断缩小各盟市缴费水平差距，实现区域内部社保制度的“统一化”“集成化”“综合化”，促进内蒙古自治区养老保险待遇的整体提高。

（四）增强社会保障数字平台机制建设

面对当前数字化平台建设发展不均衡，信息共享机制不完善等问题，内蒙古自治区应明确数据权利责任主体，构建专班化实体运作机制和政务数据统筹管理机制，设立专门的团队或机构负责数据共享的日常管理和协调工作，同时明确各参与方在数据共享中的权利和责任。此外，要通过制定统一的管理制度，推动所有公共数据开放共享，出台公共数据管理暂行办法，详细规定公共数据采集、治理、归集、存储和加工的标准，推进社会数据“统采共用”，以提升数据资源的使用效率，并依托国家开放平台系统和自治区数据共享交换平台，构建人社、公安、民政等多部门的跨业务、跨部门的实时数据共享机制，保持数据全流程的完整性和一致性，消除信息孤岛，形成闭环，实现数据联动和实时比对，这有助于打破数据壁垒，整合数据资源，提高办事效率，从而提升群众的获得感和满意度。此外，自治区要积极利用区块链技术构建安全、高效且动态可调节的数据共享激励机制，以促进数据共享的积极性和主动性。

① 林闽钢．“系统集成、协同高效”的社会保障制度改革——以长三角社会保障一体化为例[J]．社会保障评论，2022，6(3)：34－43．

同时，内蒙古应坚持“宽进严管”的原则，在规范市场安全监管和秩序的基础上促进数据共享开放，提高数据流通效率，加强对数据供给、流通、应用全过程中的一体化管理，建立和完善数据质量事前、事中和事后监督检查机制，确保问题数据可反馈、共享过程可追溯、数据质量问题可定责。制定并严格执行电信领域数据安全管理实施细则，及时报告和处理涉及重要数据和核心数据的安全事件，并在事件处置完成后立即开展事件调查、原因分析、问题整改和责任追究。

五、展望：新质生产力与人工智能下的内蒙古社会保障事业

新技术与新业态的融合催生经济社会发展新活力，也为内蒙古社会保障事业带来了新的发展可能与发展机遇。根据《内蒙古自治区“十四五”人力资源和社会保障事业发展规划》的指导方针，内蒙古积极探索建立新就业形态下的社会保障机制，支持和规范发展新就业形态。这一过程中，新质生产力与人工智能的兴起为区域社会治理创新开辟了新的空间，在推动治理理念和治理方式革新的同时有效提高了管理效率和社保服务水平。因此，挖掘内蒙古社会保障事业在新时期的发展需求与发展机遇，深入剖析新业态、新技术在民生服务中的实践路径，将为推动内蒙古社会保障事业迈向更高层次提供有力的借鉴与参考。

（一）新质生产力促进内蒙古社会保障发展的内涵与价值

1. 新质生产力的内涵与价值

2023 年 9 月，习近平总书记在黑龙江考察调研期间首次提到“新质生产力”一词。2024 年 1 月 31 日，习近平总书记在中共中央政治局第十一次集体学习时强调，“加快发展新质生产力，扎实推进高质量发展”。2024 年 3 月 5 日，李强总理在政府工作报告中强调“大力推进现代化产业体系建设，加快发展新质生产力”。[①] 中国共产党第二十届中央委员会第三次全体会议通过

① 李强．政府工作报告——2024 年 3 月 5 日在第十四届全国人民代表大会第二次会议上［EB/OL］.（2024－03－05）. https://www.gov.cn/gongbao/2024/issue_11246/202403/content_6941846.html.

《中国共产党第二十届中央委员会第三次全体会议公报》，提出要健全因地制宜发展新质生产力体制机制，健全促进实体经济和数字经济深度融合制度。①

面对新时代的发展新要求，发展新质生产力对于内蒙古社会保障事业的促进具有重要意义。生产力是人类社会发展的根本动力，也是一切社会变迁和政治变革的根本原因。新质生产力作为具有高科技、高效能、高质量特征的生产力时代新质态，以创新与技术革新，以劳动者、劳动资料、劳动对象及其优化组合的跃升为基本内涵，致力于以科技创新为根本驱动力，大幅提升全要素生产率，驱动产业深度转型升级。新质生产力利用科技创新，数据驱动以及智能化技术改造和升级传统产业，孕育新的增长点和业态，不仅是经济增长的关键驱动因素，也是推动社会进步和提高国民生活质量的重要力量。

近年来，我国科技创新能力稳步提高，在互联网技术、量子信息、核电技术等领域取得一系列重大成果，进入创新型国家行列，具备了加快发展新质生产力的基础条件；前瞻谋划未来产业不断发展，技术创新、生产方式、组织结构等全面革新，发展新质生产力的产业基础不断夯实；众多战略性新兴产业和未来产业的效能增强，价值高端、前景广阔，为新质生产力发展壮大提供了巨大空间。因此，发展新质生产力作为推动高质量发展的内在要求和重要着力点，正催生民族地区新业态与新模式转型发展。加快发展新质生产力，符合高质量发展的要求，有助于实现国民经济良性循环，更好地发挥超大规模市场优势，增强经济增长和社会发展的可持续性。

2. 以新质生产力推动内蒙古社会保障事业发展

当前，内蒙古自治区以科技创新提升和扩大社会保障体系的效率和覆盖面，如利用大数据、人工智能等技术手段优化社保卡办理服务，实现“一站式”服务网点建设，同时推进社会保险经办数字化转型，不断提高社保管理

① 新华社．中国共产党第二十届中央委员会第三次全体会议公报[EB/OL]．(2024-07-18)．https://www.gov.cn/yaowen/liebiao/202407/content_6963409.htm? menuid=197.

和服务的智能化水平。[①] 此外，人力资源和社会保障部与内蒙古自治区签署《共同推动内蒙古人力资源和社会保障事业高质量发展战略合作协议》，明确促进高质量充分就业，构建更加健全、更可持续的社会保障体系，为新质生产力发展提供有力制度保障。在此基础上，内蒙古自治区通过开展大规模职业技能培训，提升劳动者就业创业能力，解决结构性就业矛盾，并支持各类人员返乡下乡创业，不仅有效提升了劳动力的整体素质，也为社会保障事业的发展注入了新的活力，为新质生产力提供了必要的高素质技术人才支撑。

同时，内蒙古自治区坚持生态优先、绿色发展的现代化产业体系建设，探索适合自身特点的社会保障政策，以稳边富民之策推进共同富裕进程，通过建立边疆农牧民增收机制，发挥社会保障在促进共同富裕中的重要作用。[②] 此外，内蒙古自治区通过全面深化改革，打通束缚新质生产力发展的堵点、卡点，建立高标准市场体系，创新生产要素配置方式。同时，充分利用国内发达地区的资源，对区外创新资源进行柔性引进，促进产学研用深度融合，加快老旧小区、棚户区和农村危房改造等，积极提供创业担保贷款贴息及奖补政策支持，多措并举改善民生，全面推动内蒙古自治区社会保障事业的高质量发展。

3. 新质生产力推动内蒙古社会保障发展的作用路径

新质生产力催生下的科技革新与产业转型正在持续赋予内蒙古自治区社会保障事业新的发展内涵——“富”在“技术引领”，“富”在产业升级。通过高新技术的引入和普及，内蒙古自治区传统产业应实现积极转型。通过实现数字基础设施和交通物流基础设施的现代化升级，聚焦全要素生产率的大幅提升这一核心标志，不断推动民族地区与全国乃至全球市场的有效联通。因此，内蒙古自治区应坚持实践导向、问题导向、结果导向，锚定经济体制改革和结构转化的关键环节，以提升全要素生产率为主线加快发展新质生产

---

① 内蒙古自治区人民政府．内蒙古自治区人民政府办公厅关于印发自治区“十四五”老龄事业发展规划的通知[EB/OL]．(2021-12-15)．https://www.nmg.gov.cn/zwgk/zfxxgk/zfxxgkml/ghxx/202112/t20211215_1977801.html.

② 席恒，凯迪日耶·阿不都热合曼．社会保障促进共同富裕：来自地方的实践与创新[J]．中州学刊，2024(4)：101-110.

力，提高社会保障资源的使用效率，增强社会保障系统的可持续性。

此外，新质生产力的主要支撑载体在于产业，其中新兴产业和未来产业将成为推动新质生产力发展的主要力量。内蒙古自治区可以通过发展新能源、新材料、先进制造、电子信息等战略性新兴产业，有效带动经济增长，为社会保障事业提供更多的就业机会和服务保障。此外，新质生产力具有高科技、高效能、高质量的特征，符合新发展理念的先进生产力质态。内蒙古自治区在推动社会保障事业发展时，也应注重绿色化和智能化转型，利用互联网、大数据、云计算、人工智能等数字技术，提高社会保障管理和服务的智能化水平，提升公共服务质量和效率。

总之，新质生产力通过科技创新、全要素生产率提升、新兴产业支撑、多层次社会保障体系建设、就业与技能培训和绿色化智能化转型等多条路径，以及多种互联网资源与智能化生活方案，显著增强了民众的社会参与感和社区凝聚力，提升了居民的社区认同度与社会归属感，对内蒙古自治区社会保障事业的发展提供了必要的支撑和重要的推动作用。

（二）人工智能赋能内蒙古养老服务发展

1. 人工智能赋能养老服务的内涵与价值

习近平总书记指出，“以信息技术、人工智能为代表的新兴科技快速发展，大大拓展了时间、空间和人们认知范围，人类正在进入一个‘人机物’三元融合的万物智能互联时代”。2023 年以来，人工智能技术经历了快速迭代和颠覆性进步，引发了媒体、学者、老年群体对专为老年人设计的人工智能机器人的高度期待，从社会学、社会保障和人工智能技术开发的视角来看，人工智能技术的革新将显著解决中国养老服务领域面临的挑战，当前，人类社会正站在通用人工智能革命的开端。[①]

人工智能不仅可以为老年人提供更加便捷、精准和高质量的服务，还可对老年人的健康数据进行细致分析和预测，提供个性化的健康建议和治疗方

① 丁元竹. AGI 视域下养老服务高质量发展技术解决方案初探[J]. 社会保障评论,2024,8(3):90－107.

案。在老龄化进程进一步加快、社区养老模式普及和代际关系转移的发展背景下，急剧增加的养老需求和供给不足的养老服务现状催生人工智能提高服务效率。在此基础上，人工智能技术将在健康监测与预测、智能辅助与护理、社交互动与孤独感缓解、云计算、人脸识别等技术方面广泛应用，同时，智慧养老体系中的人工智能应用也将深度融合，实现更高效的管理和服务。边缘计算和大数据等技术的发展让数据成为智慧养老产品和服务的核心，各类智能适老化产品将不断涌现，从而实现更加精准和个性化的服务，推动养老服务从人工密集型向数字化智能服务转变，促进养老产业走向“轻量化”，逐步实现数字化转型。当前，内蒙古自治区已经将人工智能关键应用技术研发及适配列入自治区重点研发成果转换计划，并搭建典型试验环境，组织协同攻关，助力老年人享受更高品质的生活。①

2. 内蒙古人工智能赋能养老服务建设成效

当前，内蒙古呼和浩特市通过一系列创新服务模式，包括居家上门服务、适老化改造项目、构建“一刻钟”养老服务圈、开设老年大学等，使老年人的日间照料、基本医疗、文化娱乐、精神慰藉等需求得到满足，安享晚年的愿望逐步变为现实。

以呼和浩特市东街街道智慧养老服务体系为例，东街街道打造“三站一中心”智能服务平台，以社区“大党委”为引领，通过党建同盟“五社联动”，联合社区志愿者组织、卫生服务站、物业服务中心、家政公司等20多家服务机构为老年人提供全方位、精准化的服务。街道积极搭建线上智能物联平台，对辖区内的居家终端设备、智能老年卡、安防设备、智能床垫等运行情况进行及时记录与管控，2023年第二季度平台线上应急报警165次，2024年第一季度应急报警50次，及时有效响应社区老年人多类服务需求。

为提供强有力的制度保障，呼和浩特市制定出台了《呼和浩特市人民政府关于加快发展养老服务业的实施意见》《呼和浩特市支持居家和社区养老

① 内蒙古自治区工信厅．内蒙古自治区政务服务与数据管理局等四部门关于印发《内蒙古自治区促进通用人工智能发展若干措施》的通知［EB/OL］．（2024－02－07）．http://gxt.nmg.gov.cn/zwgk/fdzdgknr/tzgg/202402/t20240207_2467100.html.

服务发展若干措施》等26个规范性政策文件。同时出台《呼和浩特市基本养老服务清单》，分类提供养老保障、生活照料、康复照护等服务，使高龄津贴、经济困难老年人养老服务补贴、失能老人长期护理保险待遇三项基本养老服务补贴政策得到有效落实。同时，针对辖区内特殊困难家庭如低保户、特困户中高龄失能老人等，持续开展适老化改造项目，组织工作人员深入空巢、失独、独居老人家中安装相关器材，丰富完善服务内容，满足老年人多元化养老服务需求。此外，呼和浩特市按照市级建标准化示范中心、区（旗县）级建区域养老中心、街道（乡镇）建养老综合体、社区建养老服务站四种模式，建设了310个居家社区养老服务中心，社区覆盖率达95%以上，通过线上线下联动为辖区内共864个居家和社区养老服务中心进行助老服务3281余次、累计服务人数47200人次，并在城市四区构建全国示范性居家社区养老服务网络，"一刻钟"养老服务圈基本形成。

3. 内蒙古人工智能助力养老服务发展路径

《智慧健康养老产业发展行动计划》《内蒙古自治区养老服务条例》首次将智慧养老写进法规，明确旗县级以上人民政府民政部门应当推动城乡居家养老服务信息平台建设，整合医疗、餐饮、家政等资源。[①]

内蒙古自治区持续促进新一代信息技术应用，推动智慧健康养老产业发展，促进人工智能、物联网、云计算、大数据等新一代信息技术和智能软硬件产品在养老服务领域的深度应用，对符合条件的养老服务、康复辅具、智慧养老企业和项目给予支持，鼓励企业研发适合老年人使用的智能设备。各类民政服务机构和养老服务机构积极打造"互联网+"智能养老服务平台。其中，内蒙古上维天启智慧养老服务有限公司已在鄂尔多斯市东胜区、康巴什区、伊金霍洛旗共运营八处居家社区综合为老服务中心，这些中心紧密结合当地老年人的风俗习惯和生活需求，通过"1个平台+3个中心"的创新模式，实现了"线上"精准监管调度和"线下"实时、快捷、高效服务的无缝对接。平台不仅涵盖了服务质量管控、呼叫中心运营、养老数据分析、

① 内蒙古自治区人民政府．自治区民政厅三措并举推进智慧养老稳步发展［EB/OL］.（2022－03－29）. https://www.nmg.gov.cn/zwyw/gzdt/bmdt/202203/t20220329_2024907.html.

养老服务回访、智慧养老宣传等服务内容，还成功采集了鄂尔多斯市东胜区、伊旗、康巴什60周岁以上老人包含健康状况、服务需求等数据31500多条，为700余位老人发放智能终端设备，年采集健康数据3万余条，有效解决了老年人居家养老过程中的痛点与难点。

巴彦淖尔市临河区车站街道金穗社区智慧居家养老服务搭建智慧养老信息平台，整合社会服务资源，依托智能技术推动专业化服务进社区。截至目前，智慧养老信息平台共完成派单服务559起、会员注册4288人，解决了老年人在运用智能技术方面遇到的困难，让老年人更好地共享信息化发展成果。① 阿拉善智慧居家养老服务是一家以社区为依托，居家为重点，智能养老应用为手段，集日间照料、医疗康复、居家上门“三位一体”的服务机构。由内蒙古云科数据服务股份有限公司开发的好儿女智慧养老手机App，提供线上下单、线下服务相结合的新型养老服务模式，整合养老行业优质资源，为老年群体提供服务。

未来，人工智能将进一步提升养老服务的质量和响应速度，提供高级别的健康预测、个性化服务建议以及运营优化方案，不断提高资源利用效率，提升整体服务水平，在养老系统中实现更高效的技术监测和服务可及度，助力社会保障事业持续高效发展。

六、结语

在新时代的浪潮与发展新蓝图中，内蒙古社会保障事业不仅关乎保障和改善民生的发展目标，更凸显边疆地区独特的发展机遇与发展潜力。本报告不仅着眼于社会保障体系的覆盖面扩宽、服务质量提升以及制度优化等方面的显著进展，同时深刻剖析了新时代背景下，内蒙古在应对人口老龄化、城乡保障差距、经济发展不平衡等方面所面临的挑战。通过对具体案例的分析与经验总结，力图揭示内蒙古社会保障事业在多层次、多支柱化发展中的关

① 中华人民共和国国家发展和改革委员会．内蒙古巴彦淖尔市临河区车站街道金穗社区　智慧居家养老服务［EB/OL］．（2021－10－29）．https://www.ndrc.gov.cn/fzggw/jgsj/shs/sjdt/202110/t20211029_1302252_ext.html.

键突破，并进一步探讨内蒙古社会保障体系可持续发展与现代化建设的未来路径，不仅为内蒙古地区社会保障事业的进一步优化提供了理论基础和实践启示，也为全国社会保障体系的健全和完善贡献了重要参考。

未来，内蒙古须在国家总体发展战略的指引下，持续推进社会保障领域的改革与创新，关注民族地区共同富裕与社会保障事业的深层次问题，强化政策与实践的协同作用，确保新业态与新技术在新的社会条件和技术条件下最大限度地发挥其积极作用，实现社会保障事业的高质量发展。同时，如何有效应对日益复杂的经济社会形势、提升社会保障制度的公平性与普惠性，也将是未来发展的重要课题。通过深化改革与政策创新，内蒙古有望为全国社会保障事业的长足进步贡献更多经验和智慧。

Ⅱ 专题报告

报告一
多层次、多支柱养老保障体系的现状及未来展望

赵　森[①]

习近平总书记在中共中央政治局第二十八次集体学习时强调："要加快发展多层次、多支柱养老保险体系，健全基本养老、基本医疗保险筹资和待遇调整机制，扩大年金制度覆盖范围，规范发展第三支柱养老保险，积极发展商业医疗保险，更好满足人民群众多样化需求。"[②] 2023 年 6 月，习近平总书记在内蒙古自治区考察时强调，"要健全多层次社会保障体系"。内蒙古自治区在构建多层次、多支柱养老保障体系方面，坚持以习近平新时代中国特色社会主义思想为指导，全面贯彻习近平总书记关于社会保障事业的重要论述精神和对内蒙古的重要指示精神，以增进民生福祉、促进社会公平和共同富裕为根本出发点和落脚点，以全覆盖、保基本、多层次、可持续为目标，积极探索符合内蒙古实际的养老保障体系建设路径。

一、内蒙古构建多层次、多支柱养老保障体系的现状

随着人口老龄化进程的加速，养老保障体系的建设成为内蒙古自治区社会保障事业发展的重点。为了应对这一社会趋势，内蒙古逐步探索构建多层次、多支柱的养老保障体系，力求为老年人提供更为完善的经济支持和养老服务。为深入贯彻落实习近平总书记的重要指示精神，统筹解决内蒙古自治区企业职工基本养老保险制度与全国统筹要求有差距、机关事业单位养老保险统筹层次低、城乡居民养老保险筹资与待遇调整机制不完善、企业年金覆

---

① 赵森，内蒙古大学公共管理学院讲师。

② 习近平：促进我国社会保障事业高质量发展、可持续发展[EB/OL].（2022－04－15）.https://www.gov.cn/xinwen/2022－04/15/content_5685399.htm.

盖面窄等问题，2024 年 6 月，内蒙古自治区人民政府制定了《内蒙古自治区人民政府关于建设多层次多支柱养老保险体系的意见》，全面推动内蒙古自治区多层次、多支柱养老保险体系建设。鉴于此，本报告将对内蒙古构建多层次、多支柱养老保障体系的现状进行深入分析，涵盖现有的基本养老保险、补充养老保险、商业保险及养老服务体系。

（一）内蒙古养老保障体系的基本框架

内蒙古自治区的养老保障体系主要由三个支柱构成。第一支柱为基本养老保险，包括城镇职工基本养老保险和城乡居民基本养老保险。第二支柱为企业年金和职业年金，作为补充养老保险制度，主要针对企业和事业单位职工。第三支柱为个人储蓄养老和商业养老保险，为个人自愿选择参与的市场化养老保障。上述三大支柱的协同作用，构筑了内蒙古养老保障体系的基本框架。

（二）第一支柱：基本养老保险现状

1. 城镇职工基本养老保险

内蒙古的城镇职工基本养老保险覆盖范围较广，涵盖了机关事业单位、国有企业、私营企业及灵活就业人员。根据内蒙古自治区统计局数据，截至 2023 年年末，参加城镇职工基本养老保险人数为 932.2 万人，同比增长 4.1%，覆盖面持续扩大。①

从历年参保人数数据来看，内蒙古城镇职工基本养老保险参保人数呈持续增长的态势。这得益于内蒙古自治区人民政府不断加大对社会保障的投入，以及深入实施全民参保计划，引导更多企业和个人参保。此外，近年来，内蒙古采取了包括养老保险扩面专项行动在内的多项措施，有效扩大了养老保险的覆盖面。

2. 城乡居民基本养老保险

城乡居民基本养老保险主要针对农村牧区居民和城镇无固定职业的人员，

---

① 数据来源：内蒙古自治区人民政府网站，https://www.nmg.gov.cn/asnmg/shjj/shbz/index_2383.html。

年满16周岁（不含在校学生）、未参加城镇职工基本养老保险及机关事业养老保险的城乡居民，可以在户籍地自愿参加城乡居民养老保险。内蒙古的城乡居民基本养老保险政策在覆盖面和待遇水平上逐年提升。截至2023年年末，参加城乡居民基本养老保险人数为815.5万人，同比增长2.1%。[①] 这表明内蒙古城乡居民基本养老保险的参保人数超过了预期目标，参保扩面工作取得了显著成效。

全区企业职工基本养老保险、机关事业单位基本养老保险、城乡居民基本养老保险待遇均能按时足额发放，能按照国家规定调整企业和机关事业单位退休人员养老金水平。按期为困难群体足额代缴养老保险费，城乡居民基本养老保险基础养老金最低标准提高到150元。基本养老保险制度执行良好，顺利完成年度绩效目标。

综上所述，2023年内蒙古城乡居民基本养老保险情况总体良好，参保人数稳步增长，缴费标准合理多样，待遇发放及时足额，政策实施效果显著。

（三）第二支柱：企业年金与职业年金现状

1. 企业年金发展情况

企业年金是企业及其职工在依法参加基本养老保险的基础上，通过集体协商自主建立的补充养老保险制度，是我国多层次养老保险制度体系中第二支柱的重要组成部分。近年来，内蒙古自治区积极响应国家政策，推动企业年金的发展。内蒙古自治区根据《企业年金办法》等相关政策，逐步建立和完善了企业年金制度。企业年金实行完全积累，为每个参加企业年金的职工建立企业年金个人账户，记录企业缴费分配给个人的部分及其投资收益，以及本人缴费及其投资收益。

企业年金在内蒙古自治区的覆盖范围逐渐扩大，涵盖了国有企业、民营企业等各类企业。特别是通辽市等地，通过设立企业年金“服务驿站”、推出“企业管家码”等方式，加大企业年金宣传力度，提升企业和职工的参与

---

① 数据来源：内蒙古自治区人民政府网站，https://www.nmg.gov.cn/asnmg/shjj/shbz/index_2383.html。

积极性。[①] 越来越多的企业开始建立企业年金制度，为职工提供更加全面的养老保障。例如，科左中旗已有5家企业建立企业年金并完成备案工作，全区范围内也有多家企业加入企业年金计划。

企业建立企业年金制度，有利于完善职工薪酬体系，展现企业良好文化，增强人才吸引力，稳定职工队伍。职工参加企业年金计划，可以在基本养老保险的基础上增加一份养老积累，提高退休后的收入水平和生活质量。

综上所述，内蒙古自治区企业年金的发展情况呈现出政策推动有力、覆盖范围扩大、投资运营稳健、作用影响积极等特点。未来，随着各项工作的深入推进，企业年金将在内蒙古自治区养老保障体系中发挥更加重要的作用。

2. 职业年金现状

职业年金是针对机关事业单位职工的补充养老保险。自2014年国家推行机关事业单位养老保险制度改革以来，内蒙古也同步实施了职业年金制度。内蒙古自治区职业年金从2020年4月启动以来，共设立11个职业年金投资计划，采取多计划统一收益率模式。截至2023年年底，全区121个经办机构已全部实现职业年金投资运营，累计共建立个人账户1232945个，职业年金累计归集本金483.44亿元，累计投资收益14.18亿元，2023年度投资收益5.08亿元，累计赎回34.03亿元，待遇支付24.78万人。[②]

综上所述，内蒙古自治区职业年金现状呈现出覆盖范围广、基金规模大、投资收益稳、待遇支付有序、政策与管理完善等特点。未来，随着制度的不断完善和经济社会的发展，职业年金将在内蒙古自治区的养老保障体系中发挥更加重要的作用。

（四）第三支柱：个人储蓄养老与商业养老保险现状

1. 个人储蓄养老现状

在多层次、多支柱养老保障体系中，个人储蓄养老与商业养老保险共同

---

① 通辽市释放企业年金政策"红利" 让"第二养老金"惠及更多职工[EB/OL].（2024-04-19）. https://rst.nmg.gov.cn/xwzx/msdt/202404/t20240419_2496917.html.

② 数据来源：内蒙古自治区人力资源和社会保障厅网站，https://rst.nmg.gov.cn/xwzx/gsgg/202404/t20240402_2488781.html。

组成了养老体系的第三支柱，是国家基本养老保险和企业年金的有力补充。随着个人财富积累和保险意识的提高，内蒙古居民对于个人储蓄养老和商业养老保险的需求也在增加。

个人储蓄养老是指居民通过储蓄、自我积累资金，为老年生活开支提供保障的一种方式。这一方式是养老保障体系中最灵活的部分，因为它不受年龄、职业等限制，完全由个人自主决定。在养老体系中，个人储蓄养老的作用越来越重要，尤其是在第一支柱基本养老保险面临支付压力的背景下，储蓄养老为居民提供了更加灵活的选择，可以补充公共养老金可能出现的不足。此外，个人储蓄不仅能够缓解老年时期的基本生活费用压力，还能应对突发的医疗费用等额外需求。

作为我国养老金保险体系第三支柱的重要制度设计，个人养老金制度在36个城市和地区先行实施已一年多时间。人力资源社会保障部最新数据显示，目前，已经有6000多万人开通了个人养老金账户。从国家社会保险公共服务平台发布的信息看，个人养老金专项产品包括理财、储蓄、保险、基金四类。截至目前，个人养老金专项产品有762款，其中储蓄产品465款、基金产品192款、保险产品82款、理财产品23款。数据显示，个人养老金制度对不同年龄段人群的吸引力有差异。31～40岁的中高收入人群是个人养老金账户开户、缴费和购买产品的主力军，而吸引他们最主要的原因是“提前为退休养老做准备”和“抵税”。①

第三支柱为个人储蓄养老保险和商业养老保险，目前已在部分地区先行。内蒙古自治区按照国家部署，基本养老保险覆盖范围持续扩大，企业年金、职业年金有序发展，个人养老金已在国家批复的先行地区——呼和浩特市启动实施，下一步将在全区推开。②

2. 商业养老保险现状

根据第七次全国人口普查的权威数据，我国60岁及以上的老年人口数

① 个人养老金开户人数超6000万[EB/OL].（2024－06－13）. https://rst.nmg.gov.cn/xwzx/yw/202406/t20240613_2522172.html.

② 对自治区十四届人大一次会议第589号建议的答复[EB/OL].（2023－09－11）. https://rst.nmg.gov.cn/zfxxgk/fdzdgknr/jianyitian/rdjy/202309/t20230911_2376935.html.

量已高达2.65亿，占比攀升至19%，这一比例远超老龄化社会的国际标准线（10%）。更为显著的是，65岁及以上的老年人口已达1.9亿，占比13.50%，近乎是国际老龄化社会标准（7%）的两倍。随着我国人口老龄化趋势的持续加剧，养老保障问题越发凸显，成为社会各界广泛关注的焦点。因此，加速发展养老保障的第三支柱——商业养老保险，对于缓解我国养老保险体系的支出压力、满足人民群众日益多元化的养老需求具有重要意义。

内蒙古自治区人民政府紧跟国家步伐，积极响应构建多层次、多支柱养老保险体系的号召，并出台了一系列相关政策以推动商业养老保险的蓬勃发展。如《关于促进养老产业加快发展的若干政策措施》中指出，“加快发展多层次养老保险。大力发展各类商业养老保险，支持商业保险机构开发团体型重大疾病保险、医疗保险等险种，鼓励商业保险机构开发老年人意外伤害险、老年人旅游险等符合老年人特点的险种，多渠道为老年人提供保障。推进多层次养老保险体系发展，落实国家关于推动个人养老金发展的部署要求，确保个人养老金制度落地实施”。上述文件为商业养老保险的发展提供了政策支持和指导。此外，内蒙古自治区人民政府鼓励商业保险机构立足个人和家庭在养老服务、风险保障、财富管理等，开发多样化的商业养老保险产品，提供个性化、差异化服务。

当前，内蒙古商业养老保险正处于快速发展阶段，政府通过政策支持、市场体系构建、产品供给创新以及长期护理保障制度探索等，积极推动商业养老保险体系的完善和发展。未来，随着这些政策措施的深入实施和落地见效，内蒙古商业养老保险市场有望迎来更加广阔的发展前景。

（五）养老服务体系现状

本报告将围绕内蒙古养老服务体系的现状展开分析，涵盖养老服务机构、居家养老服务、政策支持与资金投入等方面。

1. 完善政策法规体系

内蒙古自治区制定了《内蒙古自治区贯彻落实〈国家积极应对人口老龄化中长期规划〉实施方案》《内蒙古自治区养老服务“十四五”规划》，修订了《内蒙古自治区老年人权益保障条例》，印发了《促进养老托育服务健康发展实施方案（2021—2025年）》《关于推进养老服务高质量发展的若干措施》《关于加强农村牧区留守老年人关爱服务工作的实施意见》《关于推进农村牧区互助养老幸福院建设的意见》《关于建立健全养老服务综合监管制度促进养老服务高质量发展若干措施》《关于加强对特殊困难群体探访工作的意见》等一系列政策文件，为养老服务的发展提供了有力的政策支持和制度保障。截至2023年3月，内蒙古共有特困人员供养机构（敬老院）162所，床位1.57万张，入住老年人8364人。所有旗县（市）均有县级兜底保障养老服务机构，乡镇级或区域性综合养老服务中心340个；村级养老服务站已完成1344个，农村互助养老幸福院1643所，入住农村老年人6.4万人，平均入住率达到95%以上；已建成牧区养老园区7所，入住老年人3000余人，入住率100%，建设中牧区养老园区2处，项目建成后新增牧区养老户数600户。落实基本养老服务，实行高龄津贴普惠制，实现老年人意外伤害保险全覆盖，每年为7.1万城乡特困老年人发放基本生活补贴，为1.3万失能和半失能特困老年人发放照料护理补贴，为34.7万经济困难老年人（70~79周岁城乡低保老年人）发放养老服务补贴，并将符合条件的老年人全部纳入城乡低保、临时救助、医疗救助和残疾人“两项”补贴范围，对特殊困难老年人定期提供探访关爱服务。①

2. 加快发展社区居家养老服务

近年来，自治区民政厅以重点打造城市“一刻钟”养老服务圈为目标，坚持做好老年人身边的养老服务，推动全区居家社区养老服务不断提质增效。一是加强基础设施建设。目前，全区共有街道养老服务中心269个、社区养老服务站1018个、老年人日间照料中心398个，各类居家社区养老服务机构设施共覆盖全区2389个城镇社区，整体覆盖率达到97.6%，城市“一刻钟”养老服务圈基本建成。② 二是优化提升服务效能。通过构建示范性社区养老

① 数据来源：内蒙古自治区民政厅网站，https://mzt.nmg.gov.cn/zfxxgk/fdzdgknr/rdjy/202306/t20230626_2337253.html。

② 数据来源：内蒙古自治区民政厅网站，https://mzt.nmg.gov.cn/zfxxgk/fdzdgknr/zxta/202308/t20230831_2370819.html。

服务网络体系，推动各地逐步建立起形式多样、全面覆盖、功能完善的社区养老服务网络，为老年人提供助餐、助医、助洁、助浴、助行、助急等服务，全力打造“没有围墙的养老院”，全区各地陆续公布社区养老服务设施名单839个、老年餐厅347个，可提供堂食、送餐、配餐、助餐等服务的社区养老服务设施达到564个，医养结合型社区养老服务设施达到515个，有效解决了广大老年人最期盼的就餐和医疗卫生服务等问题。三是开展“互联网+”服务。自治区民政厅设立了“96111”全区为老服务热线，依托互联网、手机通信等技术，开展“互联网+医疗”“互联网+养老服务”等，为居家老人开展上门服务。

3. 全力推进农村养老服务发展

为加快构建与自治区农村人口老龄化形势相协调、经济社会发展水平相适应、老年人需求相匹配的农村养老服务体系，自治区民政厅制定出台《加快发展农村牧区养老服务的若干政策措施》和《农村牧区互助养老幸福院建设和运行管理办法》《乡镇区域养老服务中心建设运营指引》《村级养老服务站建设运营指引》“1+3”政策包，进一步细化完善农村养老服务设施布局、发展多种形式互助养老服务、推进医养康养结合、拓展延伸服务功能和半径等，通过政策引导和适度激励不断提升农村养老服务水平。为加速推进农村养老设施建设进程，自治区民政厅按照每建一个乡镇养老服务中心奖补20万元、每拓展提升一个幸福院功能奖补5万元标准，预算安排了8000万元的社区养老服务补助资金。截至2023年8月，每个旗县均建有一所特困供养人员服务设施，全区共建设乡镇区域养老服务中心273处、村级养老服务站1344处、农村牧区互助养老幸福院1643处，农村三级养老服务网络正在加快构建。

二、内蒙古构建多层次、多支柱养老保障体系的问题

近年来，内蒙古自治区在构建多层次、多支柱养老保障体系方面取得了重要进展，但随着人口老龄化的加剧，以及经济社会发展中的种种挑战，该体系的运行依然面临诸多问题。深入分析企业职工基本养老保险、机关事业

单位养老保险、城乡居民养老保险以及企业年金等方面的问题，可以全面揭示当前内蒙古养老保障体系建设中的不足，为未来的政策调整提供理论基础。

（一）企业职工基本养老保险制度与全国统筹要求的差距

1. 全国统筹的政策背景

自2000年起，中国一直在推动职工基本养老保险的全国统筹工作。按照国家规划，到2022年，基本养老保险制度应实现全国统筹，这包括养老保险的缴费、待遇标准、管理方式等方面的统一。全国统筹的主要目标是平衡地区间的养老保险基金差异，确保不同地区的职工都能够享受到公平的养老待遇，避免地区间养老保险的碎片化和支付压力不均的问题。然而，内蒙古的企业职工基本养老保险制度在与全国统筹的要求对接时存在显著差距，这主要体现在筹资能力、基金管理和政策执行等方面。

2. 内蒙古企业职工养老保险筹资能力不足

企业职工基本养老保险是中国养老保障体系的第一支柱，主要依靠企业和职工的缴费。目前，内蒙古的企业职工基本养老保险制度面临较大的筹资压力。由于区域经济发展不平衡，企业的缴费能力差异较大，尤其是在农牧业主导的地区，部分企业缴费负担较重。近年来，尽管参保覆盖面逐年扩大，但企业发展水平参差不齐，地区经济差异较大，部分中小企业和私营企业的缴费能力有限，导致企业职工养老保险筹资压力较大。

相较于东部沿海地区，内蒙古经济发展较为滞后，企业数量和规模有限，许多中小企业面临经营压力，导致其养老保险缴费能力不足。此外，内蒙古经济结构中农牧业占比较大，这部分企业的收入水平较低，缴费基数较低，这进一步加剧了筹资的不平衡。部分企业甚至出现了拖欠养老保险费的现象，影响了基金的正常运作。

在缴费水平方面，相较于东部发达省份，内蒙古企业的平均缴费水平偏低，特别是以农牧业为主的地区，企业职工养老保险的缴费基数较低，难以满足日益增长的养老支出需求。

3. 与全国统筹接轨困难

从政策执行层面来看，全国统筹的推进要求各地的养老保险政策逐步统一，但内蒙古的企业类型多样，城镇化水平相对较低，以致不同地区的执行难度较大。例如，农牧业人口较多的地区，企业职工养老保险的覆盖率较低，政策执行与落实的差异性显著。

综上，内蒙古企业职工养老保险制度与全国统筹要求的差距，主要体现在筹资能力不均衡、基金管理体制落后、政策执行难度较大等方面。这些问题若长期存在，将加剧地区间养老保障的不平衡，亟须通过制度改革予以解决。

（二）机关事业单位养老保险统筹层次低

2014 年，中国正式推行机关事业单位养老保险制度改革，要求机关事业单位职工也需缴纳养老保险，并实施职业年金制度。这一改革旨在缩小机关事业单位职工与企业职工之间的养老待遇差距，提升养老保障的公平性。内蒙古机关事业单位养老保险制度在改革过程中取得了显著成效，然而，在实际操作过程中，内蒙古机关事业单位养老保险的统筹层次较低，面临多个现实问题。

1. 统筹层次有待提高

首先，省级统筹滞后。虽然国家要求各省逐步实现养老保险的省级统筹，但内蒙古的机关事业单位养老保险依然主要由市、旗县两级统筹管理，导致各地统筹水平参差不齐。机关事业单位养老保险的基金积累状况呈现出显著的地区差异，部分经济发达地区基金结余较多，而部分欠发达地区则面临支付压力。其次，基金调剂困难。由于缺乏省级统筹的统一调剂机制，内蒙古的机关事业单位养老基金在各地区之间的流动性较差，部分地区的养老金发放压力较大。

2. 职业年金推行不充分

机关事业单位养老保险制度改革后，职业年金成为重要的补充保障。然而，内蒙古的职业年金制度推行仍然面临一些困难。部分地区的职业年金缴费比例偏低，职业年金的投资运营效能相对滞后，收益率不高。加之部分基层单位对职业年金的认识不足，导致职业年金的覆盖面和保障水平较为有限，影响了机关事业单位职工的整体养老保障水平。

（三）城乡居民养老保险筹资与待遇调整机制不完善

城乡居民养老保险作为覆盖面广、惠及民生的重要制度，主要面向城镇无固定职业居民和农村牧区居民。内蒙古在推行城乡居民养老保险过程中，覆盖面逐年扩大。然而，城乡居民养老保险的筹资机制与待遇调整机制依然存在较多问题。

1. 筹资机制的问题

首先，个人缴费能力不足。城乡居民养老保险的筹资来源主要依赖个人缴费和政府补贴。内蒙古农牧区经济水平相对较低，以致部分居民缴费能力有限。较多农村牧区居民选择最低缴费档次，每年缴费金额不足 200 元。这种低水平的筹资难以满足居民未来的养老金需求。其次，筹资方式不灵活。城乡居民养老保险的缴费档次相对单一，且调整周期较长，缺乏对个人经济状况变化的灵活应对机制。例如，部分农牧区居民收入波动较大，难以长期稳定缴费，而缴费档次的调整周期较长，导致居民在缴费时面临困境。

2. 待遇调整机制的问题

首先，内蒙古城乡居民基本养老保险的基础养老金标准较低，与城镇职工养老保险的养老金待遇差距仍然较大。其次，内蒙古城乡居民养老保险的养老金待遇调整机制较为僵化。根据政策规定，城乡居民基本养老保险的基础养老金由国家统一制定标准，但这一标准在调整频率和调整幅度上不够灵活，难以跟上物价上涨和生活成本的变化。待遇水平的滞后性导致了城乡居民养老保险的吸引力不足，部分居民不愿意参保或选择较低的缴费档次，从而影响了养老保险制度的可持续性。

（四）企业年金覆盖面窄

企业年金是多支柱养老保障体系中的重要组成部分，作为企业职工基本养老保险的补充，企业年金在提升职工退休后的生活水平方面具有重要作用。然而，内蒙古的企业年金覆盖面相对较窄。

企业年金制度推行困难的主要原因在于企业和职工的双重意愿不足。对于许多中小企业而言，缴纳企业年金意味着增加额外的用工成本，这对利润微薄的企业来说是一项不小的负担。此外，部分企业和职工对企业年金的作用认识不足，导致企业年金的发展受限。另外，企业年金的投资运营管理难度较大，部分企业和职工对年金资金的安全性和收益性存在顾虑，进一步限制了年金的推广范围。

（五）养老服务体系有待完善

内蒙古自治区的养老服务体系在不断发展和完善的过程中，面临着多方面的挑战。尽管政府和社会各界对养老问题高度重视，但在养老服务的覆盖面、服务质量、资金投入和管理等方面，仍然存在诸多亟待解决的问题。这些问题不仅阻碍了养老服务体系的持续健康发展，也对全区老年人群体的养老保障水平产生了重要影响。

1. 服务供给不均

内蒙古作为中国的少数民族自治区，地域辽阔，城乡之间发展不平衡。在养老服务的供给方面，城市与农村之间存在显著差距。在呼和浩特、包头等经济较发达的城市，养老服务机构和设施相对完善，社区养老服务中心数量较多，服务水平较高，老年人获得的养老服务质量较好。在偏远农村和牧区，养老服务的基础设施严重不足，很多地区没有设立专门的养老院，老年人主要依赖家庭照料或自我养老。

2. 服务质量参差不齐

公办与民办养老机构差异明显。内蒙古的养老服务机构分为公办和民办两类，公办养老院主要面向低收入老年人，而民办养老院则服务于中高收入老年人。大部分公办养老院存在设施老化、服务质量差的问题，具体表现为设施陈旧，护理人员配置不足。虽然民办养老院的服务质量相对较高，设施更现代化，但其高昂的费用却成了低收入老年人难以逾越的门槛。这种情况导致部分老年人难以获得适合的养老服务，尤其是中低收入群体，民办养老院的覆盖面有限，难以惠及广大。虽然部分养老院和护理院配备了专业的护理人员，但从整体上看，内蒙古养老服务人员的专业素质存在明显差异，个别服务人员专业素质亟须提升。

3. 管理机制不健全

首先，缺乏统一的监管体系。养老服务机构的监管和管理机制不够健全，部分机构存在管理混乱、服务质量欠佳的问题。一些养老院虽然名义上符合规范，但实际上存在人员配备不足、服务水平低等问题，特别是一些民办养老机构，服务收费标准不透明，老年人的权益得不到有效保障。其次，资金使用不透明。一些公办养老机构在资金使用方面存在不透明的问题，部分资金未能得到有效利用以提升服务设施和服务质量。尤其在一些欠发达地区，资金利用效率低下，部分养老院无法正常运转或提供符合标准的服务。

4. 商业养老保险与个人储蓄养老发展滞后

内蒙古的商业养老保险发展相对滞后，覆盖率偏低，许多老年人依赖基本养老保险，个人储蓄养老和商业保险的补充作用未能充分发挥。特别是在农村地区，商业养老保险的普及率更低。许多老年人缺乏对商业养老保险的了解，无法通过保险产品获得更多的养老保障。此外，内蒙古自治区的老年人普遍缺乏储蓄养老的意识，尤其是在农村地区，很多家庭依赖子女照料或基本养老保险，没有形成个人储蓄养老的习惯。在一些经济较为落后的地区，老年人和其家庭的收入微薄，无法进行有效的养老储蓄，使得整体的养老保障水平偏低。

三、内蒙古完善多层次、多支柱养老保障体系的未来展望

面对内蒙古自治区人口老龄化趋势日益加剧的现状，建立多层次、多支柱的养老保障体系，不仅是应对老龄化压力的必然选择，也是推动经济社会和谐发展的一项重要举措。为了应对未来的养老需求，内蒙古需要在现有基础上通过政策调整、体制创新和资源整合，逐步完善养老保障体系，确保每位老年人都能享有稳定的晚年生活。

（一）完善第一支柱，提升基本养老保障水平

第一支柱即国家强制性养老保险制度，是养老保障体系的核心，也是养老安全网的基础。目前，内蒙古的第一支柱主要由城镇职工基本养老保险和

城乡居民基本养老保险组成。尽管这两个制度已经覆盖了大部分人口，但城乡差距依然较大，特别是在农牧区，居民参与度不高，保障水平也相对较低。为了提升基本养老保障的覆盖率和保障水平，未来应从以下几个方面着力。

1. 扩大覆盖范围

应继续加大对农牧区的财政支持力度，进一步简化参保流程，激励农牧区居民参与基本养老保险。同时，针对低收入群体，政府可以提供更多的缴费补贴，确保他们也能够享受基本养老保障。

2. 优化缴费与待遇机制

目前，城乡居民养老保险的缴费标准设定得相对较低，随之而来的养老金待遇也相对有限。为了提高养老金待遇水平，政府可以考虑逐步调整缴费标准，鼓励个人根据自身情况选择缴费档次。同时，应根据经济发展水平和物价上涨情况，适时且定期调整养老金发放标准，以确保老年人的生活能够抵御通货膨胀的影响，维持在一个稳定且适宜的水平。

3. 加强基金管理与监督

养老保险基金的可持续性是养老保障体系的关键。内蒙古应加强养老保险基金的市场化运营，提升投资收益率，确保基金的稳健增值。与此同时，应建立健全养老保险基金的监督机制，确保基金的安全运行，防范贪污、挪用等风险。

（二）推动第二支柱发展，扩大企业年金和职业年金覆盖面

包括企业年金和职业年金在内的第二支柱是对基本养老保险的有力补充。目前，内蒙古的企业年金和职业年金覆盖面有限，特别是中小企业和非公有制经济领域的普及程度较低。扩大第二支柱的覆盖面，不仅能减轻第一支柱的压力，还能为职工提供更多的养老保障选择。为了推动第二支柱的发展，内蒙古未来可从以下几个方面入手。

1. 鼓励企业设立年金计划

政府可以通过税收优惠等政策激励企业为职工设立企业年金。特别是在中小企业和私营企业中，可以提供技术支持，帮助企业设计合理的年金方案，

降低企业参与的门槛和成本。

2. 加强宣传与引导

目前，很多企业和职工对企业年金和职业年金的认识不足。内蒙古应加强政策宣传，通过多种渠道向企业和职工普及年金的优势和重要性，鼓励更多企业主动参与到年金计划中来。

3. 完善年金管理制度

为确保企业年金和职业年金的安全运营，内蒙古应制定严格的监管制度，确保年金的透明运作。同时，可以引入更多的金融机构和专业投资公司参与年金的管理，提升年金的投资收益率。

（三）加强第三支柱建设，鼓励个人储蓄养老与商业保险

个人储蓄养老和商业保险为养老保障提供了灵活的选择。相比前两大支柱，第三支柱具有更大的自主性，可以根据个人的经济状况和需求进行规划。然而，目前内蒙古居民的养老规划意识相对薄弱，个人储蓄养老和商业保险的普及率较低。为了进一步加强第三支柱建设，未来应采取以下措施。

1. 增强个人储蓄养老意识

为了提升居民的养老规划意识，政府应加强宣传教育，帮助居民了解个人储蓄养老的重要性，鼓励居民提早进行养老储蓄。特别是在年轻人中推广这一理念，有助于他们提早开始积累养老资金，减轻未来的养老负担。

2. 推动商业养老保险的发展

商业养老保险作为个人养老保障的补充，具有灵活性强、覆盖面广的特点。内蒙古可以通过政策引导和税收激励，鼓励更多居民购买商业养老保险。政府应与保险公司合作，设计出符合不同收入群体需求的商业养老保险产品，特别是针对中低收入群体，可推出更加灵活和低门槛的养老产品。

3. 创新养老金融产品

内蒙古可以借鉴其他地区的经验，推动更多创新型养老金融产品的开发与推广。例如，推出以养老为主题的投资基金、年金产品等，吸引居民通过多样化的投资方式为自己的养老生活做储备。

（四）建设多层次的养老服务体系

养老服务体系是多层次养老保障体系中的重要组成部分，涵盖了居家养老、社区养老和机构养老等多种形式。目前，内蒙古的养老服务体系仍处于发展阶段，特别是在农牧区，养老服务的覆盖率和质量还有待提高。

1. 推动“医养结合”模式发展

内蒙古可以继续探索并推广“医养结合”模式，将医疗服务与养老服务相结合，提供一体化的健康管理与养老服务。这种模式不仅能够提高老年人的生活质量，还能有效缓解医疗资源紧张的问题。

2. 加强居家养老服务体系建设

居家养老是多数老年人首选的养老方式。为了满足这一需求，内蒙古应加大对居家养老服务的投入，鼓励社会力量参与提供居家养老服务，同时加强对养老服务人员的专业培训，提升服务质量。

3. 优化社区养老服务

社区养老服务是居家养老的重要补充。政府可以通过加大对社区养老设施建设的投入，确保每个社区都能提供基本的养老服务。此外，政府可以探索与社会组织合作，共同提供社区养老服务，进一步提升服务的覆盖率和质量。

（五）完善养老基础设施建设

完善的养老基础设施是提供优质养老服务的前提。目前，内蒙古的养老基础设施建设还存在区域发展不均衡的问题，特别是农牧区和偏远地区，养老基础设施相对匮乏。未来内蒙古需要进一步加强并优化养老基础设施建设。

1. 加大政府财政投入

政府应加大对养老基础设施的财政支持力度，确保农牧区和偏远地区的老年人也能够享受高质量的养老服务。通过建设新的养老机构、扩建现有设施规模等方式，有效提升基础设施的服务承载力和质量。

2. 推动智慧养老平台建设

内蒙古可以借助现代科技，推动智慧养老平台的构建与发展。通过大数据、人工智能等尖端技术，打造集老年人健康监测、应急响应等多元功能于一体的智慧养老平台，从而提升养老服务的运作效率和覆盖范围。

3. 鼓励社会资本参与养老基础设施建设

政府可以通过政策激励，引导更多的社会资本参与养老基础设施的建设与运营。通过 PPP（政府与社会资本合作）等模式，实现政府与企业共同建设和运营养老设施，共同提升服务品质。

总之，完善多层次、多支柱的养老保障体系是内蒙古应对人口老龄化的关键举措。加强基本养老保险的普及与管理，推动企业年金和职业年金的发展，鼓励个人储蓄和商业保险的参与，构建多元化的养老服务体系。内蒙古将在未来形成更加健全的养老保障体系，确保老年人能够享有安全、体面、健康的晚年生活。这不仅能够有效应对人口老龄化的挑战，也将为内蒙古经济社会的可持续发展提供重要保障。

报告二　推进高质量医疗保障制度建设

宋　娟[①]

一、全民医保成果持续巩固

据统计，截至2023年年底，内蒙古基本医保参保人数达2158.71万人，其中，参加职工基本医疗保险人数606.59万人，同比增长3.4%；参加城乡居民基本医疗保险人数1552.12万人，同比下降2.0%[②]（见表2-1）。2023年基本医疗保险参保率稳定在95%，全区233.85万低收入人口实现应保尽保，资助参保183.72万人，基本医疗、大病保险、医疗救助三重制度综合保障惠及396万人次，减负53.62亿元[③]。进一步巩固了制度普惠的成果。

表2-1　内蒙古基本医疗保险参保情况　　单位：万人

时间		城镇职工基本医疗保险参保人数	城乡居民基本医疗保险参保人数
2022年	第一季度	553.20	1533.39
	第二季度	557.13	1576.43
	第三季度	584.46	1579.58
	第四季度	586.83	1583.11
2023年	第一季度	589.01	1516.05
	第二季度	592.73	1550.28
	第三季度	603.01	1550.92
	第四季度	606.59	1552.12

① 宋娟，内蒙古大学公共管理学院副教授。

② 资料来源：《内蒙古自治区2023年国民经济和社会发展统计公报》。

③ 全区医疗保障工作会议在呼和浩特召开[EB/OL].（2024-01-26）. https://ylbzj.nmg.gov.cn/slb/dtxx/202401/t20240126_2447769.html.

续表

时间		城镇职工基本医疗保险参保人数	城乡居民基本医疗保险参保人数
2024 年	第一季度	611.61	1560.21
	第二季度	615.41	1533.86

数据来源：内蒙古医疗保障局网站，历年基本医疗保险基金运行情况。

为做好扩面工作，自治区各级医保经办机构依托医保信息平台，以户籍人口和常住人员信息为基础，建立健全本地区全民参保数据库。完善与民政、人力资源社会保障、卫生健康、残联、乡村振兴等部门的数据共享交换机制，及时核实断保、停保人员的情况，锁定未参保人群之后适时给予精准的参保资助。另外，鉴于流动人口的特征和需要，取消参保中的户籍限制①，全面落实常住人口持居住证参保政策，切实保障常住人口的医疗保障权益。

在做好制度扩面工作的同时，医保筹资水平和保障能力稳步提升。2022 年，内蒙古基本医疗保险基金收入达到 507.29 亿元，其中城镇职工医保 339.44 亿元，城乡居民医保 167.85 亿元（见表 2－2）。同年，基本医疗保险基金累计结余达到 738.40 亿元，其中职工医保 580.90 亿元，居民医保 157.50 亿元②。稳步提高城乡居民基本医疗保险筹资标准（见表 2－3），基金规模不断扩大，让广大人民群众享有更广泛、更公平、更可持续的医疗保障。

表 2－2　内蒙古基本医疗保险基金收支情况　　　单位：亿元

时间		城镇职工基本医疗保险		城乡居民基本医疗保险	
		基金收入	基金支出	基金收入	基金支出
2022 年	第一季度	67.01	29.69	64.51	19.58
	第二季度	151.00	100.00	107.00	58.00
	第三季度	232.33	159.63	130.51	85.47
	第四季度	339.44	238.04	167.85	131.05

① 资料来源：《内蒙古自治区基本医疗保险参保管理经办实施细则》。

② 资料来源：《中国统计年鉴 2023》。

续表

时间		城镇职工基本医疗保险		城乡居民基本医疗保险	
		基金收入	基金支出	基金收入	基金支出
2023 年	第一季度	76.63	53.41	82.86	31.38
	第二季度	154.24	127.99	101.03	75.47
	第三季度	245.68	215.16	112.85	123.66
	第四季度	357.45	318.02	172.27	175.39
2024 年	第一季度	78.27	68.39	65.71	32.39
	第二季度	164.76	162.50	81.48	92.99

数据来源：内蒙古自治区医疗保障局网站，历年基本医疗保险基金运行情况。

表 2－3　内蒙古城乡居民基本医疗保险筹资标准

时间	筹资标准（人/年）	个人缴费（元）	财政补贴（元）
2020 年	830	280	550
2021 年	900	320	580
2022 年	970	360	610
2023 年	1020	380	640
2024 年	1070	400	670

数据来源：内蒙古自治区医疗保障局网站，历年自治区医疗保障局关于做好城乡居民基本医疗保障工作的通知。

二、进一步完善医疗保障制度设计

（一）对基本医疗保险重复参保的清理和调整

重复参保是指同一参保人重复参加同一项基本医疗保险制度（制度内重复参保）或重复参加不同基本医疗保险制度（跨制度重复参保），具体表现为同一时间段内同一参保人有两条及以上参保缴费状态正常的参保信息记录。重复参保是个人缴费资金的重复和浪费，增加经济负担；如果重复参保获得重复报销，还将是对医疗保障资源的侵蚀。因此针对重复参保，医保经办机构应当按照规定清理，保留一个参保关系，及时终止重复的参保关系。

《内蒙古自治区基本医疗保险参保管理经办实施细则》对如何清理重复参保做出了详细的规定：一是重复参加职工医保的，原则上保留现就业地参保关系；二是重复参加居民医保的，由参保人自行选择参保地，医保经办机构按本人书面承诺终止其居民参保关系；三是跨制度重复参保且连续参加职工医保一年以上（含一年）的，原则上保留职工医保参保关系；四是对重复参保的学生、灵活就业者、被征地农民等也做出了具体的规定。

（二）完善医疗保险门诊统筹，推进跨省就医直接结算

首先，为确保自治区本级职工基本医疗保险普通门诊统筹政策落地见效，自治区医疗保障局、自治区财政厅出台了《内蒙古自治区本级职工基本医疗保险门诊共济保障实施细则》，对个人账户的计入规模和支付范围以及门诊统筹的待遇水平和费用结算等重点领域作出了具体的规范（见表 2－4）。2023 年 1 月，内蒙古自治区人民政府办公厅印发《内蒙古自治区本级医疗保障管理办法》，进一步完善自治区本级职工基本医疗保险、职工大额医疗保险的管理制度。

表 2－4　内蒙古自治区本级职工基本医疗保险普通门诊统筹待遇标准

项目		在职职工	退休职工
支付比例	三级定点医疗机构	60%	65%
	二级及以下定点医疗机构	80%	85%
	定点零售药店	60%	70%
起付线（元）		1000	
年度最高支付限额（元）		5000	6000

数据来源：《内蒙古自治区本级职工基本医疗保险门诊共济保障实施细则》。

其次，完善基本医疗保险门诊统筹费用跨省直接结算。2022 年 6 月，呼和浩特市职工医保在全区率先试点门诊统筹费用跨省直接结算①，跨省异地就医人员备案后就可以在省外二级以上定点医院划卡直接结算门诊统筹费用，给参保人提供更为便捷的服务。试点为进一步实现全区职工医保跨省异地就医门诊统筹费用直接结算积累了宝贵经验，起到了示范作用。2023 年 1 月，内蒙古自治区医疗保障局与财政厅印发了《内蒙古自治区基本医疗保险异地就医直接结算实施细则》，职工基本医疗保险、城乡居民基本医疗保险、职工大额医疗费用补助、城乡居民大病保险等待遇支付结算按照本细则管理；

① 呼和浩特市职工基本医疗保险在全区率先实现门诊统筹费用跨省直接结算[EB/OL].(2022－06－29). https://www.nmg.gov.cn/zwyw/gzdt/msdt/202206/t20220629_2079971.html.

医疗救助和公务员医疗补助的待遇支付结算参照该细则管理。异地就医群体主要涉及异地长期居住人员和临时外出就医人员。这些群体中的参保人员在自治区内异地就医、跨省门诊就医以及跨省药店购药的均可以实现直接结算，无须办理异地就医备案；但跨省异地住院就医需要办理异地就医备案，办理异地就医备案后，备案有效期内可在就医地多次就诊并享受异地就医结算服务。以跨省异地住院就医者为例，出院医保直接结算的流程为：就医地医保部门将其住院费用明细信息转换为全国统一的大类费用信息，经国家、自治区级医保信息平台异地就医管理子系统传输至本人参保地，参保地医保机构按照参保地政策计算出个人自付金额以及应由各项医保基金支付的金额，并将结果回传至就医地定点医疗机构，就医地定点医疗机构据此与参保人员进行直接结算。该细则的出台，使医保服务可及性不断增强，异地就医更便捷。2023 年，全区 1.9 万家定点医药机构纳入跨省异地就医互联网直接结算范围，实现无责外伤和急诊免备案跨省直接结算[①]。

（三）完善医疗保险待遇给付机制

首先，规范参保人员涉交通事故产生医疗费用纳入医保支付的流程。2023 年 12 月，自治区医疗保障局出台《关于基本医疗保险参保人员涉交通事故医疗费用医保支付流程的通知》，进一步落实将符合规定的涉交通事故医疗费用纳入医保支付。对于交通事故伤害中不存在第三人侵权即无法确定第三人，或者可以提供相关证明材料证实第三人不支付的，为保障参保伤者获得及时且充分的医疗服务，其医疗费用可以申请由基本医疗保险基金先行支付。其中，对于第三人拒不支付的情况，在医保先行支付后，基金有权向第三人追偿。此外，如果交通事故伤害中，参保伤者有超过第三人责任部分的费用支付，也可以申请由基本医疗保险基金支付。

其次，为优化生育政策，促进人口长期均衡发展，将部分治疗性辅助生殖类医疗服务项目纳入基本医疗保险基金支付范围。2024 年 1 月，自治区医疗保障局出台《关于将部分治疗性辅助生殖类医疗服务项目纳入基本医疗保

---

① 全区医疗保障工作会议在呼和浩特召开[EB/OL].（2024－01－26）. https://ylbzj.nmg.gov.cn/slb/dtxx/202401/t20240126_2447769.html.

险和工伤保险基金支付范围的通知》，实现自治区辅助生殖医疗服务医保报销“零”的突破[①]。将8个治疗性辅助生殖医疗服务项目纳入基金支付范围，并且不设基金起付标准，职工基本医疗保险、城乡居民基本医疗保险报销比例分别为70%、50%，实行单行支付，计入参保人员年度基金最高支付限额。据国家医疗保障局消息，率先将辅助生殖纳入医保报销，并且依次落地执行的省份分别为北京、广西、内蒙古、甘肃[②]。根据自治区医疗保障局测算的数据，自从辅助生殖纳入医保报销，内蒙古全区每年将有近7000个家庭受益[③]。

最后，开展择期手术预住院医保支付工作模式。为了最大化医保基金在战略购买中的效能，提高医疗资源使用效率，减轻患者费用负担，2023年4月，自治区医疗保障局制定了《内蒙古自治区择期手术预住院医保支付工作方案（试行）》。对于经医师评估，符合住院手术指征、即将择期手术治疗的患者，可以暂时办理预住院手续，将治疗前门诊发生的与当次治疗相关的检查检验费用纳入医保支付范围，减轻群众的费用负担，提升医疗资源使用效率。预住院时间不超过5天，预住院期间在门诊完成与疾病相关的检查检验所产生的费用与正式住院后的费用合并计算，医保基金按规定一并结算。进一步减轻了参保患者的就医负担。各级医疗保障部门要结合实际，陆续将符合条件的医疗机构及病种纳入预住院管理范围，并建立健全相关监督管理制度，防止出现诱导住院、降低标准住院、分解住院等违规行为。

（四）健全重特大疾病医疗保险和救助制度

为进一步减轻困难群众和大病患者医疗费用负担，防范因病致贫返贫，内蒙古自治区人民政府办公厅印发了《关于健全重特大疾病医疗保险和救助

---

① 《关于将部分治疗性辅助生殖类医疗服务项目纳入基本医疗保险和工伤保险基金支付范围的通知》政策解读［EB/OL］.（2024－01－30）. https://www.nmg.gov.cn/zwfw/cjh/ylwsly/bmwj/202401/t20240130_2461819.html.

② 已有4省份将辅助生殖纳入医保报销　国家医保局长实地调研释放了什么政策信号？［EB/OL］.（2024－03－30）. https://www.nhsa.gov.cn/art/2024/3/30/art_14_12272.html.

③ 4省份将辅助生殖纳入医保，部分调价后平均降幅达20%［EB/OL］.（2024－04－11）. https://ylbzj.nmg.gov.cn/slb/dtxx/202404/t20240411_2492212.html.

制度的实施意见》。针对托底保障功能不足、救助不充分等问题，对城乡贫困群体和因高额医疗费用支出导致家庭基本生活出现严重困难的大病患者给予相应救助，强化基本医疗保险、大病保险、医疗救助三重保障。

第一，科学确定医疗救助对象范围，建立救助对象及时精准识别机制。加强部门信息共享，精准识别低保户、低保边缘群体、特困人员，对不符合上述群体，确因高额医疗费用支出导致家庭基本生活出现严重困难的大病患者，设置了识别标准，即家庭人均年收入低于上年度当地城乡居民人均可支配收入，扣减经基本医疗保险、大病保险等支付的个人负担医疗费用后，家庭人均收入低于当地最低生活保障标准的1.5倍，且家庭财产状况符合相关规定的重病患者。精准识别这几类救助对象之后，再分类给予相应的救助。

第二，做好分类资助参保工作，做到应保尽保。落实全民参保计划，对参保困难给予资助，确保基本医疗保险参保率稳定在95%以上。具体资助标准为特困人员全额资助，低保对象、返贫致贫人口定额资助，定额资助标准不低于当期居民医保个人缴费标准的45%。对于具有多重特殊身份属性的困难群众，按“就高不就低”的原则享受参保资助，不得重复资助。

第三，促进基本医疗保险、大病保险、医疗救助三重制度互补衔接。在充分发挥基本医疗保险主体保障功能的基础之上，增强大病保险减负功能，夯实医疗救助托底保障功能。其中大病保险，要统一起付标准，确保政策范围内支付比例不低于60%。面向特困人员、低保对象、返贫致贫人口，大病保险起付标准进一步降低50%，支付比例再提高5个百分点，并取消最高支付限额。医疗救助方面，按照“先保险后救助”的原则，对基本医疗保险和大病保险支付后的个人自付医疗费用以及基本医疗保险和大病保险起付线以下的个人自付费用按规定实施救助，合理确定救助水平和年度救助限额，对不同人群设置不同的救助标准；此外，按规定做好分类救助（见表2－5）。2022年，全区医保综合帮扶政策惠及低收入人口143.23万人次，减负29.12亿元。其中，全区农村牧区监测对象、脱贫人口政策范围内住院费用报销比例分别达87%、83.8%。农村牧区低收入人口住院实际报销水平比一般农牧户提高15个百分点①。

表2－5　内蒙古医疗救助分类救助标准

分类	医疗救助起付标准	医疗救助支付比例
特困人员	不得高于所在统筹地区上年全体居民人均可支配收入的5%，并逐步探索取消起付标准	全额救助
低保对象		不低于70%
低保边缘家庭成员	盟市上年全体居民人均可支配收入的10%左右	不低于60%
因病致贫重病人员	盟市上年全体居民人均可支配收入的25%左右	不低于60%

数据来源：《关于健全重特大疾病医疗保险和救助制度的实施意见》。

第四，强化高额医疗费用支出预警监测。通过监测，主动发现困难群体，健全因病致贫和因病返贫双预警机制。对于年度医疗费用经基本医疗保险、大病保险等支付后，个人累计负担仍超过当地上年农村牧区常住居民人均可支配收入的居民，纳入因病致贫监测；对于个人累计负担超过当地上年农村牧区常住居民人均可支配收入50%的，纳入因病返贫监测。监测过程中，医保、乡村振兴、民政、卫生健康、残联等相关部门要加强信息共享。

2022年，自治区指导盟市精准排查因病返贫致贫风险，不仅按月监测个人自付超过1万元的参保居民，还按季监测个人负担超过当地农村牧区常住居民上年人均可支配收入50%的大病患者。将筛查的高额费用负担患者预警信息推送至同级民政、乡村振兴等部门，同步组织入户核查，对监测发现的风险人群，分类落实基本医保、大病保险和医疗救助三重制度保障。2022年全区核查参保685.4万人次，推送预警信息30.43万人次，精准排查疑似未参保人员5.7万人次，纳入防返贫监测6932人，及时救助1.36万人，2022年实现低收入人口和脱贫人口动态参保全覆盖②。

三、推进医疗保险DIP支付方式改革

积极推进DIP支付方式试点。内蒙古自2020年年底开始推进医疗保险DIP支付方式首批三个盟市的试点，2023年全区DRG/DIP支付方式对病种和

①②　自治区召开贯彻落实党的二十大重大决策部署着力推动医保高质量发展新闻发布会［EB/OL］.（2023－06－09）. https://www.nmg.gov.cn/zwgk/xwfb/fbh/zxfb_fbh/202306/t20230609_2330194.html.

基金的覆盖率已达到90%以上，提前完成了国家三年行动计划所设定的任务目标，机构、病种和基金覆盖率均超过国家要求。医疗机构逐步回归合理的功能定位，患者医疗费用负担明显减轻①。据统计，截至2023年年底，全区实施DRG/DIP的住院医疗机构达1352家，基本实现统筹地区、医疗机构、住院病种、医保基金全覆盖②。在积极推进DIP支付方式试点过程中，结合地方医疗特色和社会成员的就医需要，探索实施中医（蒙医）病种的DIP付费改革，适当提高中医（蒙医）医疗机构、中医（蒙医）病种系数。筛选中医（蒙医）优势病种，实行与西医病种“同病同效同价”③。

2024年，在DIP支付方式全覆盖的基础上，开始探索DIP改革的提质增效。基金结算和清算是DIP制度实施的重要环节，为推进全区定点医药机构DIP支付方式结算清算工作，2024年1月，自治区医疗保险服务中心召开2023年度全区医保经办结算清算工作视频调度会。强调各统筹区要认真总结上一年清算经验，全面开展2023年度结算清算工作，确保3月底前完成DRG/DIP清算，5月底前完成全区定点医药机构结算清算工作④。2024年3月，自治区医保支付方式改革经验交流培训会在通辽召开。此次培训会强调，在建立管用高效协同的医保支付机制的同时，推动结算清算工作更加规范、科学、高效⑤。

四、深化医药服务价格改革，开展国家层面的省级试点

2024年3月，国家医疗保障局在唐山、苏州、厦门、赣州、乐山5个深化医疗服务价格改革试点城市的基础上，将内蒙古、浙江、四川三省份作为

---

① 全区医保支付方式改革经验交流培训会在通辽召开［EB/OL］.（2024－03－29）. https://ylbzj.nmg.gov.cn/slb/dtxx/202403/t20240329_2487031.html.

② 全区医疗保障工作会议在呼和浩特召开［EB/OL］.（2024－01－26）. https://ylbzj.nmg.gov.cn/slb/dtxx/202401/t20240126_2447769.html.

③ 文字解读:《医保支持中医药（蒙医药）传承创新发展若干举措》政策解读［EB/OL］.（2023－02－09）. https://www.nmg.gov.cn/zwgk/zcjd/bmzcjd/202302/t20230209_2228864.html.

④ 自治区医疗保险服务中心召开2023年度全区医保经办结算清算工作视频调度会［EB/OL］.（2024－01－19）. https://ylbzj.nmg.gov.cn/slb/dtxx/202401/t20240119_2443686.html.

⑤ 全区医保支付方式改革经验交流培训会在通辽召开［EB/OL］.（2024－03－29）. https://ylbzj.nmg.gov.cn/slb/dtxx/202403/t20240329_2487031.html.

试点省份，开展全省试点[①]，试点范围扩大、层级更高。2024 年 6 月，国务院办公厅印发《深化医药卫生体制改革 2024 年重点工作任务》，提出要指导内蒙古、浙江、四川三省份的深化医疗服务价格改革，以形成可在全国复制推广的改革经验。内蒙古的试点承担代表北方省份探索改革模板的重任，内蒙古要全力以赴抓好改革各项工作，形成可复制、可推广的价格改革经验，做好“内蒙古实践”[②]。2024 年 5 月，内蒙古正式启动国家深化医疗服务价格改革省级试点。此次改革试点坚持目标导向，关键是完善医疗服务价格调整新机制。

医疗服务价格是医疗服务价值的体现，直接关系着医疗服务的提供和人民群众的经济负担。医疗服务价格政策作为医疗服务管理和经济补偿的重要手段，是医疗卫生体制改革的重点与难点，也是社会关注的热点[③]。在启动省级试点之前，内蒙古围绕深化医疗服务价格政策改革做出了许多有益探索。2020 年，自治区医疗保障局出台《关于做好医疗服务价格动态调整工作的实施意见》，2023 年 2 月，自治区医疗保障局颁布了《关于印发医疗服务价格动态调整评估指标的通知》，对医疗服务价格动态调整进行了广泛的探索，初步建立起自治区统一指导、各盟市组织推进、试点医疗机构探索创新的医疗服务价格动态调整机制。此次国家层面的省级试点将是在以往探索基础上的深化。

2024 年 4 月，自治区医疗保障局出台《内蒙古自治区深化医疗服务价格改革试点实施方案（征求意见稿）》，初步拟定省级试点实施方案，并向社会广泛征求意见。

此次试点，改革方向由过去“批次项目价格调整”转换到“建立科学确定、动态调整的价格形成机制，持续优化医疗服务价格结构”，重点围绕医疗服务价格“总量调控、分类形成、动态调整、监测考核、项目管理”五项

---

① 我国深化医疗服务价格改革试点将扩围[EB/OL].（2024 - 03 - 18）. https://www.gov.cn/lianbo/bumen/202403/content_6939967.htm.

② 国家深化医疗服务价格改革省级试点在我区正式启动[EB/OL].（2024 - 05 - 31）. https://ylbzj.nmg.gov.cn/slb/dtxx/202405/t20240531_2516711.html.

③ 于保荣，王庆. 中国医疗服务价格管理的历史、现状及发展——兼言《深化医疗服务价格改革试点方案》[J]. 卫生经济研究，2021（10）:5.

改革机制，探索以科学规则和指标体系为主体，政府指导和公立医疗机构参与结合的价格形成路径，发挥医院和医务人员专业优势，逐步理顺医疗服务比价关系，形成可复制、可推广、可持续、有特色的“内蒙古模式”。

改革的阶段性年度目标分别是：计划通过2~3年改革试点，高标准完成国家深化医疗服务价格改革试点任务。2024年年底，探索建立“总量调控、分类形成、动态调整、监测考核、项目管理”五项机制，实质性启动调价工作；2025年年底，基本形成“科学确定、动态调整”的价格管理新格局，医疗服务价格结构明显优化；2026年年底，医疗服务价格运行新机制成熟定型，价格管理效益明显增强，适应高质量发展要求的医疗服务价格管理体系更加健全。

主要改革举措是重点开展“五项机制”建设：一是建立宏观管理价格总量调控机制。加强对医疗服务价格宏观管理，平衡好医疗事业发展需要和各方承受能力，在总量范围内突出重点、有升有降，避免大水漫灌。二是建立规范有序的价格分类形成机制。对普遍开展的通用项目，政府要把价格基准管住管好；对技术难度大的复杂项目，政府要“定规则、当裁判”，尊重医院和医生的专业性意见建议，更好体现技术劳务价值。三是建立灵敏有度的价格动态调整机制，明确调价的启动条件和约束条件，在做好事前评估的基础上实施调整，科学把握调价窗口，稳定调价预期。四是建立严密高效的价格监测考核机制。强化医疗服务价格改革运行情况评估，构建监测考核评估与医疗服务价格之间的激励约束关系和传导机制，确保价格机制稳定运行。五是建立目标导向的价格项目管理机制，严格执行国家统一的价格项目，优化新增医疗服务项目管理，促进医疗技术创新发展和临床应用。

五、强化医保基金监管

医保基金安全是医保制度平稳、可持续运行的关键。守好、用好医保基金是实现医保制度各项改革成功运行的保障，也是完善医保管理体制的重要一环。加强医保基金监管是实现基金安全的重要手段。鉴于医疗保险制度的特殊性，其涉及“医保患”三方关系，加之医患之间还存在严重的信息不对称现象，以及医患费用由第三方付费的财务机制，这些因素共同构成了各国医疗保险制度中基金支付监管的一大共性挑战。在基金监管中，控制不合理支付行为、防范医患双方的道德风险问题是主要目标。

近年来，随着医保待遇的提高和门诊统筹政策的实施，医保基金违法违规支付的现象频发且高发，这不仅造成了医保基金的浪费，也严重损害了患者的保障权益。国家医疗保障局通过自查自纠、飞行检查、智能审核监控等方式持续深化基金监管，做实基金监管常态化。自治区也积极落实，先后出台了《关于规范内蒙古自治区医疗保障监管查处基金追回等相关工作的通知》《关于推进医疗保障基金监管制度体系改革若干措施的通知》《内蒙古自治区医疗保障基金使用监督管理办法》《关于严禁虚假宣传违规使用个人账户资金及门诊统筹基金的公告》等管理办法。持续开展飞行检查，进行打击欺诈骗保专项整治行动，全面推进医保智能监管，不断完善基金监管机制，提高医保基金使用效能和基金使用的安全性。

首先，开展飞行检查。飞行检查是指医疗保障行政部门组织实施，对定点医药机构等开展的不预先告知的现场监督检查，具有“以上查下、交叉互查”，专业化程度较高和检查规模化、集中化等特点。2019 年国家医疗保障局建立飞行检查工作机制，5 年间陆续组织 200 多个检查组次，在全国范围抽查定点医药机构近 500 家①，各省纷纷效仿建立起省级飞行检查工作机制。2019 年内蒙古成立打击欺诈骗保飞行检查组，结合国家医疗保障局“飞行检查”有关要求，对各盟市三级综合医院进行飞行检查。持续精进飞行检查工作流程，如进行盟市互查，主动邀请新闻媒体、社会监督员参与飞行检查，及时曝光发布典型违规案例等。2024 年 7 月，国家赴内蒙古医疗保障基金飞行检查启动会分别在呼和浩特市、乌兰察布市召开。此次国家飞行检查将每个省份抽查城市数由以往每年每省 1 个增加为 2 个，其中省会城市必查，因此国家飞行检查组将重点对呼和浩特市和乌兰察布市被检机构 2023 年 1 月 1 日至 2023 年 12 月 31 日期间的医保基金使用、管理及有关内控制度建设、实

---

① 《2024 年医疗保障基金飞行检查工作方案》政策解读[EB/OL].（2024－04－28）. http://www.nhsa.gov.cn/art/2024/4/28/art_105_12530.html.

施情况进行检查[①]。

其次，推动基金监管智能化。医保基金智能审核和监控是信息化时代医保管理重要的技术手段。为加快推进自治区医疗保障信息化建设，有效提高医保基金监管效率，自治区医疗保障局于 2022 年 10 月 1 日正式启用医保基金监管智能审核系统[②]。组织医保、临床、药品等 20 位专家参与论证制定审核规则，共制定和录入系统 18245 条审核规则，涵盖超量开药、重复用药、超适应症用药、重复诊疗等领域。系统上线后月余第一批推送 19285 条疑点违规数据至各统筹区，追回违规费用 54 万余元[③]。智能审核系统的应用，实现了基金监管从人工抽查审核向大数据全流程、全环节智能监控转变。

此外，截至 2023 年年底，自治区医疗保障局在公安、卫生健康、市场监管等职能部门的大力支持下，连续五年开展医保基金监管专项整治行动，通过专项检查指出医药机构医保基金使用方面存在的问题，督促定点医药机构严肃、全面、扎实整改，在规范医保领域基金使用行为方面获得阶段性进展，定点医药机构被检违规率连续三年下降[④]。据统计，2023 年，自治区医疗保障局守好群众“救命钱”，持续巩固监督检查防线，处理违规医药机构 8709 家，追回资金 1.81 亿元，并对其中 2243 家进行了公开曝光[⑤]。基金监管成效显著。

六、构建高质量医疗保障制度的困难与挑战

（一）参保稳定性、连续性不足

随着全民医保目标的提出，我国基本医疗保险的参保覆盖面逐年扩大，

---

① 二〇二四年国家赴内蒙古医保基金飞行检查启动[EB/OL].（2024－07－23）. https://www.nmg.gov.cn/zwyw/gzdt/bmdt/202407/t20240723_2545649.html.

② 医保基金“云监管”智能监控显成效[EB/OL].（2022－11－08）. https://ylbzj.nmg.gov.cn/slb/dtxx/202211/t20221108_2169850.html.

③ 内蒙古医保智能监管系统守住百姓“救命钱”[EB/OL].（2022－11－11）. https://www.nmg.gov.cn/zwyw/gzdt/bmdt/202211/t20221111_2171050.html.

④ 全区医疗保障基金监管工作厅际联席会议召开[EB/OL].（2023－12－07）. https://ylbzj.nmg.gov.cn/slb/dtxx/202312/t20231207_2422536.html.

⑤ 全区医疗保障工作会议在呼和浩特召开[EB/OL].（2024－01－26）. https://ylbzj.nmg.gov.cn/slb/dtxx/202401/t20240126_2447769.html.

近年来，参保率持续稳定在95%左右[①]。但是在运行中还是存在一些问题，部分群体的参保积极性不高，参保的稳定性、连续性不足，其中尤以城乡居民基本医疗保险制度为甚，参保群体中断参保的情况比较多见。根据内蒙古自治区国民经济和社会发展统计公报的数据，内蒙古基本医疗保险参保人数和参保率也存在浮动。2023年参加基本医疗保险人数为2158.7万人，同比下降0.5%。其中，参加职工基本医疗保险人数为606.6万人，同比增长3.4%；参加城乡居民基本医疗保险人数为1552.1万人，同比下降2.0%。2022年参加基本医疗保险人数为2169.9万人，同比下降1.0%。其中，参加职工基本医疗保险人数为586.8万人，同比增长3.9%；参加城乡居民基本医疗保险人数为1583.1万人，同比下降2.7%。2021年年末参加城镇职工基本医疗保险人数为564.7万人，同比增长2.1%；其中，参加城乡居民基本医疗保险人数为1627.5万人，同比下降0.2%。观察近三年的数据可以发现，内蒙古城乡居民基本医疗保险的参保情况相较于职工基本医疗保险而言，其参保人数和参保率下降的现象比较明显。

其原因可能是以下几个方面：

首先，随着经济增速放缓、就业形势严峻和失业率的上升，居民的缴费负担感增加。与此同时，居民对于医疗保险的互助共济属性、疾病风险防范功能还缺乏必要了解，认为参保之后的获得感偏低。尤其是参保青壮年，参保当年可能不会有医保基金的支出。权衡之后会有一部分中低收入群体选择断保。

其次，与职工医保相比，居民医保参保具有非强制性，自建立以来参保激励机制相对欠缺。城乡居民基本医疗保险是一项即时性保险，当年投保当年获得保障待遇，断保后再续保不会影响待遇给付水平，参保上没有设计相应的连续参保激励机制。居民即使在某些年度断保，再续保后也不会有保障权益的降低或损失，因此参保随意性较大。

最后，基本医疗保险的参保在部分统筹地区仍受到户籍限制。因就业或接受教育而流动的人口，缺乏当地户籍，在参保时面临诸多不便。这些人群

① 基本医保参保新机制有何看点[N]. 健康报，2024-08-02(4).

主要是外来务工人员、灵活就业群体、新业态就业人员、中小学儿童以及学龄前儿童等。“七普”统计显示，全国流动人口达到3.75亿人，其中跨省流动人口约为1.25亿人。这些流动人口往往是断保漏保的多发群体。

（二）DIP支付方式在全面覆盖之后亟须提质增效

作为医保基金支付的关键环节，医保费用支付方式是整个医疗保险制度设计的焦点。深化医保费用支付方式改革是党中央、国务院的重大决策部署，是规范医疗机构诊疗行为、确保医保基金安全、实现医保制度高质量发展的有效手段。

党的二十届三中全会再次对医保支付方式改革作出重要部署，“深化医保支付方式改革”作为一项重要任务被写入了党的二十届三中全会决定。2024年7月，国家医疗保障局发布了《关于印发按病组（DRG）和病种分值（DIP）付费2.0版分组方案并深入推进相关工作的通知》（以下简称《2.0版分组方案》），推动DIP改革向纵深发展。

内蒙古自治区DIP改革效果明显。有效帮助医疗机构回归合理的功能定位，切实保障医保基金的使用规范性和安全性，患者的就医负担减轻，就医获得感增强。取得成绩的同时还存在不足，作为一项长期性、系统性的工作，仍需持续推进，特别是改革的精细化水平还有待提高①。问题主要体现在以下几个方面。

第一，医保基金结算清算工作在流程规范性、结算时效性以及科学化、精细化水平上还存在不足。

第二，临床实际需要与DIP支付方式的适用性不充分，影响DIP支付方式的实效性和满意度。例如，试点中发现DIP付费对价格偏高的医疗创新应用落地临床产生了一定的阻碍，又如一些重症病例在实际诊疗中成为“亏损病例”，倒逼医疗机构推诿重症患者。

第三，基金支付对体现医疗服务质量的相关指标重视程度不够。目前在基金预付、结算、清算等环节中基于医疗服务质量的调整指标还没有很好地

---

① 按病组（DRG）和病种分值（DIP）付费2.0版分组方案新闻发布会实录[EB/OL].（2024-07-23）. http://www.nhsa.gov.cn/art/2024/7/23/art_14_13318.html.

体现。医疗机构可能会出现，为节省医疗成本获取更大收益而减少必要的医疗服务或降低医疗服务质量的行为。

第四，医疗机构的监管方式和监管手段比较传统，在数字治理模式下监管能力有待提升。DIP 付费下的违规行为往往更具专业性和隐蔽性，监管难度和监管成本更高。部分试点地区出现了个别医疗机构盲目冲量和点值贬值的行为。目前的监管理念和监管方式仍延续按服务项目付费时的传统思路与手段，存在监管不足的情况，需要加强对医疗机构的监管审核。

（三）医保基金监管机制尚待强化完善

随着医保制度的普惠完善、医保基金规模的持续扩大，一系列改革举措如门诊统筹、个人账户家庭共济、异地就医即时结算、DRG/DIP 支付方式的实施，加之人口老龄化加剧、群众就医需求迅速增长、医疗费用不断攀升等趋势，使医保基金面临更严峻的安全性、可持续性的挑战。从全国范围来讲，要监管的两定机构超过 95 万家，目前全国统一的医保信息平台日均结算量约为 1800 万人次，最高日结算量约为 3476 万人次[①]，医保监管形势严峻。为确保医保基金制度的合理合规，规范高效使用医保基金，避免不必要的资金流失，加强基金监管显得尤为重要，应适时探索适合高质量医保制度需要的高质量的基金监管机制。

目前医保基金监管机制存在的问题和挑战主要有：

首先，异地就医结算、DRG/DIP 支付方式改革以及门诊统筹等改革措施的推进，对基金监管提出了新要求。

异地就医结算为参保人提供就医便利，保障参保人医保权益的同时，基金监管工作的风险和难度也在增加。尤其跨统筹区就医、跨省就医的，数据壁垒依然存在，参保地和就医地信息对接不充分，跨区域联合执法制度力度不够大，存在一定的监管困境。

DRG/DIP 支付方式下，医疗机构的道德风险行为与传统的按服务项目付费模式不同。DRG 模式下可能会出现分解住院、诊断升级、低标准住院的情

① 国新办举行加强医疗保障基金使用常态化监管国务院政策例行吹风会[EB/OL].(2023-06-09). https://www.gov.cn/yaowen/tupian/202306/content_6885535.htm.

况。DIP 支付方式下新出现的高靠编码等违规使用医保基金行为逐渐凸显，而这些行为在《医疗保障基金使用监督管理条例》中尚无完全对应的表述和定义。这些违规行为依何处理、如何处理、怎样定损在全国范围内尚无科学、统一、可操作的实践标准[①]。

门诊统筹让参保人进一步享受到了医保红利，但是保障待遇提高之后是门诊医疗需求的释放，医保部门需要对就医需求进行合理预测，建立和完善相应的监管措施。例如，无指征门诊可能成为套取医保基金的新途径、定点零售药店纳入门诊统筹后出现诱导用药需求、串换收费和刷卡套现行为等，针对这些问题都需要创新监管方式，进一步探索智能监管。

其次，医保监管的力量不足。随着医保基金监管的升级，当前的组织机构和人员面临的工作任务比较艰巨。目前，医保经办面临的问题主要是机构人员严重不足、任务量大、基金执法监管的力量薄弱[②]。智能监管的推广和开展又对现有工作人员的业务能力形成了一定的挑战。缺乏专业化的专职监管队伍和监管组织体系，面对欺诈骗保的专业化、信息化和规模化趋势和医药服务领域的专业性，医保基金监管短板明显[③]。

面对这些严峻挑战，国家医疗保障局于 2023 年 9 月发布的《关于进一步深入推进医疗保障基金智能审核和监控工作的通知》中提出，要聚焦医疗保障基金智能审核和监控知识库、规则库（以下简称“两库”）建设，到 2023 年年底前全部统筹地区上线智能监管子系统，智能审核和监控数据准确上传国家医保信息平台，全面开展经办智能审核，规范定点医药机构服务行为，加强协议处理与行政监管、经办核查与行政执法的衔接，初步实现全国智能监控“一张网”。到 2025 年年底，规范化、科学化、常态化的智能审核和监控体系基本建立。接下来，医保监管中的重心将是依托信息化、数字化、智能化全面赋能医保基金监管，确保基金更加安全、高效和可持续。

① 赵辉．DRG/DIP 付费下医疗机构违规行为的认定依据及处理模式研究［J］．中国医疗保险，2023(11)：103－109.

② 王斌斌，肖锦铖．我国医疗保障基金监管现状研究［J］．卫生软科学，2022(5)：6.

③ 厦门市医疗保障局监管课题组．厦门市创新与完善医保监管机制的实践探索［J］．中国医疗保险，2020(5)：41－44.

七、推进高质量医疗保障制度建设的未来展望

（一）建立基本医疗保险参保长效机制

为推动医保高质量发展，进一步巩固全民医保的成果，积极应对就业形式多样化、参保需求多样化和适应人口流动的趋势，继续完善基本医疗保险的参保机制，促进居民长期、连续参保。2024 年 8 月，国务院办公厅印发《关于健全基本医疗保险参保长效机制的指导意见》，提出要落实依法参保、鼓励连续参保以及强化有感参保。具体举措包括：

第一，进一步放开、放宽在常住地、就业地参加基本医保的户籍限制。特大城市、超大城市要切实落实持居住证参保政策。

第二，为进一步减轻居民的缴费负担，推进居民医保缴费与经济社会发展水平及居民人均可支配收入挂钩，保持财政补助和个人缴费合理的比例结构。此外，支持职工医保个人账户用于支付参保人员近亲属参加居民医保的个人缴费，进一步优化了原本的个人账户共济政策，共济范围进一步扩大到近亲属。按照《中华人民共和国民法典》规定，近亲属包括配偶、父母、子女、兄弟姐妹、祖父母、外祖父母、孙子女、外孙子女。职工医保个人账户不仅可以为这些近亲属缴纳居民医保的保险费，而且还可以为已参保的近亲属支付其在定点医药机构就医购药发生的按本人参保的居民医保待遇报销后的应由个人自付的医药费用。

第三，对断保人员设置等待期。自 2025 年起，除新生儿等特殊群体外，对未在居民医保集中参保期内参保或未连续参保的人员，设置参保后固定待遇等待期 3 个月；其中，未连续参保的，每多断保 1 年，原则上在固定待遇等待期基础上增加变动待遇等待期 1 个月，参保人员可通过缴费修复变动待遇等待期，每多缴纳 1 年可减少 1 个月变动待遇等待期，连续断缴 4 年及以上的，修复后固定待遇等待期和变动待遇等待期之和原则上不少于 6 个月。缴费参照当年参保地的个人缴费标准。等待期具体标准由各省份根据自身情况确定。

第四，建立对居民医保连续参保人员和待遇激励机制。自 2025 年起，对

断保人员再参保的，降低其大病保险最高支付限额；对连续参加居民医保满4年的参保人员，之后每连续参保1年，可适当提高大病保险最高支付限额。

第五，建立对零报销人员的待遇激励机制。对当年基金零报销的居民医保参保人员，次年可提高大病保险最高支付限额。所谓当年基金零报销，指的是当年没有使用过医保基金的居民医保参保群众。

对于连续参保激励和基金零报销激励，原则上每次提高限额均不低于1000元，累计提高总额不超过所在统筹地区大病保险原封顶线的20%。居民发生大病报销并使用奖励额度后，前期积累的零报销激励额度清零。断保之后再次参保的，连续参保年数重新计算。具体政策标准由各省份根据医保基金承受能力等实际情况确定。

（二）推进DIP制度设计的质量提升

2024年国家医疗保障局发布了《2.0版分组方案》，该方案结合临床实际和地方需求，对病种库进行了更新升级。病种库是DIP付费技术规范的基础环节。2.0版病种库满足了临床实际、医疗技术进步、治疗方式变化、数据更新、编码升级等客观要求，更好地契合了临床行为的复杂性和医保政策的导向性。

除新版分组外，《2.0版分组方案》还提出了诸多新举措，包括以下几个方面：

首先，进一步用好特例单议机制。在DRG/DIP支付方式改革之初，技术规范中就提出了特例单议机制，但实际落实情况并不理想。通过将比例量化、程序规范化、政策透明化，使得特例单议更具操作性。

其次，提升医保基金结算清算水平。《2.0版分组方案》明确了基金结算清算工作的时效性。前一年度基金清算要在次年6月底前全面完成，月度结算原则上费用结算时间自申报截止次日起不超过30个工作日。另外，在基金结算清算过程中还要注意将激励因素与基金支付相结合。要让管理绩效好、医疗服务质量高、政策执行到位的医疗机构获得更多的医保红利。

最后，健全完善谈判协商机制。在总额预算、权重、分值、调节系数等支付核心要素的确定，特例单议审核环节以及矛盾争议处理环节都要建立谈判协商机制。谈判机制是指在DIP付费过程中购买方（医保机构）和提供方（医疗机构）就涉及各方利益的事务或共同关注的问题互相磋商并交换意见，以及时解决可能出现的分歧与争议。通过谈判协商既可以实现合作双赢，也可以令医疗机构由被动管理转变为主动参与治理。

DIP付费改革已经从普遍覆盖阶段走向质量提升阶段，自治区的DIP付费也要依据国家顶层设计的新调整，积极落实各项新举措。适时启用《2.0版分组方案》，在实际工作中探索完善特例单议机制、谈判协商机制，做好基金结算清算工作。

（三）强化基金监管

首先，加强医保常态化监管。2023年5月国务院办公厅《关于加强医疗保障基金使用常态化监管的实施意见》提出加强医保基金使用常态化监管，综合采用飞行检查、专项整治、日常监管、智能监控、社会监督等多种监管方式，打好监管组合拳，成体系地完善长效监管机制。

推进日常监管常态化。各统筹地区要结合地方实际制定和出台医保基金日常监管办法，健全完善相关工作机制，如明确日常监管的范畴和方式；统一和细化日常监督检查工作规范和要求，形成标准化的流程，确保监管和反馈的及时性，对数据指标异常的定点医药机构及时开展现场检查，依法依规处理；建立日常监管信息报送制度，每月按时上报日常监管信息，坚决杜绝有线索不核查，有案件不查处的失职、渎职行为，真正落实日常核查全覆盖。

推进飞行检查常态化。飞行检查是指国家和省级医疗保障行政部门组织实施的，对定点医药机构、医保经办机构、承办医保业务的其他机构等被检查对象不预先告知的现场监督检查，其最重要的特点就是“以上查下、交叉互查”，能有效破解各行业领域中普遍存在的“熟人社会、同级监管”难题①。从本质上看，飞行检查是以行政权力作为执法依据的治理行动，属于事后监管手段，涵盖事前提醒、事中审核、事后监管的机制②。2018年国家医保局创新探索出飞行检查这项独特的监管制度，之后各省份医保部门也效

---

①② 尤方明．国办发文加强医保基金使用常态化监管 飞行检查等五条防线做实监管高压态势[N]. 21世纪经济报道，2023-06-01(3).

仿国家飞行检查做法，将这一模式本地化，建立了省级飞行检查工作机制。从2019年开始，国家对医保基金的飞行检查已经逐步进入常态化①，5年间已陆续组织200多个检查组次，在全国范围抽查定点医药机构近500家②。推进飞行检查常态化，要聚焦广覆盖、充分的随机性、突出重点和健全长效机制几个方面。其中广覆盖是地域广覆盖和医保基金使用主体的广覆盖；充分的随机性是避免侥幸心理，上年度的被检城市、被检机构仍会被随机抽取；突出重点是对医药机构违规违法使用医保基金的主要行为进行重点检查。例如，随着门诊统筹覆盖定点药店，飞行检查也将定点零售药店纳入检查行列，重点查处虚假购药、参与倒卖医保药品和串换药品的异化行为。此外，为了更好地发现检查的重点，飞行检查也要结合智能监管手段，利用大数据筛查出医疗保障基金可能面临的重大风险点；健全长效机制需要认真研究违规违法问题背后的体制机制障碍，惩罚并不是最终的目的，而是通过发现医保基金监管制度的短板和薄弱环节，不断完善制度设计，实现根本性治理。每一次飞行检查之后，我们都要及时总结经验、优化制度，确保监管效能持续提升。

推进专项整治常态化。2024年4月，国家医疗保障局联合最高人民法院、最高人民检察院、公安部、财政部、国家卫生健康委印发了《2024年医保基金违法违规问题专项整治工作方案》，这次六部联合发文将指导各地深入开展专项整治。聚焦虚假诊疗、虚假购药、倒卖医保药品等欺诈骗保违法犯罪行为，针对骨科、血透等重点领域，在全国范围开展专项整治工作。重点打击在犯罪中起组织、指使、教唆等主要作用的幕后组织者、职业骗保人等。专项整治的特点是多部门综合监管，强化部门协同，重点对医保领域各类违法违规行为形成强有力的震慑。如果说飞行检查侧重于点，日常监管侧重于面，那么专项整治则侧重于线③。自国家医疗保障局成立以来，专项整治也是每年连续开展，专项整治行动逐渐趋于常态化。从部门协作来看，最初联合国家卫生健康委、公安部开展打击欺诈骗保专项行动“回头看”，到

---

① 于洋，安晓玲．医保飞行检查程序设计及实现［J］．航空航天医学杂志．2024（3）．

② 赵晨熙．医保基金飞行检查守护群众看病就医“钱袋子”［N］．法治日报，2024－07－30（7）．

③ 尤方明．医保基金监管提质增效［N］．21世纪经济报道，2023－06－12（2）．

2023年邀请最高人民检察院、财政部加入专项整治，2024年又邀请最高人民法院加入，行政执法与刑事司法进一步有效衔接，部门监管合力逐渐形成①。专项整治的重点也从假票据、假住院延伸到隐藏在真实诊疗行为中的违规违法行为，专项整治的监控手段也从人工抽查发展到数据智能筛查。

其次，进一步深入推进基金智能审核和监控。利用数字技术赋能基金监管是新时代的必然要求。医保基金智能审核和监控是医保部门日常审核结算的必备工具，也是信息化时代医保基金监管的重要手段。2023年9月，国家医保局发布《关于进一步深入推进医疗保障基金智能审核和监控工作的通知》，提出要全面建立智能监控制度，实施大数据实时动态智能监控，构建事前、事中、事后全环节监管的基金安全防控机制。深化全国医疗保障信息平台智能监管子系统应用，智能审核和监控数据准确上传国家医保信息平台，初步实现全国智能监控“一张网”。医保基金面对众多的监管对象、庞大的资金数额和海量的基金结算数据，各统筹地区虽然也在探索监管的数字化转型，但是各地进展程度不一，监管成效也存在差异。全国统一的医保信息平台全面建成，即实现了国家、省、市、县四级医保信息互联互通、数据有序共享，也敦促了各地方医保部门加快国家1.0版“两库”框架体系落地应用。

“两库”是智能审核和监控的基础。做好智能监管，还需聚焦“两库”建设和应用。有研究显示，自2020年各经办机构陆续上线全国医保信息平台以来，大多数医保经办机构均已上线使用医保智能监控系统，极大地减少了人工审核的工作量，扩大了审核覆盖率，提高了工作效率。但目前医保智能审核系统的规则库数量、覆盖面、精确度仍存在一定的局限性②。各省级、地市级医保部门在国家“两库”框架体系之下推进“两库”同步更新和本地化应用，强化“两库”建设应用的科学性、精准性。赋予各级医保部门充分自主权限，在国家“两库”的框架体系下结合本地实际增补规则和知识，自

---

① 《2024年医保基金违法违规问题专项整治工作方案》政策解读[EB/OL].(2024-04-17). https://www.gov.cn/zhengce/202404/content_6945707.htm.

② 符美玲，陈锦，张伟，等. 常态化监管体系下医保智能监控应用现状及优化策略研究[J]. 中国医疗保险，2024(6):73-80.

主设定规则参数、指标、阈值等。除了集合医药、医保专家的智慧对“两库”进行切合实际的科学精细的完善，还需要建立动态调整机制。随着医保改革的深入，医保制度设计的优化调整，医保基金监管也会面临新的问题、新的要求，“两库”也要结合这些新问题、新要求及时做出调整。

报告三

健全就业需求调查和失业监测预警机制

王 坤 甄 琪 王宇星①

一、内蒙古就业形势及面临的挑战

就业乃民生之本。一个国家就业的良好发展态势，能够彰显出其经济和社会的稳定性。纵观世界各个国家和地区，都在致力于以政府“看得见的手”宏观调控就业的良性发展。新时代的中国，经济发展从高速增长转到高质量增长，就业市场的压力不断增大，特别是在全球新冠疫情的冲击下，各国在推动复工复产与培育新兴数字产业时，面临着经济发展新趋势与传统就业结构之间的显著不平衡与不协调。2021 年 3 月全国两会召开，会议中多次提到了经济发展与就业协同发展、和谐发展的重要性与必要性。内蒙古自治区作为“一带一路”倡议中的关键区域，以其东西狭长、地域辽阔、资源丰富的独特优势蕴藏着巨大的经济发展潜力，但受到历史遗留问题、人文环境等多重因素影响，经济发展仍存在一些短板，同时就业问题也日益凸显，成为亟待解决的重要议题。如何促进内蒙古自治区经济与就业协调、可持续发展，成为“十四五”规划中的核心关注点之一。这不仅是打造区域经济发展城市群建设的重要步骤，更是助力实现中华民族伟大复兴的中国梦的关键环节。

（一）内蒙古就业形势

随着中国经济的持续发展，就业问题始终是社会关注的焦点之一。内蒙

① 王坤，内蒙古大学公共管理学院教授；甄琪，内蒙古大学公共管理学院硕士研究生；王宇星，内蒙古大学公共管理学院硕士研究生。

古自治区作为我国的重要省份之一，其就业形势备受关注。就业的稳定发展不仅是社会稳定的重要保障，也是经济发展的基础。对内蒙古就业发展现状及问题进行研究具有重要意义。

内蒙古地处中国的北部边陲，其地域内气候条件恶劣，但自然资源极为丰富。该地区的经济主要依托于煤炭、石油、天然气等传统资源的开发利用；同时，农牧业也占据重要地位，为当地经济贡献显著。此外，内蒙古还积极发展风能、太阳能等新能源产业，作为经济转型和可持续发展的重要方向。这些多元化产业的蓬勃发展，为内蒙古创造了大量的就业机会，促进了当地经济的繁荣和社会稳定。

统计数据显示，内蒙古的就业状况总体较好。截至目前，内蒙古的城镇就业率保持在较高水平，农村劳动力转移就业率也较高。内蒙古的城镇居民人均可支配收入持续增加，就业结构不断优化，人们的就业意愿较为强烈。从这些数据来看，内蒙古的就业形势总体上来说是良好的。

内蒙古就业人员的就业情况向好发展，总体呈增长态势。就业增速的总体变化幅度较小，1980—2002 年的就业增速维持在 2% 左右；2003 年的就业增速出现负值低谷，为 -7%，这可能与当年发生的“非典”疫情有关；2004—2013 年的就业情况良好，在 2014 年时达到顶峰，为 8% 左右，这可能与习近平总书记提出的“一带一路”倡议有关，许多企业开始入驻内蒙古；而后的几年间，由于内蒙古经济结构的转型升级和不完善的经济体系，供需矛盾显现，就业增速出现负值，就业市场出现疲软状态。

从发展趋势来看，内蒙古自治区第一产业就业人员比重呈下降趋势。第二产业就业人员比重平稳运行，基本保持在 16% ~20%。第三产业就业人员总体呈现出较快的上升趋势。从就业结构组成来看，第一产业就业人员比重总体呈现出主导地位，对就业的带动作用较为明显。从 1987 年开始，第三产业就业人员比重超过第二产业就业人员比重，开始形成“一、三、二”的就业格局。但从 2014 年以来的发展情况来看，第三产业就业人员比重超过了第一产业就业人员比重，对就业的带动作用明显增强，就业结构向“三、一、二”的格局转变。

从总量和结构方面来看，近 40 年来经济总量的增长步伐逐渐加快，经济增速经历了“慢—快—稳”的阶段。经济结构方面，已从40年前的“二、一、三”模式向近年来的“三、一、二”格局转变。尽管内蒙古自治区的经济发展长期依赖自然资源，转型至新兴产业面临较大挑战，导致经济结构转型升级速度缓慢，但未来的发展趋势是明朗的。就业领域同样展现出巨大潜力，特别是在近年来“一带一路”倡议的推动下，对就业的带动作用十分明显，然而，基础设施的不完善和产业结构的不合理，使得就业市场的矛盾逐渐显现，就业的不稳定性日益凸显。就业结构也在向“三、二、一”的模式靠拢，随着乡村振兴战略的深入实施与脱贫攻坚战的持续推进，未来就业结构的变化将拥有广阔的发展空间和无限可能。

（二）内蒙古就业面临的挑战

1. 就业政策不完善

一直以来，内蒙古自治区始终将就业作为一项民生工程，加强领导，强化措施，根据内蒙古实际发展情况，立足国情、区情、民情，制定和实施了一系列促进就业的政策，很大程度上缓解了就业压力。然而，各地区发展情况不同，西部地区与东部地区的待就业人员的结构存在很大差异，因此在就业政策的执行上存在一定的阻力和问题。例如，全区东西跨度非常大，各地区的实际就业形势各不相同，高等学校教育资源分布也不平衡，主要集中在呼包鄂地区，所以，内蒙古自治区在制定相关就业政策的时候，难免会有考虑不周之处。此外，目前全区还缺乏统一、协调以及监督管理的就业机制，就业政策在一定程度上还不完善，全面落实就业政策尚存阻力。

2. 就业信息网络建设不完善

内蒙古自治区在促进就业方面，采取了一系列贴近实际、成效显著的措施和途径。建设就业信息网络平台就是其中最重要的一项。由于内蒙古自治区经济发展相对落后，网络服务存在局域性，没有覆盖全区的每个角落，使得部分待就业人员不能随时随地上网了解就业信息。此外，各盟市地区的就业信息平台建设还不完善，存在信息更新不及时、就业服务不到位、就业情况把握不准确等诸多问题。

3. 内蒙古创业环境还不成熟

内蒙古自治区高校毕业生在创业观念、经验以及环境上较东部沿海地区都有很大的差距，内蒙古高校毕业生创业还处在起步阶段。近年来，国家一直鼓励、支持大学生通过自主创业实现就业和个人价值。内蒙古积极响应国家号召，采取了一系列措施鼓励和支持大学生创业。例如，2013 年举办了全区首届大学生创业大赛，开展了就业典型宣讲活动等。但是很大一部分高校毕业生对创业认识不清或存有误解，他们往往夸大创业的难度和风险，担心创业不成功遭受朋友、家人的非议。这些错误的观念束缚了他们勇敢拼搏的脚步，并深深影响了他们的就业之路。另外，一些高校毕业生受全国大学生创业风气的影响，不顾实际纷纷进行模仿，投资一些风险很大的项目，最终赔了金钱又浪费了青春，真可谓得不偿失。总之，内蒙古高校毕业生的创业观念、自身经验以及所处环境都尚不成熟，还有待完善和提高。

针对内蒙古就业发展存在的问题，我们提出以下对策建议。

（1）优化经济结构，促进就业发展

“十二五”发展以来，内蒙古自治区逐步实现经济结构的转型升级，近年来经济发展模式正稳步向“三、二、一”产业结构过渡。第一，在第一产业现有发展的基础上，进一步实现农业现代化、信息化、城镇化、机械化，将更多的劳动力从传统劳作中解放出来。此外，因地制宜发展第一产业，使专业人才能够在相应领域发挥作用。同时要坚持绿色发展理念，倡导人与自然和谐共生，遵循“绿水青山就是金山银山”的原则，特别是在赤峰市、兴安盟、通辽市等地，着重推动农村劳动力转移，以更好地推动“三农”经济的发展。第二，在第二产业方面，要增加产品的附加值，延长工业产品的价值链，这样不仅能够带动就业，同时也使得传统的第二产业向新兴领域转型，提升经济效益。对于鄂尔多斯市、乌海市、包头市这样的煤炭、钢铁、稀土自然资源丰富的地区，更应深化产业链建设，打破单一工业原材料输出的经济模式，通过引进高端技术，提升产品附加值。第三，第三产业行业多、门类广、投资少、见效快，且以劳动密集型产业为主。政府部门要加大对第三产业的扶持和建设支出，利用好财政和货币方面的宏观政策；就业人员也要有更独到的眼光，向第三产业靠拢，无论是自主创业，还是企业就业，都要利用好政策优势。各地应充分利用高新技术园区，积极为经济转型贡献力量。

（2）大力建设公共基础设施，保障人员生活质量

“人民日益增长的美好生活需要和不平衡不充分的发展之间的矛盾”是现阶段我国社会的主要矛盾。内蒙古自治区作为“北疆亮丽风景线”，在公共基础设施上要下大功夫。第一，内蒙古地广人稀，交通设施仍然是经济发展的阻碍之一。各地要加大对城市群之间的交通联通网建设，更要完善好地级市（盟）内部的公共交通运输系统。第二，医疗卫生保障制度是否健全也影响着就业者的就业意愿。政府部门要在医疗卫生方面加大财政支出，逐步解决居民“看病难、治病贵”的问题，提供更有益的医疗保障。第三，国内外的经贸往来日渐频繁，建立健全与国内外对接的行业制度和社会制度，要以完善的法律法规来规避应有的风险，维护社会秩序，保障人民的切实利益。第四，无论是区内高等教育机构的培养、中小学义务教育的普及，还是目前再就业教育的开展，均为培育和发展高端就业人才提供了强劲动力和坚实基础，它们共同构成了推动自治区经济发展与就业增长的稳固基石。

（3）进一步建设劳动力市场

近年来，内蒙古自治区的经济结构发展较快，就业市场的供需矛盾越来越大。第一，相关部门应该建立健全信息网络。在如今的互联网时代，获得更多的信息，就会赢得更多的机会，企业作为经济的细胞、就业的载体，只有发挥好自身的作用，才能发挥好社会的作用。第二，在信息时代里，就业人员应该努力提升自己掌握和运用现代科技的能力，努力学习适应当下经济社会发展的技能，提高自身的素质。政府部门也要鼓励下岗职工、农村劳动力的再就业和相关职业培训，使得劳动力向“知识型、技术型”转变。

二、内蒙古就业政策现状

根据内蒙古自治区的就业政策文件，可以将其划分为以下几个方面。

1. 就业扶贫政策

内蒙古自治区致力于解决贫困人口的就业问题，为此，制定了一系列就

业扶贫政策。这些政策包括提供培训机会、建设就业扶贫基地、推动产业扶贫等。通过这些政策的实施，可以帮助贫困人口增加收入，逐步摆脱贫困。

2. 大中小企业支持政策

为了促进内蒙古自治区的经济发展，各级政府实施了一系列支持大中小企业的就业政策。这些政策包括减免税费、提供贷款支持、降低融资成本等。通过这些政策的实施，可以鼓励企业扩大生产规模，增加就业机会。

3. 人才引进政策

为了满足内蒙古自治区发展的需要，政府制定了一系列人才引进政策。这些政策包括提供人才引进津贴、落户便利、提供住房补贴等。通过这些政策的实施，可以吸引更多的人才来到内蒙古自治区，推动经济的发展。

4. 劳动力转移就业政策

内蒙古自治区拥有丰富的自然资源，政府制定了一系列旨在促进劳动力转移的就业政策。这些政策包括职业培训的提升、鼓励务工人员返乡创业、提供创业补贴等。通过这些政策的实施，可以促进劳动力在不同地区之间的流动，提高就业机会。

内蒙古自治区实施的就业政策在一定程度上取得了一些成效。例如，在就业扶贫政策的推动下，贫困人口的生活条件有所改善，就业率有所提高。在大中小企业支持政策的帮助下，内蒙古自治区的经济得到了快速发展，就业机会增加。同时，人才引进政策也吸引了一批高素质的人才来到内蒙古自治区，为其发展注入新的活力。劳动力转移就业政策也有效促进了劳动力在不同地区之间的流动，提高了就业机会。然而，内蒙古自治区的就业政策还存在一些问题。例如，一些就业扶贫政策在实施过程中存在操作困难、效果不明显等问题。大中小企业支持政策虽然有助于企业发展，但一些措施的达成度和操作性还有待加强。人才引进政策在吸引人才的同时，也面临人才流失的问题。劳动力转移就业政策在推动劳动力流动的同时，也导致了一些地区劳动力短缺的问题。

为了进一步提高内蒙古自治区的就业水平，可以考虑以下几个方面的改进措施。第一，完善就业扶贫政策。内蒙古自治区可以加强对就业扶贫政策的宣传，提高政策的透明度和操作性，同时加强对就业扶贫项目的监督和评估，确保政策的有效实施。第二，强化企业支持政策。内蒙古自治区可以进一步优化大中小企业支持政策，加大对小微企业的支持力度，降低企业经营成本，提高创业和发展环境，加快企业的发展步伐。第三，加强人才引进政策的执行。内蒙古自治区可以加大对人才引进政策的宣传力度，提高政策的吸引力和竞争力，同时加强对引进人才的培养和使用，使引进的人才能够充分发挥作用。第四，优化劳动力转移就业政策。内蒙古自治区可以加强对劳动力转移就业政策的研究和分析，根据实际情况进行针对性的政策调整，解决地区间劳动力短缺的问题，提高劳动力的流动性和就业机会。

三、内蒙古健全就业需求调查和失业监测预警机制

党的十九大报告指出，我国劳动力资源丰富，就业问题被置于民生工作的首位，成为稳定国家经济与公民福祉水平的关键指标。报告强调，追求更高质量、更充分的就业是当前的重要任务。因此，必须切实落实好“六稳”与“六保”工作，特别是保就业。

内蒙古自治区，作为维护中国北方民族团结和政治稳定的重要少数民族聚居区，同时也是“一带一路”倡议实施的关键区域，其经济与就业发展的和谐并进被明确列为“十四五”规划的核心内容之一。因此对该地区的就业状况进入深入研究，显得尤为迫切和重要。

进一步分析，第一产业、第二产业与第三产业在推动经济发展过程中对劳动力的吸纳能力存在差异，而就业市场的整体表现直接关系民众收入水平、经济的高质量发展以及社会的和谐稳定。因此，优化就业结构、提升就业质量、确保充分就业，不仅是经济持续健康发展的基石，也是构建社会主义和谐社会、增进人民福祉的必然要求。

内蒙古自治区位于我国边疆，近年来其经济结构正经历战略性调整，表现为第一产业和第二产业在国民经济中的比重逐步减少，而第三产业的比重显著上升。2023 年，内蒙古地区生产总值达 2.46 万亿元，三大产业的贡献比例分别为 11.12%∶47.56%∶41.32%。在全国五个自治区中，内蒙古的经济

发展速度相对较快，长期以重工业发展为主，区内包头市与鄂尔多斯市是重要的工业基地。然而，随着产业结构向第三产业转型，内蒙古的就业结构却呈现出第一产业就业人员远超第二产业的现象，这反映了第一产业中存在大量劳动力剩余的问题。

随着我国经济向更高质量发展阶段迈进，以及人口红利逐渐消退的新形势，内蒙古如何优化就业结构，建立并健全失业监测预警机制，以有效应对可能出现的就业挑战，成为一个亟待深入研究和探讨的重要课题。

（一）内蒙古就业需求结构

1. 内蒙古就业需求结构演变

内蒙古的就业结构长期以来以第一产业为主导，形成了“一、二、三”的就业格局，基本符合产业发展现状。内蒙古一直以农牧业发展为主，但是生产技术落后，需要投入大量的劳动力来满足农牧业生产，因此第一产业就业人员众多，比重较高。相比之下，第二产业虽然依托内蒙古丰富的自然资源、拥有悠久的发展历史和相对成熟的生产技术，但劳动力的需求却较低，因此吸纳的劳动力有限。

随着经济快速增长和产业结构的持续优化调整，第三产业得到迅猛发展，成为吸纳劳动力的主要力量。同时，第一产业的生产技术与生产效率有所提高，使得部分多余的劳动力得以释放，进而流向第三产业，导致第一产业就业人数减少，第三产业就业人数增加。第二产业的就业比重则呈现出一定的波动性，但总体变化并不显著。

截至2023年，内蒙古的三次产业就业比重已转变为“三、一、二”的结构，即第三产业就业比重最高（48.7%），第一产业次之（33.2%），第二产业最低（18.1%）。产值比重较低的第一产业目前仍保有较多的劳动力，而第二产业的劳动力占比相对较低，这显示出内蒙古的就业结构尚不够合理，未来需要进一步调整和优化。

内蒙古三大产业的就业需求结构经历了三个显著变化阶段：第一阶段（1978—1986年），这期间就业结构呈现出“一、二、三”的特点，即第一产业占据主导地位，其就业比重虽逐年下降，但仍占据全体就业人员半数以上。农牧业就业人员长期居多，受限于技能单一，劳动力在三次产业间的流动性极低。第二阶段（1987—2010 年），这一时期，第一产业就业比重虽经历波动但总体呈下降趋势，截至 2010 年仍高达 50.4%，显示其重要性未根本改变。同时，第二产业就业占比继续下滑，而第三产业则随着社会主义市场经济的推进和自身产值的快速增长，就业比重显著提升，一度超过第二产业，形成“一、三、二”的就业格局。然而，至 2010 年，受多种因素影响，第二、第三产业就业人数变化较大，就业结构短暂恢复为“一、二、三”。第三阶段（2011—2023 年），进入此阶段后，内蒙古产业结构调整步伐加快，第一产业就业比重持续稳定下降，跌破 50% 大关，显示出其主导地位逐渐削弱。与此同时，第二产业就业比重亦保持稳定下降态势，而第三产业则持续吸引劳动力，其就业比重在 2014 年超过第二产业，并于 2018 年进一步超过第一产业，最终确立了“三、一、二”的就业结构。在此过程中，内蒙古对第三产业发展的重视程度不断提升，对人力资源的需求也相应增加。尽管总就业人数有所下降，但大部分新增或转移的劳动力流向了第三产业，导致第一产业劳动力减少且比重下降，尽管如此，其就业比重仍高于第二产业，表明仍存在一定程度的剩余劳动力。

2. 内蒙古就业需求结构演变特征

（1）演变具有普遍规律性

随着地区经济发展水平的提高，内蒙古的劳动力从第一产业逐渐向第三产业流动。1978—2023 年，第一产业的就业比重下降较多，由 67.1% 降至 33.2%，第二产业的就业比重变化不大，第三产业的就业比重得到较大幅度提升，就业结构由“一、二、三”格局转变成“三、一、二”格局，基本符合演变规律。

（2）就业结构具有迟滞性

通过分析内蒙古就业结构的演变过程，可以发现，就业结构与产业结构相比有一定的不对称性。2023 年内蒙古三大产业产值比重为 11.12:47.56:41.32，第二产业产值与第三产业产值比重基本持平；而三大产业就业比重为 33.2:18.1:48.7，第二产业就业比重较低，没有充分发挥其就业吸纳能力，导致未跟上产业结构调整的步伐，第一产业内部仍有大量剩余的劳动力，农村现有的劳动力还需及时转移。

（3）第三产业具有更大贡献性

2023 年年底，内蒙古就业人数为 1190 万人，其中第三产业吸纳劳动力 586 万人，为解决内蒙古就业问题贡献了 48.7% 的力量，基本吸纳了内蒙古将近一半的劳动力。第一产业紧随其后，第二产业只贡献了 18.1% 的就业率。第三产业吸纳了从农业转移出来的多余劳动力。在经济快速发展、产业结构不断调整的过程中，第三产业在促进就业方面的作用更加凸显。

（二）内蒙古失业监测预警机制

内蒙古积极探索建立失业监测预警机制，通过加强失业动态监测、联合相关部门开展就业运行监测，提升风险预判和应对能力。通过大力推行就业管理和职业技能培训实名制，数字化发放就业补助资金，智能核查骗取补助行为等方式提升资金管理水平。对城镇失业人员进行实名动态管理，提供政策、岗位、服务和补贴，优先安置失业人员。内蒙古还建立低收入人口动态监测与分层分类救助机制，明确低收入人口范围，加强数据采集和监测，落实分级预警、分类管理和限时核查等措施，提供基本生活保障、专项救助、急难救助等社会救助服务，确保精准识别和高效救助。同时，依托数字化就业工作体系，建立统一的就业信息资源库和平台，提供在线服务，汇聚全领域数据资源，逐步实现信息“一库管理”，精准推送社区就业岗位信息，方便群众享受就业服务，及时落实帮扶政策。

1. 建立失业风险防控机制

准确及时地收集失业信息是科学分析和研判失业状况以及发挥预警机制作用的基础。一方面，内蒙古加强失业动态监测和预警机制建设，探索与相关部门联合开展就业运行监测，动态掌握就业失业形势，实现对规模性失业等风险预测预警，提升就业失业风险预判和应对能力。另一方面，内蒙古全面推行就业管理和职业技能培训实名制，推进就业补助资金等拨付发放全流程数字化。通过数据比对，智能核查重点群体、申领条件、补助标准，实现对错发漏发行为，以及利用不实承诺、伪造证明材料等手段骗取就业补助资金行为从事后处理向事前事中精准防范转变。通过对政策享受对象的数据关联分析，开展相关补助金使用效能评估，提升资金精细化管理水平。

2. 建立城镇失业人员实名动态管理机制

对社会失业状况进行及时的监测和预警并不是失业监测预警机制设立的最终目的，失业监测预警机制的最终目的在于促进就业和稳定就业。内蒙古根据失业动态监测情况，向享受城镇居民最低生活保障的失业人员、连续失业一年以上仍未就业的城镇失业人员提供送政策、送岗位、送服务、送补贴等帮助与扶持，优先安置符合岗位要求的失业人员就业，并给予社会保险补贴和岗位补贴。2023 年年末城镇调查失业率约为 6%，全区就业补助资金支出 307860. 91 万元，失业人员再就业人数达 13. 13 万人，就业困难人员就业人数达 7. 26 万人。通过失业动态监测预警机制能够及时地了解各监测行业的用工需求变动状况及变动原因，为判断失业预警机制的启动时机以及相关就业政策的实施等提供依据。

3. 建立收入人口动态监测与分层分类救助机制

低收入人口面临的失业风险往往更大。内蒙古通过建立低收入人口动态监测与分层分类救助机制来为弱势群体提供保障。在全面开展低收入人口认定工作方面，明确低收入人口范围，提出完善低收入人口认定办法有关要求和加强低保、特困与低保边缘家庭成员、刚性支出困难家庭成员认定工作衔接具体措施。在加强低收入人口动态监测方面，一是进一步完善自治区低收入人口动态监测信息平台，科学设置预警指标，为快速预警、精准救助、综合帮扶提供支撑。二是要求旗县（市、区）民政部门采集辖区内低收入人口相关数据信息，完善低收入人口数据库。三是强化“大数据比对 + 铁脚板摸排”，落实分级预警、分类管理、限时核查等措施，常态化开展低收入人口动态监测。四是建立分层分类处置机制，对已纳入社会救助范围的低收入人口、未纳入社会救助范围的低收入人口、情形复杂的、不符合救助条件的四种不同情形依规进行办理。在做好分层分类社会救助方面，通过夯实基本生活救助、完善专项社会救助、加强急难社会救助、发展服务类社会救助、做好其他救助帮扶、鼓励开展慈善帮扶、推进防止返贫监测帮扶与社会救助有效衔接等措施加强社会救助资源统筹，做到精准识别、应救尽救。

4. 建立数字化就业工作体系

以数字化推动政策精准落实，支持建立高质量充分就业工作体系。建立全区统一的就业信息资源库和就业信息平台，对内实现业务统一办理、对外实现服务统一提供。推进招聘求职、政策申领、职业指导等在线服务，支撑劳动者和企业便捷享受就业政策和服务。汇聚人社全领域数据资源，逐步共享相关部门和市场机构数据，实现政策申领、就业管理和就业服务等信息“一库管理”，做准、做实、做全服务对象底数。打造全区就业公共服务平台，开通就业失业登记、就业见习、就业政策服务等统一服务入口，支持全区就业业务线上办理。依托就业驿站、零工市场、社区服务站等，挖掘汇聚公益性、临时性等社区基层就业岗位信息和见习信息，结合个人画像、电子地图应用，将群众附近的岗位信息精准推送给有就业需求的劳动者，方便群众查看周边招聘信息，足不出户享受“家门口”就业岗位的精准推荐服务，及时落实就业帮扶政策。

四、进一步完善就业需求调查和失业监测预警机制的建议

（一）优化就业需求结构，展开深入调查

1. 提高第二产业质量，加快轻工业发展

内蒙古凭借矿产资源的优势发展重工业，在经济发展方面作出了较大的贡献。从目前的数据来看，制造业依旧占据主要地位，轻、重工业之间存在较大的失衡，2023 年重工业比例高达 89.2%，但是重工业更多属于资本、技术密集型产业，吸纳劳动力的作用很小，且重工业与传统制造业的发展伴随着资源的枯竭与生态环境的破坏，因此为促进内蒙古的可持续发展，要更加注重第二产业的发展质量，促进资源环境的保护。

内蒙古不仅有大量的煤炭矿产资源，还有丰富的新能源，对于重点领域的发展要提前布局，提升其现代化水平，不仅要保证传统优势产业的领先和主导地位，更要创造出适应现代化的新的竞争优势，因此要积极挖掘天然气、

光能、热能等新能源，增加对新能源产业的资金与技术投入，延伸新能源产业链，进一步发展节能环保产业，从而吸引更多劳动力。另外，要适度发展食品加工、食品制造、纺织、服装与服饰等轻工业，在发展中可以引入江浙等地的轻工业生产企业与生产技术，同时结合内蒙古自身民族特色，发展具有民族特色的食品与服装等产业，轻工业在吸纳劳动力方面的作用要强于重工业，发展轻工业既可以壮大当地一些小规模企业，还可以增加就业岗位，有效吸引农业部门剩余的劳动力，提升第二产业内部之间就业与产业结构的协调性。

2. 紧跟市场动态，实时更新调查内容

为了确保调查数据的时效性和准确性，要及时密切关注行业动态、政策变化以及市场需求的变化趋势，迅速捕捉市场的新动态，并实时更新调查内容。这种持续更新的方式确保了就业需求数据能始终与市场保持同步，为求职者和企业提供最新、最准确的信息支持。同时要加强与求职者之间的互动沟通，通过组织多样化的线上线下交流活动、设立专业的咨询热线和服务窗口等方式，与求职者建立紧密的合作关系。这种紧密的合作关系不仅能准确地把握市场动态和趋势，还能提供宝贵的反馈和建议。通过持续倾听求职者的声音和需求，不断优化和完善就业需求调查机制，为求职者和企业提供更高效、更精准的服务。

（二）多措并举完善失业监测预警机制

1. 建立失业动态监测机制

根据内蒙古实际情况，对影响本地区就业状况的重点行业和企业进行动态监测，分析岗位流失原因，研究判断岗位流失趋势，对有可能出现较大规模岗位流失的行业和企业列出清单，与企业、工会加强协商沟通，提前采取应对措施。重点监控内容涵盖了企业多方面的重要信息，具体包括：企业性质、企业所属行业类别、建档期期末就业人员总数、调查期与建档期期末相比就业人员的增减数量及其变动幅度。在就业人数减少的维度上，还细致区分了诸如企业关闭破产、停业整顿、经济性裁员和企业迁离本地等情况，旨在深入洞察并精准掌握监控企业就业人员缩减的主要原因。

2. 建立健全就业与失业统计制度与统计指标

针对内蒙古失业预警机制，尤其是结构性失业预警机制面临的基础数据不足的状况，首先，应该从就业与失业统计入手，建立健全内蒙古就业与失业统计指标体系，尤其是要加大就业与失业调查统计数据的工作力度，定期发布真实、完整的调查失业率数据。对失业人员的登记要进行分类，并统计出归属不同年龄段、不同类型的失业人员。其次，要建立健全就业与失业统计制度，构建从乡镇到省级的就业与失业上报制度，在县级以上建立计算机统计系统，直接上报省级有关职能部门，这样可以保证数据的真实性和时效性。利用公共就业服务机构、失业保险经办机构、街道社区劳动保障平台等已有公共资源对失业预警监测指标进行统计。最后，要加强就业与失业统计的法律法规建设，做到数据统计与发布的规范性和权威性。

3. 健全失业动态监测指标体系

完善的指标体系是监测机制发挥作用的基础和前提。失业动态监测指标体系，囊括了本地区城镇登记失业人数、城镇登记失业率以及超过 24 个月未就业人员比例、失业人员增幅、享受失业保险待遇人数、失业保险金发放率、失业保险基金支出、就业人数增幅、失业保险基金收缴等一系列关键统计指标，并对其进行定期或不定期的量化分析，以界定失业预警安全与预警线。首先，确定失业动态监测指标体系应做到全面具体。失业动态监测预警机制应加强顶层设计，借助美国劳工部（USDL）在就业统计中主要用到的两个调查，即当前人口调查和当前就业统计中的指标体系并结合内蒙古失业动态监测预警机制的实际状况，可以将失业动态监测预警机制划分为宏观经济状况监测、企业监测、社区监测三个模块，并在此基础上依据与失业监测预警机制的关系密切程度划分出更加详细的一般性监测指标和核心监测指标。其次，不断完善监测内容，加强失业动态监测预警机制与其他社会监测机制以及社会调查统计等部门的合作，实现信息共享。将对企业的监测数据与监测地区经济发展的实际情况以及国家政策等信息综合起来进行分析，构建一张全面的社会失业监测预警分析网，为建立准确识别、科学判定、及时预警的失业动态监测预警机制提供多方信息支撑。

4. 建立健全结构性失业的应急预案

结构性失业的应急预案是建立在对结构性失业预警与评估的基础上，针对结构性失业严重程度的演变而提出的一系列应对措施与制度保障。目前内蒙古结构性失业应急管理还处于起步阶段，制度与机制建设还不全面，因此，需要加强应急管理的制度建设与应急响应机制，创新并丰富应急工具箱，提高应急管理的综合能力水平。尤其是要根据不同的预警级别建立相应的应急处置措施，具体就是根据一级预警、二级预警及三级预警，针对性地出台一级预警预案、二级预警预案及三级预警预案。启动三级预警要加强失业人员转岗安置的新技能和技术培训，迅速遏制并扭转失业率上升的趋势。二级预警要求政府运用产业政策、劳动政策以及配套的财政、金融政策，有针对性地加大治理结构性失业的力度。当处于一级预警状态时，为了防止结构性失业危及社会稳定，除了继续加大相关经济政策的应用力度，必要时政府可动用行政手段紧急“刹车”。

5. 扩大监测范围，将更多群体纳入监测系统

首先，要进一步扩大对企业的监测范围，将那些规模较小、人员流动较为频繁的企业也一并纳入监测系统，增加不同行业中企业的监测数量。此外，在扩大监测范围的同时也要设立相应的监测级别，构建“广覆盖、有重点”的失业监测机制。其次，规范企业的管理，加强对企业用工时与劳动者签订劳动合同行为的监督与检查，将企业的所有用工纳入用工备案记录，并及时对岗位变动做好记录。此外，要对灵活就业人员加强管理，充分发挥基层自治组织或者工会、行业协会等机构的独特信息优势，建立他们对内部成员失业状况的记录与上报机制，完善失业状况调查。最后，将农牧区失去土地的农牧民或者长期居住在城镇不依靠土地收入的农牧民也纳入失业监测的范围，及时掌握其岗位变动状况。失业动态监测预警机制在经济面临转型，出现规模失业风险时发挥失业监测和警戒预警的作用，在日常的失业调查中同样发挥着重要作用，所以应当将失业监测预警机制作为一种常态化的机制来运行，以更加科学准确地评估社会就业状况。

6. 完善监测预警运行机制，落实责任制

首先，在失业动态监测预警机制的运行过程中要注重培养专业人才，提升团队的整体素质及工作效能。政府也要加强与科研单位以及第三部门的合作，不断优化工作机制，综合专家学者的意见以及国内外总体经济形势，科学划定警戒区域以及警戒级别。同时，针对不同的警戒级别制定不同的工作预案，一旦出现失业警情要做到能发觉、能归类、能处置。其次，失业动态监测与预警机制的建设是一项系统性工程，需要多方参与，落实责任机制。要充分发挥企业自主性，引导企业主动通过系统上报岗位变动状况，同时也要加强相关法律制度建设，对瞒报、虚报企业岗位变动状况的企业采取一定的惩罚措施。最后，要加强各级政府在不同警戒级别下的责任划分，做到明确、有序地应对失业警情。同时，政府部门也应充分发挥基层组织以及其他组织的作用，加强与基层自治组织以及工会、社团等机构的合作，提高失业动态监测预警机制的监测能力以及警情研判与应对能力。

7. 充分运用大数据技术，提高监测效率

互联网大数据是能够及时有效进行失业监测的重要保证。国外学者已对劳动力市场大数据的来源进行了系统归纳，主要包括在线调查、招聘网站、在线工作平台、社交媒体等。以此基础上，对内蒙古劳动力市场的互联网媒介进行盘点、归类和总结。具体而言，需明确各类别涵盖的公司及其运行状况、日均访问量等信息，以便较好地掌握现行可以用于劳动力市场监测的大数据来源。此外，对内蒙古自治区目前运营中的招聘网站等劳动力市场互联网中介的数据变量进行盘点和分析，并进行统一界定，提高其规范性，这是失业监测指标有效的重要前提。建议探索建立政府主导、网站提供数据、学界提供指导的三方合作机制，以项目制等形式开展失业监测。此外，招聘网站、在线工作平台等媒介所发布的就业与失业指标的科学性和专业性直接决定了监测的有效性。建议在指标开发、检索词提炼过程中引入社会智库力量，由劳动经济学、人力资源管理等相关专业人才组成专家组，通过定性分析、文献分析等方法，并结合内蒙古劳动力市场的特性以及汉语、蒙语的日常使用习惯，来推进相关工作。从国内就业失业监测实践来看，网站与机构合作开发的指标更具有科学性和持续性。

（三）完善劳动力市场就业机制，提高劳动者素质

1. 完善劳动力市场机制

应对劳动力市场失灵，建立与完善劳动工资正常增长机制、最低工资制度、工资集体协商谈判制、工资支付制度，防止结构性失业扩张加剧。首先，要保证劳动工资根据经济发展正常增长，逐步提高劳动收入份额。劳动力市场失灵是导致劳动力市场价格难以发挥作用的主要因素，如农民工工资长期处于低位，提升速度滞后于经济社会的发展速度，削弱了劳动力市场的吸引力。完善最低工资制度，逐步提高最低工资水平是社会主义的本质要求，同时对完善社会主义市场经济条件下就业制度具有重要意义。其次，要建立健全劳动工资形成机制，推动工资集体协商谈判制，提高劳动者的话语权。工资集体协商谈判制，有助于解决收入分配中收入差距持续扩大问题，是建立社会主义新型劳资关系、实现劳资双赢、共享改革成果的重要举措。最后，创新劳动工资支付制度，保证劳动工资按时支付。农民工工资拖欠问题曾一度引起各方的关注，时至今日，这一现象还时有发生，问题的根源在于缺乏行之有效的治理机制与农民工工资保障制度。从机制建设角度看，在设立工资资金专用账户的同时，集合税务与银行系统，建立企业工资财务动态监管与预警体系。从制度建设角度看，可以将拖欠劳动工资制度的企业和法人纳入征信体系的黑名单，在依法对失信企业进行惩戒的基础之上，将相关责任人一并纳入失信监管范畴。

2. 加大人力资本投资力度，提高劳动者素质

首先，在就业前预先对就业人员进行职业技能培训。现实的情况是，社会、政府以及企业并没有对新生的劳动者进行有针对性的职业教育和技能培训，这就导致大部分的新生劳动者是在一种对就业几乎不太了解的情况下进入工作环境。在这样的处境下，新生劳动者会对即将面临的工作产生一定程度的恐慌和巨大的工作压力，有些新员工明显表现出不适应自己工作岗位的情绪和反应，这极大地影响了职工的工作积极性和工作效率。因此，对新生劳动力进行就业前的培训是很有必要的，一方面可以增加他们的就业机会，

另一方面也提升了他们的职业能力。

其次，对企业的在职职工分岗位进行有针对性的培训。随着内蒙古产业结构的优化升级，新技术、新工艺、新材料也在各个就业领域不断涌现，这样的局面使得各产业的从业人员面临着更大的挑战。加强对劳动者的在职培训，是帮助职工迅速适应各种新鲜事物和新理念，提高实际工作操作能力的重要措施。构建一套完善的培训体系，对不同的职工分岗位、分专业地进行有针对性的培训，可以达到事半功倍的培训效果，同时也有利于企业拥有高素质的从业人员。

最后，对下岗失业人员进行再就业培训。通过培训能够帮助下岗的失业者习得新的职业技能，以获得重新选择工作的机会。强化再就业培训，能够提升失业人员的工作技能，提升他们对新工作的适应能力，从而获得再就业的机会。所以，在再就业培训的过程中，应该采取有效的措施帮助失业人员重新走向工作岗位，从而降低整个社会的失业率。只有通过加大人力资本投资力度和强化职业培训，才能够从源头缓解各大城市劳动者的就业困境，优化整个社会各产业的就业结构，实现产业结构和就业结构共同发展。

简而言之，为了全面优化就业需求调研与失业预警机制，需集合多方力量采取以下关键措施：一是调整并升级第二产业结构，侧重轻工业的发展，以吸引并容纳更多劳动力资源；二是确保就业调查内容的即时更新，保障数据的有效性和精确性；三是通过多元化策略强化失业监测与预警体系，包括构建动态监测系统与统计框架以增强失业预警指标的系统性，制定应对结构性失业的紧急预案，拓宽监测覆盖面并优化其运行机制，同时利用大数据技术提升监测工作的效率；四是完善劳动力市场的就业服务机制，注重提升劳动者的综合能力，通过加强职业技能培训和再就业辅导，有效促进就业能力的提升及就业质量的改善。

报告四　推动工伤保险省级统筹研究

苏　敏　赵文菲　戈宏英　杨　紫[①]

一、内蒙古工伤保险统筹层次发展回顾

（一）工伤保险统筹概述

1. 工伤保险统筹的含义

工伤保险统筹是通过社会统筹的方式，将用人单位缴纳的工伤保险费集中起来，建立工伤保险基金，以在劳动者因生产经营活动中遭受意外伤害或职业病时，依法为其提供医疗救治及必要的经济补偿的一种社会保障制度。工伤保险统筹层次越高，覆盖的行业和企业越广，覆盖的人数越多，基金的风险承受能力就越强，基金支付的风险压力就越小。

2. 工伤保险统筹的意义

工伤保险统筹具有深远而广泛的意义，其核心在于增强统筹基金的风险抵御能力，提高基金使用效率，提升保障水平，并推进工伤保险制度体系建设。首先，工伤保险统筹对增强基金的抗风险能力和提高基金使用效率具有显著作用。通过扩大统筹基金规模，增强了应对突发事件和大规模工伤事故的能力，为工伤职工提供了更加稳固的保障，确保他们在遭遇工伤时能够得到及时、充分的救助和补偿。同时，统筹管理下的基金调配和使用更加科学合理，确保每一分钱都用在关键之处，最大限度地发挥工伤保险基金的社会效益。这种高效的基金使用方式不仅体现了对工伤职工的深切关怀，也彰显

---

① 苏敏，内蒙古大学公共管理学院教授；赵文菲，内蒙古大学公共管理学院硕士研究生；戈宏英，内蒙古大学公共管理学院硕士研究生；杨紫，内蒙古大学公共管理学院硕士研究生。

了社会保险制度的优越性。

其次，工伤保险统筹在提高工伤保险保障水平方面具有重要意义。随着基金规模的不断扩大和管理水平的持续提升，工伤保险能够为受伤职工提供更加全面、系统且高质量的保障服务。这不仅包括基本的医疗救治和经济补偿，还涵盖心理疏导、职业康复等多层次的支持措施，确保工伤职工在身体和心理上都能得到全面的康复。此外，工伤保险统筹还为解决历史遗留问题提供了可能，尤其是针对长期困扰职工的老工伤问题，通过更加系统化的管理和资源调配，能够有效统筹解决，确保每一位工伤职工都能享受到应有的保障。这种保障水平的提高，不仅是对工伤职工切身利益的保护，更是社会保障体系不断完善的重要体现，能够让更多的工伤职工感受到社会的温暖和关怀，进一步增强社会的凝聚力和向心力。

最后，提升工伤保险统筹层次还能够加快推进预防、补偿、康复“三位一体”的工伤保险制度体系建设。通过统筹管理，可以更加有效地整合各方资源，包括医疗、社会保障、企业等多方面的力量，形成一个更为全面的支持网络。这种整合不仅可以在工伤发生前加强预防措施，减少事故发生的概率，还能够在事故发生后提供更加及时、充分的补偿，确保受伤职工得到必要的医疗救治和经济支持。更重要的是，通过康复服务的系统化提升，工伤职工可以在身体和心理上得到全面的恢复，重返工作岗位和重新融入社会。通过这样的统筹管理，工伤保险制度能够更加周到地服务工伤职工，推动整个社会保障体系的进步，确保工伤职工的权益得到全方位的保护。

（二）内蒙古工伤保险市级统筹

1. 内蒙古工伤保险市级统筹的背景

我国的工伤保险统筹是从县级统筹开始的。2004 年，国务院颁布了《工伤保险条例》（以下简称《条例》），对工伤保险基金的筹集和使用、工伤认定、劳动能力鉴定、工伤保险待遇、监督管理、法律责任等方面作出了明确规定，标志着我国工伤保险制度进入全面社会统筹阶段①。各省份根据《条例》相继出台了具体的实施办法，并成立了相应的管理部门——工伤认定机构、劳动能力鉴定机构和工伤保险经办机构。然而，出于历史原因，《条例》启动之初并未对各地工伤保险的统筹层次作出明确规定，导致全国半数以上的省份沿袭了原有的县级统筹管理模式（见表4－1）。

表4－1　《条例》启动之初全国工伤保险统筹管理情况

省份	统筹层次	省份	统筹层次
北京市	省级	湖北省	县级
天津市	省级	湖南省	县级
河北省	县级	广东省	市级
辽宁省	县级	重庆市	省级
吉林省	县级	四川省	县级
黑龙江省	县级	贵州省	市级
山西省	县级	云南省	市级
河南省	县级	陕西省	市级
上海市	省级	甘肃省	县级
江苏省	县级	青海省	县级
浙江省	县级	内蒙古自治区	市级
安徽省	县级	广西壮族自治区	县级
福建省	县级	宁夏回族自治区	市级
江西省	县级	新疆维吾尔自治区	市级
山东省	县级	西藏自治区	市级
河南省	县级	—	—

注：根据各省2004年和2005年出台的《工伤保险条例》实施办法整理。

2004年，随着《内蒙古自治区〈工伤保险条例〉实施办法》的颁布施行，内蒙古自治区全面启动了工伤保险工作②。在工伤保险工作启动初期，内蒙古自治区的基金统筹层次以盟市级统筹为主。2010年，人社部下发《关

① 国务院．工伤保险条例[EB/OL].（2003－03－28）. https://www.gov.cn/zhengce/content/2008－03/28/content_7416.htm.

② 内蒙古自治区人民政府．内蒙古自治区人民政府办公厅关于印发《内蒙古自治区工伤保险条例实施办法的通知》[EB/OL].（2004－02－01）. https://www.nmg.gov.cn/zwgk/zfgb/2004n_5106/200402/200402/t20040201_270565.html.

于推进工伤保险市级统筹有关问题的通知》，要求加快推进工伤保险的市级统筹工作①。内蒙古自治区根据通知要求进一步细化和推进工伤保险市级统筹工作，于2014年制定了《内蒙古自治区工伤保险条例实施办法》，明确和规范了工伤保险的操作程序、覆盖范围、工伤保险费的缴纳、工伤认定及工伤待遇等方面的具体要求和流程。②《内蒙古自治区工伤保险条例实施办法》的发布，进一步细化和补充了国家及自治区的工伤保险政策，对于维护职工权益、促进企业安全生产、推动社会保险体系的完善等方面具有重要意义。

2. 内蒙古工伤保险市级统筹的重要性及必要性

内蒙古自治区建立并完善工伤保险市级统筹，是贯彻落实《工伤保险条例》的重要举措，旨在进一步完善工伤保险制度，推动工伤保险事业的发展。该政策的实施不仅有助于提升工伤保险的覆盖面和服务质量，还在加强工伤保险基金管理、优化资源配置、提高保障水平方面发挥着重要作用。首先，市级统筹有助于扩大基金规模，增强工伤保险基金的抗风险能力。在市级统筹模式下，各盟市可以根据自身的经济状况和社会需求，集中更多资源进行保险基金的管理和调度。这种集中管理有助于扩大基金规模，使其能够更好地抵御市场波动和潜在风险，从而更加安全、有效地保障工伤职工的权益。

其次，市级统筹有助于提高工伤保险基金的使用效率。在市级统筹模式下，各盟市政府对工伤保险基金的管理将更加灵活高效。通过地方集中管理，可以减少中央与地方之间的协调成本，优化基金的分配与使用，进一步提升资金运作效率。同时，市级统筹还能够加快对工伤职工的救助和补偿速度，缩短处理时限，提高服务质量和保障水平。

最后，市级统筹有助于提高工伤保险的整体保障水平。通过市级统筹，地方政府可以适度调整保障标准和政策措施，逐步提升工伤保险的保障水平。

① 中华人民共和国人力资源和社会保障部．关于推进工伤保险市级统筹有关问题的通知[EB/OL]．(2010-04-23)．https://www.mohrss.gov.cn/gsbxs/zhengcewenjian/201004/t20100423_82848.html.

② 内蒙古自治区人力资源和社会保障厅．内蒙古自治区工伤保险条例实施办法[EB/OL]．(2014-06-25)．https://rst.nmg.gov.cn/zfxxgk/fdzdgknr/yifazhixing/202112/t20211215_1978049.html.

这不仅有助于解决老工伤等历史遗留问题，还能够不断优化和完善工伤保险的政策体系。同时，市级统筹也有助于推动工伤保险保障标准的逐步提升，使其更好地适应经济发展和社会变迁带来的新需求。

3. 内蒙古工伤保险市级统筹的举措

内蒙古自治区在推进工伤保险市级统筹方面，采取了一系列具体举措，以解决区域发展不平衡和基金支付压力等问题。这些举措主要体现在以下几个方面。

一是加强统筹规划。内蒙古自治区制定了详细的工伤保险市级统筹实施办法和规划，明确了市级统筹的目标和实施步骤。这些文件对基金管理、风险控制、服务规范等内容作了明确规定，旨在提升市级工伤保险的管理水平和资金运作效率。

二是实施统一政策标准。内蒙古自治区推动市级工伤保险统筹政策的统一，确保全区范围内的工伤保险政策、标准和待遇的一致性。统一的政策标准涵盖工伤保险费率、待遇支付标准、工伤认定和劳动能力鉴定办法等，以减少区域间的差异，保障各市职工的基本权益。

三是推动基金集中管理。在市级统筹下，内蒙古自治区推动工伤保险基金的集中管理，以提高资金使用效率和管理水平，确保基金的合理配置与有效利用。同时，加强对基金使用情况的监督和审计，定期监测与评估市级统筹的工伤保险基金，及时掌握各市基金的运行与风险状况。通过建立数据分析与预警机制，及时发现并解决基金管理中的问题，确保工伤保险基金的健康运行。

四是建立健全风险共担机制。为应对市级统筹中的风险，内蒙古自治区建立了工伤保险风险共担机制，通过设立储备金和调剂基金，增强市级统筹的风险抵御能力。各市在管理工伤保险基金时，除了依赖自有基金，还可以依托自治区层面的资金调剂和支持，以分担大规模工伤支付带来的风险。

4. 内蒙古工伤保险市级统筹的成效及弊端

内蒙古自治区工伤保险的盟市级统筹模式在实际操作中展现出了显著成

效，但也暴露出一些不足之处。

在成效方面，盟市级统筹提升了工伤保险的适应性和服务效率。地方统筹模式使各盟市能够根据本地经济状况和社会需求灵活调整工伤保险政策，确保政策实施更符合实际情况。这种灵活性使工伤保险能够迅速覆盖不同地区，满足各区域的特定需求。此外，盟市级统筹通过扩大基金的统筹范围，增强了基金的风险分散能力，减少了个别地区因工伤事件带来的财务压力。在实际操作中，该模式还缩小了地区间的差异，通过更均衡的资金配置，保障了不同地区工伤保险服务的公平性。总体而言，内蒙古工伤保险盟市级统筹的实施有效提升了工伤保险制度的整体效率和公平性，对促进社会稳定和保障职工权益发挥了积极作用。

然而，盟市级统筹也表现出一些明显的弊端。首先，统筹层次较低。市级统筹意味着工伤保险的管理和资源配置在市级层面进行，较低的管理层次难以在全市范围内有效统筹资源。由于各市的经济发展水平、用人单位结构和工伤风险存在差异，市级统筹在资源调配和风险控制方面可能存在局限性。局部地区的基金管理和风险应对能力不足，可能导致这些地区在处理工伤保险支付时面临困难。

其次，抵御风险能力偏弱。盟市级统筹的工伤保险基金在应对系统性风险方面较为薄弱。尤其是在经济下行周期或突发公共事件发生时，盟市级工伤保险基金可能无法有效应对大规模的支付需求。由于基金储备和调剂能力有限，这些地区可能会面临资金短缺问题，进而影响工伤保险的正常运行和职工的保障水平。此外，区域发展不平衡也是一个重要问题。不同地区在经济发展、用人单位情况和工伤发生频率上存在较大差异，盟市级统筹难以有效应对这些差异。经济较为发达的地区资金相对充足，而经济欠发达的地区则面临较大的压力。区域间的差距导致工伤保险基金的调剂和保障水平不均衡，进而影响工伤保险的公平性和服务质量。

最后，信息共享和协作不畅。在盟市级统筹模式下，每个盟市负责独立处理工伤保险的数据和信息管理，这种分散管理的方式很难实现信息共享，盟市与盟市之间的沟通和协作不够顺畅，信息传递过程中可能出现延迟或丢失，影响工伤保险数据的时效性和准确性。这种信息壁垒不仅限制了对工伤事故和保险状况的实时监控，还导致对工伤保险问题的响应速度变慢，影响政策的实施效果和调整能力。

内蒙古的盟市级统筹模式在工伤保险的覆盖和服务方面取得了一定成效，但也面临一些问题。因此，需要通过更高层次的统筹机制，如省级统筹或全国统筹，实现更大范围内的基金统筹，从而有效增强基金的共济功能和抗风险能力，推动自治区工伤保险制度更加公平、可持续发展。

（三）内蒙古工伤保险省级统筹模式

1. 内蒙古工伤保险省级统筹的背景

随着经济和社会的发展，工伤保险市级统筹的局限性愈加明显，一些地区产生了进一步提高统筹层次的需求和动机，因此有学者主张由省级统筹取代工伤保险的县级统筹①。“十二五”期间，人社部一直致力于推动省级基金调剂金的建立，并积极主张实行省级统筹管理。2010 年颁布的《社会保险法》第 64 条以国家法律的形式规定了社会保险的统筹层次；“基本养老保险基金逐步实行全国统筹，其他社会保险基金逐步实行省级统筹”②。2017 年，人力资源和社会保障部与财政部发布了《关于工伤保险基金省级统筹的指导意见》，明确任务要求和进度安排，确保各地区在 2020 年年底全面实现工伤保险省级统筹③。在此背景下，2020 年，内蒙古自治区出台了《内蒙古自治区工伤保险自治区级统筹办法》④，明确了推进工伤保险自治区级统筹的具体方案和实施步骤，建立了“五统一、一调剂”模式的工伤保险统筹制度，实现了参保范围与对象、费率政策和缴费标准、工伤认定与劳动能力鉴定办法、待遇支付标准、经办流程与信息系统的“五统一”，并建立了工伤保险基金自治区级调剂金制度的“一调剂”，标志着自治区工伤保险实现了自治区级

① 郑秉文．关于加快推进省级社保统筹的建议[J]．中国经贸导刊，2007(18)：9－10.

② 全国人民代表大会．中华人民共和国社会保险法[EB/OL]．(2019－05－25)．https://www.npc.gov.cn/cwhhdbdh/c4186/c14354/c14359/201905/t20190523_401570.html.

③ 中华人民共和国人力资源和社会保障部．人力资源社会保障部财政部关于工伤保险基金省级统筹的指导意见[EB/OL]．(2017－08－18)．https://www.mohrss.gov.cn//xxgk2020/fdzdgknr/zcfg/gfxwj/shbx/201708/t20170818_275905.html.

④ 康巴什区人民政府．关于印发《内蒙古自治区工伤保险自治区级统筹办法》的通知[EB/OL]．(2020－09－20)．https://www.kbs.gov.cn/zwgk/zfxxgk/fdzdgknr/lzyj/fggz/202009/t20200920_2757767.html.

统筹。

工伤保险自治区级统筹制度的建立，最大限度地发挥了基金的共济功能，有效解决了基金分布不均衡的问题，平衡了各地差距，确保工伤职工能够及时足额享受工伤保险待遇，同时也能够防范基金风险，保障基金的平稳运行。

2. 内蒙古工伤保险省级统筹的重要性及必要性

内蒙古自治区实行基金省级统筹是工伤保险制度建设的重要举措，是推进工伤保险制度公平可持续发展的必然要求，对于提高基金使用效率、增强保障能力等具有重要意义。

一是优化资金运用。省级统筹能够集中管理和使用工伤保险资金，减少各地在管理和运营中的重复劳动，实现更有效的投资和运作，提高资金使用效率。同时，省级统筹可以在全区范围内调剂资金，解决资金使用不均的问题，从而消除因各地独立运作而产生的管理冗余和资金浪费，确保工伤保险基金的长期稳定运行。

二是保障公平性。由于内蒙古各地区的经济条件和社会发展水平存在差异，工伤保险的待遇和标准可能有所不同。省级统筹能够在全区范围内推行统一标准和公平待遇，有效消除地区差异导致的待遇不均衡现象，确保工伤保险制度更加贴合实际需求，提升制度的科学性和合理性，保障所有员工都能获得公平的工伤保险待遇。

三是分担风险。内蒙古的企业和员工面临的工伤风险和负担各不相同，尤其是矿业、建筑业等高风险行业，这一问题尤为突出。省级统筹可以在全区范围内分担风险，减轻单个企业或行业的财务负担，防止个别企业因工伤赔偿压力过大而影响正常运营。

四是促进社会和谐。有效的省级统筹可以减少工伤事故带来的社会矛盾，维护社会稳定。公平、及时的工伤保险待遇能够增强员工的安全感，减少因工伤引发的纠纷和不满，促进社会和谐稳定。

二、内蒙古推动工伤保险省级统筹的政策实践

（一）内蒙古工伤保险省级统筹的政策目标与意义

1. 政策目标

2020年，内蒙古自治区出台了《内蒙古自治区工伤保险自治区级统筹办法》[①]，标志着内蒙古自治区工伤保险实现自治区级统筹。工伤保险实现自治区级统筹后，按照制度统一、分级负责、属地管理、缺口分担的原则，在全区范围内实行“五统一、一调剂”模式，即在自治区范围内统一工伤保险参保范围和对象、费率政策和缴费标准、工伤认定和劳动能力鉴定办法、待遇支付标准、经办流程和信息系统，并建立工伤保险基金自治区级调剂金制度[②]。内蒙古工伤保险省级统筹政策的实施，旨在构建更加公平、高效、可持续的工伤保险制度，以更好地保障全区各类用人单位职工及灵活就业人员在工作过程中因遭受事故伤害或患职业病时的合法权益，促进社会稳定与经济发展。具体政策目标包括：

一是实现制度统一与标准化。通过省级统筹，统一工伤保险的参保范围、缴费标准、待遇水平及基金管理等关键要素，缩小地区差距，确保工伤保险制度在全区范围内的公平性和一致性。

二是增强基金抗风险能力。省级统筹能够集中管理工伤保险基金，实现更大范围内的基金调剂和互助，有效应对局部地区因重大工伤事故导致的基金支付压力，增强基金的整体抗风险能力和可持续性。

三是提高服务效率与质量。优化工伤保险经办流程，推动信息化建设，实现数据共享和业务协同，减少重复劳动，提高服务效率。同时，加强基层服务平台建设，确保工伤职工能够及时获得便捷、高效的工伤认定、劳动能力鉴定及待遇支付等服务。

---

① 自治区人社厅．内蒙古自治区工伤保险自治区级统筹办法［EB/OL］．(2021－12－15)．https://rst.nmg.gov.cn/zfxxgk/fdzdgknr/zhengcejiedu/202112/t20211215_1978460.html.

② 中华人民共和国中央人民政府．内蒙古：工伤保险实现自治区级统筹［EB/OL］．(2020－06－13)．https://www.gov.cn/xinwen/2020－06/13/content_5519182.htm.

四是促进工伤预防与康复。将工伤预防与康复纳入工伤保险制度之中，通过政策引导和支持，鼓励用人单位加强安全生产管理，减少工伤事故的发生，同时加大对工伤职工的职业康复和再就业支持力度，帮助他们重返工作岗位。

2. 政策意义

工伤保险作为社会保障体系的重要组成部分，对保障职工权益、促进社会稳定和经济发展具有重要意义。近年来，内蒙古积极推进工伤保险省级统筹，旨在通过整合资源、优化管理、提升服务，构建一个更加公平、高效、可持续的工伤保险体系。具体体现在以下几个方面：

一是保障劳动者权益。工伤保险省级统筹从根本上保障了全区劳动者的基本权益，尤其是从事高风险行业的职工，在遭遇工伤时能够得到及时、足额的补偿，有助于减轻其经济负担，从而维护社会稳定。

二是优化营商环境。统一、规范的工伤保险制度为企业提供了更加透明、可预期的用工成本，有助于吸引投资、促进企业发展，从而优化内蒙古的营商环境。

三是促进经济发展与社会和谐。工伤保险省级统筹不仅保障了劳动者的基本生活，还通过工伤预防和康复措施，减少了因工伤导致的劳动力损失，提高了劳动力资源的利用效率，为经济发展提供了有力支撑。同时，通过减少因工伤引发的社会矛盾，促进了社会和谐稳定。

四是推动社会保障体系完善。工伤保险作为社会保障体系的重要组成部分，省级统筹的实施是内蒙古社会保障体系改革的重要一步，有助于推动社会保险制度的整体完善，提升社会保障水平。

（二）内蒙古工伤保险省级统筹的管理机构与组织架构

内蒙古工伤保险省级统筹的管理机构与组织架构涉及多个层级和部门，旨在确保工伤保险制度的顺利实施和有效管理。以下是对其管理机构与组织架构的详细阐述。

1. 管理机构

（1）自治区级管理机构

内蒙古自治区人力资源和社会保障厅：作为工伤保险省级统筹的主要负责部门，负责制定工伤保险政策、组织实施省级统筹、监督工伤保险基金的运行情况等工作。该部门在工伤保险省级统筹中发挥核心领导作用。

内蒙古自治区财政厅：负责工伤保险基金的财务管理和资金划拨，与人力资源和社会保障厅共同制定基金管理办法，确保基金的安全和有效使用。

（2）盟市级管理机构

各盟市人力资源和社会保障局及其下设的工伤保险经办机构：负责本行政区域内工伤保险的具体实施和管理工作，包括工伤认定、劳动能力鉴定、待遇支付等。这些机构在自治区人力资源和社会保障厅的指导下开展工作，确保工伤保险政策在地方层面得以落实。

2. 组织架构

内蒙古工伤保险省级统筹的组织架构概括为“自治区级统筹、分级负责、属地管理”的原则。具体组织架构如下：

（1）自治区级层面

设立工伤保险省级统筹领导小组或相关协调机构，由内蒙古自治区人力资源和社会保障厅牵头，财政厅等相关部门参与，负责工伤保险省级统筹的总体规划、政策制定以及重大问题的决策。

人力资源和社会保障部工伤保险处（或相关处室），负责工伤保险政策的日常管理和监督，以及与其他相关部门的沟通协调。

（2）盟市级层面

各盟市人力资源和社会保障局设立工伤保险科（或相关科室），负责本地区工伤保险的具体实施和管理工作。这些科室在自治区人力资源和社会保障厅的指导下，结合本地区实际情况，制定具体的实施方案和管理措施。

工伤保险经办机构（如社会保险事业管理局等）负责具体的业务经办工作，包括工伤认定、劳动能力鉴定、待遇支付等。这些机构需构建并完善其内部管理制度和业务流程，确保工伤保险服务的规范化和高效化。

（3）基层服务网点

在旗县（区）及以下层级设立工伤保险服务网点或窗口，为工伤职工提供更加便捷的服务。这些网点或窗口需配备专业的工作人员和必要的设施设备，确保能够及时、准确地为工伤职工提供政策咨询、待遇申请和支付等服务。

内蒙古工伤保险省级统筹的管理机构与组织架构是一个多层级、多部门协同合作的体系。自治区级管理机构负责政策制定和总体规划，盟市级管理机构负责具体实施和管理，基层服务网点负责提供便捷服务。这种组织架构有助于确保工伤保险政策的顺利实施和有效管理，更好地保障劳动者的合法权益。

（三）内蒙古工伤保险省级统筹模式具体举措

工伤保险作为重要的社会保险制度，对于保障职工合法权益、分散用人单位风险、促进企业安全生产、维护社会和谐稳定具有重要作用。近年来，我国工伤保险制度改革不断深化，制度的强制性不断增强，保障范围和保障水平不断提升。内蒙古工伤保险实现自治区级统筹后，采取了一系列具体举措，扩大了工伤保险统筹的范围与覆盖面，以及提升了工伤保险制度的公平性和可持续性。

1. 扩大工伤保险统筹的范围与覆盖面

通过出台《内蒙古自治区工伤保险自治区级统筹办法》，自治区统一了工伤保险的参保范围和参保对象，实现了自治区级统筹。这一举措旨在确保所有符合条件的职工，无论其工作地点或所属单位，都能享受到工伤保险的保障。无论企业规模大小、行业类别，所有职工，包括正式职工和临时工，都能纳入工伤保险体系，确保工伤保险的广泛覆盖，保障每一位职工的合法权益。

内蒙古工伤保险省级统筹模式在扩大统筹范围与覆盖面方面采取了多项具体举措，以确保工伤保险制度惠及更广泛的职工群体，进一步提升社会保障水平。首先，内蒙古自治区在省级统筹框架下，明确规定了统一的工伤保险参保范围和参保对象。这一举措打破了以往地区间、行业间的壁垒，使得国有企业、民营企业、外资企业和个体工商户，只要符合参保条件，都必须依法为职工缴纳工伤保险费。同时，参保对象覆盖了企业的全体职工，包括正式工、临时工和季节工，确保每一位在劳动岗位上的职工都能享受到工伤保险保障。

其次，内蒙古自治区积极推动工伤保险制度的普及和宣传，提高企业和职工对工伤保险的认识和重视程度。通过举办宣讲会、发放资料、利用媒体广泛宣传等方式，帮助企业和职工充分了解工伤保险的重要性、参保流程和待遇标准，从而增强参保意愿和自我保护意识。

最后，内蒙古自治区还注重与相关部门的协调配合，共同推进工伤保险制度的实施。例如，与税务部门合作，确保工伤保险费的征缴顺利进行；与人力资源和社会保障部门合作，加强工伤认定和劳动能力鉴定的管理，确保工伤职工的合法权益得到及时保障；与财政部门合作，加强工伤保险基金的管理和监督，确保基金安全稳健运行。

2. 加强投入，提升工伤保险服务质量

内蒙古工伤保险省级统筹模式在加强投入、提升服务质量方面实施了一系列具体举措，旨在优化工伤保险服务，提高基金使用效率，确保广大职工能够及时、有效地获得保障。首先，内蒙古自治区人民政府加大了对工伤保险基金的投入，建立了工伤保险基金自治区级调剂金制度。通过调剂金的使用，有效平衡了各地区基金收支的差异，确保了基金的稳健运行和可持续发展。同时，自治区还逐步实行了基金统收统支管理，提升了基金使用效率，增强了抗风险能力，为工伤保险的长期稳定运行提供了保障。

其次，内蒙古自治区注重提升工伤保险经办机构的服务能力。通过加强队伍建设、优化经办流程、完善服务设施等措施，提升了经办机构的服务效率和质量。职工在办理工伤保险手续时更加便捷、高效，减少了等待时间和烦琐程序，提升了职工的满意度和获得感。

最后，内蒙古自治区还积极推进工伤保险的信息化建设，提高了管理效率和服务水平。通过统一工伤保险的经办流程和信息系统，实现了线上办理和数据共享。这不仅方便了职工随时查询和办理业务，也提升了经办机构的管理效率和服务质量，为工伤保险的精准管理提供了有力支持。

3. 推进信息化建设，提高管理效率

内蒙古工伤保险省级统筹模式在推进信息化建设和提高管理效率方面，采取了一系列创新举措，充分利用科技手段赋能工伤保险服务，实现了显著的管理效能提升。首先，内蒙古自治区人民政府高度重视工伤保险的信息化建设，致力于构建全区统一的工伤保险信息系统。该系统不仅集成了参保登记、工伤认定、劳动能力鉴定、待遇核发、基金管理等多个环节，还涵盖了工伤预防和康复等辅助功能，全面实现了工伤保险业务的全流程信息化管理。通过统一部署和数据共享，该系统有效打破了地区和部门间的信息壁垒，极大地提高了信息的准确性和时效性，避免了数据重复录入和人为错误，为工伤保险的高效管理提供了坚实的技术支撑。此外，该系统还具备智能化数据分析和预警功能，能够实时监控基金运行情况，预防潜在风险，确保基金的安全和稳健运行。这一系列措施不仅提升了工伤保险服务的质量和效率，也为进一步推进社会保险信息化建设提供了宝贵经验。

其次，内蒙古自治区积极推进社会保障卡在工伤保险领域的应用。社会保障卡作为职工的身份认证和结算工具，在工伤保险业务办理中发挥了重要作用。通过推广社会保障卡的普及和使用，内蒙古自治区实现了工伤保险业务的“一卡通办”，职工只需携带一张社会保障卡即可实现从工伤认定到待遇领取的全流程办理，极大简化了办理流程，提高了办理效率。此外，自治区还充分利用大数据和云计算等信息技术，对工伤保险数据进行深度挖掘和分析。通过实时监控和预警系统，能够及时发现并解决潜在问题和风险，提升基金的安全性和稳健性。数据分析结果也为政策制定者和决策者提供了科学依据，推动工伤保险制度的不断完善和优化。

最后，内蒙古自治区不仅重视加强信息化建设，而且致力于提供全面的培训和技术支持，以推动工伤保险领域的现代化发展。通过有针对性的专题培训活动，内蒙古自治区为各级经办机构的工作人员提供操作信息化系统的实用方法和技巧，帮助他们更好地适应数字化管理环境，提高信息化素养和业务水平。这一举措不仅使工作人员能够更加熟练地应用信息化系统，还促进了他们对新技术的接受和消化，从而提升了整体工作效率和质量。同时，技术支持也赋予了工作人员更大的信心和专业能力，使其具备解决复杂问题和应对挑战的能力。内蒙古自治区的培训和技术支持不仅对个体工作人员有益，也为整个工伤保险信息化建设奠定了坚实的基础。通过这种方式，内蒙古自治区推动了工伤保险制度向数字化、智能化方向发展，为提高服务质量、增进管理效率作出了积极的贡献。这样的持续支持和培训将在未来助力工伤保险信息化建设取得更大的成就，确保劳动者权益得到更有效的保障。

4. 完善监管体系，规范市场秩序

内蒙古工伤保险省级统筹模式在完善监管体系、规范市场秩序方面采取了一系列有力举措，以确保工伤保险制度的公平、公正和可持续发展。首先，内蒙古自治区建立并健全了工伤保险基金的监管机制。通过制定和实施严格的基金管理制度，强化对工伤保险基金的筹集、使用、管理和监督，确保基金的安全与完整。同时，自治区还建立了风险预警和应急处理机制，对基金运行中的潜在风险进行实时监控和预警，及时采取应对措施，防范和化解基金风险。

其次，内蒙古自治区加强了对工伤保险经办机构的监管力度。通过建立健全内部控制制度，规范经办机构的业务操作流程，确保经办机构依法依规开展工伤保险业务。健全的内部控制制度包括明确的责任分工、流程规范和风险管理机制，以规范和引导经办机构的业务操作流程。这样的措施有助于确保工伤保险业务的规范开展，提高服务质量，降低潜在风险。此外，加强对经办机构的监督检查和评估考核，通过定期进行监督检查，及时发现并解决问题，促使经办机构整改不足之处，以确保其依法依规履行工伤保险业务职责。实施严格的评估考核机制，对经办机构的绩效表现进行评估，激励其提升服务水平和管理水平。内蒙古自治区还注重对违规行为的处理，一旦发现经办机构存在违规行为，将依法予以处理，进而维护工伤保险市场的良好秩序。通过这些举措，内蒙古自治区不仅加强了对经办机构的监管力度，还提高了整个工伤保险市场的透明度、稳定性和公平性，为劳动者提供更可靠、更高效的保障服务，确保劳动者权益得到有效维护。

此外，内蒙古自治区注重加强与相关部门的协调配合，形成监管合力。通过与人力资源社会保障部门、财政部门、审计部门等密切合作，共同推进工伤保险的监管工作。自治区通过信息共享、联合检查等方式，加强对工伤保险市场的全面监管，及时发现并查处违法违规行为，维护参保职工的合法权益。在规范市场秩序方面，内蒙古自治区还积极推动工伤保险服务的标准化、规范化建设。通过制定和实施工伤保险服务标准，优化服务流程，提高服务质量，提升服务效率与满意度。同时，加强对工伤保险服务机构的监管，确保其依法依规提供优质服务，维护工伤保险市场的公平竞争环境。

三、工伤保险省级统筹面临的问题

工伤保险省级统筹作为提高社会保障公平性和效率的重要举措，近年来在各地逐步推进。然而，在实施过程中也暴露出诸多问题，严重影响了制度的预期效果。其中，政策衔接不到位、地方政府管理责任主体地位被削弱、省级统筹监管难度大、统一的信息交流系统尚待完善等问题尤为突出。这些问题不仅导致了各地工伤保险水平的不均衡，还加剧了管理和执行中的复杂性与不确定性。解决这些问题，是确保工伤保险省级统筹顺利实施、提升参保职工权益保障水平的关键。

（一）工伤保险省级统筹的政策衔接不到位

工伤保险省级统筹的推进旨在实现工伤保险制度的跨区域协调与资源共享，提升整体保障水平。然而，政策衔接不到位已成为这一过程中不可忽视的障碍。各地在工伤保险政策制定和执行细则方面标准不统一，加之经办服务体系不健全，导致统筹管理在实际操作中面临诸多困难。政策衔接不到位不仅降低了省级统筹的效果，还可能导致参保职工权益受损和制度运行效率下降的问题，亟须引起重视并加以解决。

1. 相关政策标准不统一

工伤保险省级统筹作为我国社会保障体系的重要组成部分，在实施过程中面临政策标准不统一的问题。这一问题不仅影响了工伤保险的有效运行，也阻碍了制度的公平性和普及性，导致各地工伤保险水平参差不齐，难以实现统筹管理的初衷。首先，工伤保险缴费标准不统一是一个突出问题。内蒙古自治区内不同盟市的经济发展不平衡以及劳动密集型产业分布不均，导致部分地区在缴费标准上具有较大的自主性。这种差异导致工伤职工在不同地区享受的待遇水平不一致，甚至同样的工伤在不同省份的赔偿金额相差悬殊，这显然违背了社会保障的公平性原则①。

其次，工伤认定标准在各地也有所不同。尽管国家层面对工伤认定制定了统一的法律法规和指导性文件，但在自治区层面，各盟市在执行这些规定时，往往需要根据自身的经济发展状况、产业结构特点以及地方治理模式进行灵活调整。这种调整导致了不同地区在工伤认定标准、程序和审核尺度上的差异性，直接影响了职工维权的公正性与便利性。具体来说，不同地区在工伤认定时，对工伤事故的性质、原因、责任归属等问题的判定标准不尽相同。某些地区可能对工伤认定持更加严格的态度，以减轻工伤赔付压力，这使得职工在申请工伤认定时面临更多的审核障碍和烦琐程序。相反，经济发达或政策执行较为宽松的地区，可能在认定过程中更加倾向于保护劳动者利益，降低工伤认定的门槛。这种不统一性不仅使工伤职工在不同地区的维权难度存在显著差异，也在无形中增加了劳动者的维权成本和复杂性，尤其是在跨地区就业的职工群体中，认定标准的差异可能引发不公平感，进一步削弱了工伤保险制度的公信力。

最后，内蒙古自治区各盟市在基金的筹集、使用、监管等方面也存在显著的不一致性。工伤保险基金的有效管理对于保障职工权益、维护社会稳定至关重要，但各地在管理水平、资金运营能力、监管机制等方面的差异，导致了基金管理效率的参差不齐。经济发达地区通常能够更有效地筹集和使用工伤保险基金，保障资金流动性和可持续性，而经济欠发达地区则可能面临基金筹集困难、使用效率低下等问题，甚至出现基金闲置或被挪用的风险②。这种差异不仅影响了工伤保险基金的使用效率，也阻碍了省级统筹下资金调剂和风险分担机制的有效运行。

---

①　金双华，于征莆，孟令雨．基于国际视角的工伤保险制度公平性研究［J］．兰州学刊，2024（6）：65－79.

②　华颖．中国式现代化与社会保险制度提质扩面［J］．学术研究，2024（7）：120－128.

2. 经办服务体系不健全

工伤保险省级统筹的推进过程中，经办服务体系的不健全是一个突出的制约因素。这一问题直接阻碍了工伤保险政策的顺利实施，严重影响了参保职工的权益保障，成为制约工伤保险制度有效运行的关键障碍。首先，经办机构设置不完善是服务体系不健全的关键原因。内蒙古自治区许多地区在推进工伤保险省级统筹时，尚未建立起覆盖全省的统一经办机构网络，导致服务资源分布不均，基层经办机构的服务能力相对薄弱。一些偏远或经济欠发达地区，因缺乏专业的经办机构和人员，难以提供及时、有效的工伤保险服务。这种情况导致参保职工在申请工伤认定、待遇支付等方面面临困难，影响了工伤保险的覆盖面和公平性①。

其次，服务能力不足也是经办服务体系不健全的表现之一。工伤保险作为一项专业性强、涉及面广的社会保障制度，对经办人员的专业素质和业务能力要求较高。然而，目前许多地区的经办机构在人员配备和培训方面能力不足，导致服务质量参差不齐。特别是在工伤认定、待遇支付、基金管理等关键环节，服务能力不足容易导致处理不及时、错误认定等问题，直接影响了工伤保险制度的执行效果。

最后，管理机制的不健全进一步削弱了经办服务体系的稳固性，使其变得更加薄弱。许多地区在推行省级统筹时，尚未建立科学的管理机制，导致经办服务体系缺乏统一的标准和规范。例如，各地在信息化建设、数据共享、绩效考核等方面存在较大差异，难以实现经办服务的标准化和高效运作。

（二）地方政府管理责任主体地位被削弱

工伤保险省级统筹的实施旨在提高统筹层次和基金的抗风险能力，但在这一过程中，地方政府的管理责任主体地位可能被削弱。随着省级政府逐步掌控工伤保险的筹资、基金管理和政策制定，地方政府在管理工伤保险方面的自主性和灵活性受到限制。这种变化可能导致地方政府在工伤保险政策执

---

① 乔庆梅．第四次工业革命背景下中国工伤保险制度的重构与发展[J]．社会保障评论，2022，6(3)：70－80.

行中的积极性降低，进而影响政策的落地效果和工伤职工的权益保障。

1. 缺乏有效的激励约束机制

内蒙古自治区在推进工伤保险省级统筹过程中，旨在提升工伤保险制度的统一性和基金的抗风险能力。然而，实际操作中缺乏有效的激励和约束机制，成为制约政策效果的重要问题。这一缺失不仅影响了省级统筹的实施效率，还削弱了地方政府在工伤保险管理中的主动性和责任感。

一方面，在省级统筹模式下，市县级经办机构的责任主体地位大大弱化。由于依赖省级调剂金的兜底作用，市县级经办机构对基金管理的责任意识逐渐分散。尽管工伤保险基金缺口的兜底责任仍然由市县级经办机构承担，但随着工伤保险基金的相当一部分被上缴至省级统筹，地方政府的积极性和主动性因此受到影响。这种情况在自治区内尤其明显，部分经济欠发达地区更倾向于依赖省级调剂金来填补基金缺口，而非通过加强自身的基金管理能力来应对风险。目前，全国大多数地区仍然实行“市县统筹＋省级调剂金”的模式，但这一模式的最大问题在于，省级经办机构缺乏有效的管理和激励手段，导致市县级机构在工伤保险管理中的责任心和执行力有所削弱。

另一方面，约束机制的缺失使得地方政府在工伤保险管理中的责任感进一步弱化。省级统筹要求地方政府按照统一的政策标准执行工伤保险制度，但如果缺乏明确的问责和监督机制，部分地方政府可能在执行过程中出现怠惰、忽视管理职责的情况。尤其是在待遇发放、基金使用等关键环节，地方政府可能出现管理松懈或违规操作的问题，由于省级层面的监督不够严格，这些问题难以及时被发现和纠正，从而直接影响工伤职工的合法权益。在内蒙古自治区，由于地广人稀、经济发展不均衡，某些边远地区的地方政府可能更容易在工伤保险管理上出现问题，这不仅影响了政策的公平性和有效性，也降低了职工对工伤制度的信任度。

2. 实施行业差别费率及浮动费率机制受限制

在实施省级统筹之前，地方政府由于面临基金收支平衡的压力，对行业浮动费率和差别费率的探索积极性较高。然而，随着统筹层次的提高，地方政府的责任逐步减弱，显著影响了工伤保险行业差别费率和浮动费率机制的执行效果。内蒙古自治区等地的实践表明，在省级统筹框架下，行业差别费率机制逐渐被淡化。自1997年以来，内蒙古自治区在工伤保险方面积极推行行业差别费率机制，取得了良好效果。根据行业工伤风险的不同，工伤保险费率被划分为不同类别。例如，低风险行业如证券业、银行业、保险业的缴费比例为职工工资总额的0.5%；中等风险行业的费率为1.0%；而高风险行业如石油和天然气开采业的缴费比例则为2.0%。然而，自2024年实行省级统筹后，内蒙古自治区的工伤保险行业差别费率机制基本处于停滞状态。建立和完善工伤保险浮动费率机制，可以进一步减轻企业的缴费负担，使费率水平更加合理，进而调动企业参保的积极性，解决部分地区参保结构不合理的问题，促进工伤保险的扩面征缴工作。然而，目前全国仅有海南省和广东省通过人大立法明确了地方政府在工伤保险中的责任，许多地区尚未结合实际情况制定具体的实施意见①。

（三）工伤保险省级统筹监管难度大

由于我国工伤保险制度建设起步较晚，有关经办管理的监督考核体系尚不完善，缺乏科学的评估标准。当统筹地区面临基金缺口危机时，通常首先想到的是等待上级机构的救助和调剂。然而，上级机构在接到下级机构的调剂申请报告后，往往因编制限制、人手不足、评估手段不充分等问题，难以对下级机构的基金缺口责任进行科学评估。此外，从制度机制上来看，省级统筹制度在各级机构间的工伤保险财权责任划分上不明确，容易引发争议，并可能导致权力寻租等弊端。

1. 监督考核体系不健全

在内蒙古自治区推进工伤保险省级统筹的过程中，虽然该政策旨在提升制度的公平性和抗风险能力，但监督考核体系的不健全成了制约政策执行效果的关键问题。监督和考核机制的缺失不仅影响了政策的执行效率，还削弱了政策的落实力度和透明度，导致政策目标难以充分实现。

一方面，监督机制的不足使得政策执行过程中存在监管盲区。省级政府

---

① 袁涛，仇雨临．工伤保险省级统筹管理的问题与反思［J］．中州学刊，2016（10）：66－71.

对地方政府的工伤保险基金管理和使用缺乏有效的监管手段，尤其在内蒙古这样地广人稀、经济发展不均衡的地区，这一问题尤为突出。尽管政策规定地方政府需定期汇报基金管理情况，但由于监督机制的不完善，省级政府难以全面掌握地方实际的执行情况。在基层，监管力度的不足容易引发违规操作和数据不实的现象。

另一方面，考核标准的不明确影响了政策执行的统一性和公平性。工伤保险省级统筹要求地方政府按照统一的政策标准执行，但由于缺乏明确的考核指标，不同地区在政策落实过程中可能会出现较大差异。内蒙古各盟市之间经济发展水平和管理能力的差异，使得在基金筹集、使用和待遇发放上，地方政府的操作方式可能不尽相同。例如，经济较为发达的地区可能有更强的能力严格执行政策标准，而经济较为落后的地区则可能在政策执行中出现灵活变通甚至偏离标准的现象。这种差异使得执行效果参差不齐，进而影响整体政策的公平性和一致性①。

2. 责任分担机制不完善

工伤保险省级统筹是我国社会保障制度改革的重要组成部分，旨在通过省级集中管理，实现资源的合理配置和风险的有效分担。然而，在内蒙古自治区的实际操作中，工伤保险省级统筹的责任分担机制仍存在诸多不足，导致政策实施面临一系列挑战，影响了工伤保险体系的公平性和可持续性。

首先，省级与地方政府之间的责任划分不够明确。虽然工伤保险省级统筹要求省级政府统一管理工伤保险基金并制定相关政策，但地方政府在基金的征缴、管理和待遇发放等具体工作中仍承担了主要职责。由于责任界定模糊，加之部分地方政府财政压力较大，在执行过程中可能出现推卸责任或执行不力的情况，影响政策的落实效果。

其次，风险分担机制的不完善影响了工伤保险基金的稳定性。省级统筹的目标之一是通过提高统筹层次，实现全区范围内的风险共担。然而，内蒙古各盟市经济发展水平和产业结构差异较大，农牧区与城市的差异尤为明显，

---

① 王晓宇．我国灵活就业群体的工伤保障研究——政策现状与发展方向[J]．北京工业大学学报(社会科学版)，2024，24(2)：19－30.

部分经济欠发达地区在应对突发性工伤风险事件时，可能缺乏足够的资金储备和管理能力，从而影响工伤保险基金的稳定性和可持续性。

最后，财政支持机制的不足也削弱了地方政府的执行能力。内蒙古自治区地处边疆，部分地区经济基础较为薄弱，在推进工伤保险省级统筹时，由于财政支持不足，可能面临资金压力。这种情况下，可能会出现资金短缺和管理混乱，从而直接影响工伤保险政策的落实，进而削弱省级统筹的整体效果。

（四）统一的信息交流系统待完善

工伤保险省级统筹的目标是通过整合各地资源与管理，实现跨区域的协调和平衡。然而，在内蒙古自治区，由于各地区信息系统分散且标准不一，统筹管理难以真正落地。

一方面，缺乏统一的信息交流系统导致各地工伤保险信息呈现割裂状态。内蒙古自治区地域辽阔，各盟市、旗县的经济水平、信息化建设程度和行政管理能力存在较大差异，导致工伤保险信息系统的标准、系统接口和信息更新频率各不相同。这种信息不对称不仅阻碍了数据的及时共享，也使得跨区决策缺乏准确依据，影响了整体的统筹效果。

另一方面，信息交流系统的分散性增加了制度运行的风险。由于内蒙古各地区的信息系统难以有效联通，容易引发重复参保、漏报、错报等问题，甚至可能引发骗保现象。在发生工伤纠纷时，缺乏统一的信息平台进行查证，不同地区之间的信息对接不畅，往往导致纠纷处理时间过长，甚至出现责任推诿的情况[①]。

此外，信息系统的分散性还导致各地区的工伤保险基金管理不够透明，难以实现统筹基金的高效利用和有效监督。为了解决这些问题，建立统一的工伤保险信息交流系统至关重要。在推动工伤保险省级统筹的过程中，信息系统的建设应当作为优先事项。只有在统一完善的信息交流系统的支持下，工伤保险省级统筹才能获得坚实的技术保障。

---

① 许素睿，梁梵洁．我国职业伤害保障制度的现状、挑战与展望[J]．中国安全科学学报，2023，33(5)：213－220.

四、推进落实工伤保险省级统筹的建议

工伤保险制度的特殊性以及监管能力的不足，使得地方管理主体和企业主体容易放松管理责任，从而产生道德风险。这表明，工伤保险的统筹管理层级不宜一味追求更高。目前，我国区域经济发展不平衡、地区差异显著，工伤保险制度明显受到各地经济社会发展水平的制约。例如，对于经济发展水平差异较大的发达地区和欠发达地区而言，若统一采用一个标准，会在一定程度上影响部分地区的积极性。因此，确定适度的工伤保险统筹层次应与地方经济社会发展水平相适应。在工伤保险由县级、市级统筹向省级统筹过渡的过程中，必须处理好政策衔接、强化地方政府责任、健全监管机制，并统一信息交流平台等问题。

（一）强化工伤保险省级统筹的政策衔接

工伤保险省级统筹是确保工伤保险制度公平性、统一性和可持续发展的关键举措。然而，当前各地在推进省级统筹过程中，政策衔接不畅，导致制度执行效果受到限制。各地区在政策标准、缴费比例、待遇水平等方面存在差异，影响了工伤保险的公平性和可及性。

1. 制定统一的工伤保险相关规范

在工伤保险省级统筹的实施过程中，制定统一的工伤保险规范是确保制度公平性和有效性的关键。统一规范不仅能提高政策执行的标准化程度，还能有效解决内蒙古自治区各地执行中存在的差异问题，为工伤职工提供更稳定和公平的保障。具体而言，一是统一工伤保险的参保范围。二是统一工伤保险的缴费基数和费率，工伤保险费率的浮动办法由省人社部门会同财政部门、税务部门根据国家规定另行制定。三是统一工伤认定和劳动能力鉴定，工伤认定工作由用人单位所在地的县级以上人社部门负责，具体管辖权限由各设区的市政府决定，并建立劳动能力鉴定工作专家共享机制及异地聘请专家参与机制。四是统一工伤保险待遇支付标准，省级统筹实施后，工伤保险待遇按全省上年度职工月平均工资计发。五是统一工伤保险的经办流程和信息系统，依托省级社会保险信息系统，推动工伤认定、劳动能力鉴定和工伤

保险经办业务流程一体化，同时推进社会保障卡在工伤保险领域的应用。通过建立“五统一”模式的省级统筹制度，并实行工伤保险基金统收统支管理，可以进一步盘活沉淀基金，确保基金在更大范围内统筹调剂使用，提升基金使用效率，增强基金的共济和抗风险能力。

2. 健全经办服务流程与体系

工伤保险省级统筹改革带来了管理方式的变化，要确保政策落地，步调一致，系统建设和流程完善都至关重要。这些任务的完成依赖于指挥有序的机构和具体的工作人员。因此，在推进工伤保险省级统收统支的同时，必须同步完善有效的经办管理服务体系。

一方面，信息化建设是健全经办服务流程与体系的重要支撑。内蒙古自治区地域广阔、地区间经济发展水平不一，信息技术的广泛应用为工伤保险的管理和服务带来了新的机遇。通过建立统一的工伤保险信息系统，自治区政府可以实现数据的共享与实时更新，从而提高服务的透明度和操作效率。例如，通过在线申请、网上审核和实时查询功能，工伤职工可以随时了解申请进度和待遇发放情况，避免了传统手工操作的烦琐和不便。信息化的推进不仅提升了经办服务的效率，还有效防范了可能出现的管理漏洞和腐败行为。

另一方面，要健全经办服务流程与体系，必须加强人员培训和提升服务意识。经办服务的质量直接关系到工伤职工的切身利益，因此，必须强化对服务人员的专业培训，确保他们具备必要的政策知识和服务技能。同时，应大力倡导以职工为中心的服务理念，增强服务人员的责任感和服务意识，从而为工伤职工提供更加贴心和高效的服务。

（二）工伤保险省级统筹应强调地方政府责任

在推进工伤保险省级统筹的过程中，地方政府的责任至关重要。如果地方政府在执行过程中不尽职尽责，可能会导致政策落实不力，影响统筹效果。地方政府应积极承担保障工伤职工权益的责任，推动地方与省级政策的协调统一。

1. 建立有效的激励约束机制

工伤保险省级统筹的推进旨在提升工伤保险制度的统筹层次，增强基金的抗风险能力，实现全省范围内资源的合理配置。然而，要确保这一政策目标的顺利实现，关键在于建立有效的激励与约束机制。

一方面，激励机制的设计应以提升地方政府的积极性为核心。在推进工伤保险省级统筹的过程中，内蒙古自治区各盟市、旗县由于经济发展水平和行政能力的差异，地方政府的参与度和执行力也存在较大差异。为此，自治区政府应根据各地工伤保险政策的落实情况，制定相应的激励措施。例如，对于政策落实效果显著的地区，可以给予财政奖励或政策支持，以鼓励其在工伤保险统筹中的积极参与和创新。

另一方面，建立有效的约束机制也是确保工伤保险省级统筹顺利实施的重要保障。对于在推进过程中执行不力或存在敷衍塞责现象的地区，应建立严格的问责机制。自治区政府可以通过审计、监察等手段，定期评估各地工伤保险政策的落实情况，对未能达到省级统筹要求的地区采取通报批评、限制财政补贴、暂停项目审批等措施，并在必要时追究相关责任人的责任。通过这些措施，可以确保地方政府在推进省级统筹过程中尽职尽责，避免政策落实中的懈怠和推诿。

此外，在激励与约束机制的设计中，还应充分考虑内蒙古各地的实际情况，避免“一刀切”的做法。对于经济基础较好、执行能力较强的地区，可以设置更高的激励标准，鼓励其在政策创新和执行效果上发挥示范作用；而对于经济相对落后的地区，如农牧区或经济欠发达的旗县，则应提供更多的政策支持和资源倾斜，帮助其顺利实现工伤保险省级统筹的目标。这种差异化的政策设计能够更好地适应内蒙古自治区内部的多样性，确保统筹政策的有效性和公平性。

2. 注重行业差别费率与浮动费率的调控作用

工伤保险浮动费率机制，是在国家行业差别费率基础上，各地根据企业在一定时期内的工伤事故率和工伤保险费用收支情况进行评估，并定期对企业费率在行业基准费率基础上进行灵活的上调或下调。实施工伤保险行业差别费率和浮动费率，对于完善工伤保险筹资机制、增强制度吸引力以及推动企业工伤预防工作具有重要意义。然而，在高风险行业集中的县市，由于基金抗风险能力较弱，往往难以有效推行这一机制。因此，在实行更高层次的工伤保险基金统筹时，关键在于如何合理调动各地的积极性，防范道德风险。

首先，必须建立科学的基金分责机制和具体量化指标，合理确定各级政府的工伤基金征缴责任，以调动地方政府的积极性。对于内蒙古自治区来说，因各地区经济发展水平和产业结构不同，要确保各级政府在工伤基金征缴方面的公平性和合理性。一方面，要防止省级统筹后个别地区出现“吃大锅饭”的现象，对未能完成征收目标的地区，应要求当地政府承担相应的责任，以增强其征缴的主动性和责任感。另一方面，应避免过去那些“鞭打快牛”或“收支自我平衡”的情况发生。对于那些实现应保尽保、应收尽收的地方政府，不应再将收支平衡作为其主要责任，而应激励其通过提高服务质量和降低工伤事故率来实现更好的绩效。

其次，还应建立合理的费率机制，通过实行“差别费率 + 浮动费率”模式，切实将费率与企业的安全生产管理相结合，重点鼓励和督促企业加大事故预防投入，降低事故发生率。这样不仅可以减少基金支出，同时也减轻企业负担，从而促进工伤保险制度的良性发展。

（三）健全工伤保险省级统筹监管机制

在保障劳动者权益和推动社会保险制度完善的大背景下，健全工伤保险省级统筹监管机制尤为重要。省级统筹监管机制的建立和完善，将成为推动内蒙古自治区工伤保险制度高效运作的关键所在。

1. 完善工伤保险省级统筹考核体系

完善工伤保险省级统筹考核体系对于内蒙古自治区提升管理效能、确保政策实施效果至关重要。首先，应明确考核目标和指标体系。在构建考核体系时，应确立提高管理效率、保障参保人员权益、确保基金安全等核心目标，并基于这些目标设立具体的考核指标，如管理效率、资金使用的经济效益、待遇分配的公平性等。这些指标应具备科学性和可操作性，能够准确反映内蒙古自治区工伤保险省级统筹的实施效果。

其次，应建立科学的考核方法和流程。考核方法应结合内蒙古自治区内经济发展水平和政策实际，综合定量与定性评估，结合数据分析与现场检查，准确掌握政策实施情况。考核流程应涵盖数据收集、分析、反馈和改进四个环节，确保考核结果的真实性和有效性。

再次，考核制度应确保透明度和公正性。考核过程应公开透明，确保区内各级工伤保险管理机构和相关人员了解考核标准和方法。考核结果应及时向社会和参保人员公开，接受公众监督，从而增强考核的公信力和影响力，促使各级管理机构重视并积极改进工作。

最后，在完善考核体系的同时，应加强对考核结果的应用。考核结果不仅应作为评价和激励的重要依据，还应与各级管理机构的绩效考核、经费分配等挂钩。对表现优秀的地区，可给予政策支持或资金奖励；对存在问题的地区，应采取整改措施并进行重点督导。这将有助于进一步优化和完善内蒙古自治区的工伤保险省级统筹机制，推动工伤保险制度的有效运行。

2. 健全工伤保险省级统筹责任分担机制

工伤保险省级统筹的基本原则之一是“职责明晰”“缺口分担”。人力资源和社会保障部明确指出，省级统筹的关键在于明确各级职责分担，并建立激励约束机制。为实现这一目标，内蒙古自治区必须在责任分担的公平性、透明性和可操作性上精心设计并有效实施。

首先，明确责任分担框架是关键。应建立清晰的责任分担框架，明确自治区级和地方管理部门的职责与权限。区级管理部门主要负责政策制定、资源统筹、协调各地工作，并进行监督和评估；地方管理部门则负责具体操作和实施。通过明确分工，可以避免管理上的重复和交叉，确保各方职责得以有效履行。

其次，完善考核与激励机制至关重要。健全的责任分担机制应结合考核与激励措施，推动各方积极履行职责。考核指标应涵盖工伤保险管理的效率、基金使用的合理性、服务质量等方面。对表现优异的区级和地方管理部门，应给予奖励和政策支持；对存在问题的部门，则应采取整改措施。科学的考核与激励机制能够调动各级管理部门的积极性，推动工伤保险工作的持续改进。

最后，完善法律法规也是健全责任分担机制的基础。自治区应修订和完善相关法律法规，明确各级部门的责任和权力，规范工伤保险的管理和操作流程。完善的法律法规有助于保障责任分担机制的有效实施，确保各方权益不受侵害。

（四）搭建统一高效的信息平台

工伤保险省级统筹作为社会保障体系的重要组成部分，其核心目标是实现工伤保险资源的合理配置和跨区域风险分担。然而，在实施过程中，各地区信息化水平参差不齐，导致信息不对称，管理效率低下。因此，在推进落实内蒙古工伤保险省级统筹下，建立统一高效的信息平台对推动工伤保险省级统筹的顺利实施至关重要。

首先，数据标准化是构建信息平台的基础。各地区在推进工伤保险时，常常面临数据标准不统一、信息孤岛现象严重等问题。因此，必须制定统一的数据标准和接口规范。通过全国统一的数据编码、分类标准和数据交换格式，确保不同地区的工伤保险信息在省级平台上无缝衔接。针对内蒙古地区特点，可以考虑将草原牧业行业及相关职业特点纳入数据标准化的范畴。上述地区以畜牧业为主，工伤类型可能与其他地区有所不同，因此在数据收集、标准化方面需要特别关注。

其次，信息共享是实现工伤保险统筹管理的关键。省级统筹要求跨地区的信息共享和协同管理，而这依赖于强大的信息共享机制。通过搭建统一的信息平台，各地的工伤保险数据可以实现实时上传和集中管理。信息共享机制的建立将大幅提高各级管理部门的工作效率，减少信息重复录入和管理成本，使工伤保险的管理更加透明、规范。

再次，风险监测与预警是信息平台的重要功能之一。通过整合和分析大数据，平台可以实时监测工伤事故的发生频率、类型和区域分布，并据此进行趋势分析和风险评估。该机制可以帮助管理部门提前识别潜在风险，采取针对性的预防措施，降低工伤事故发生率，保障工伤保险基金的安全性和稳定性。由于内蒙古自然环境复杂多样，工伤事故类型和频率可能存在一定差异，因此信息平台应结合当地实际情况，通过大数据分析和趋势评估，提供个性化的风险监测和预警服务，以帮助管理部门及时识别潜在风险并采取相应措施。

最后，信息平台的安全与隐私保护不可忽视。工伤保险信息涉及大量个人敏感数据，因此必须建立完善的信息安全防护体系，确保数据在传输、存储和使用过程中的安全性和保密性，为工伤保险的顺利推进提供坚实保障。根据内蒙古自治区的法律法规和实际需求，应建立健全信息安全体系，采取严格的数据加密和权限控制措施，以确保工伤保险信息在传输和存储过程中安全可靠，维护参保人员和企业的隐私权益。

报告五　长期护理保险政策实践及未来展望

陈旖旎[①]

长期护理保险[②]指为那些因年老、疾病或者伤残需要长期护理的被保险人提供护理服务费用补偿的保险，是主要负担老年人的长期护理、家庭护理和其他相关服务项目费用支出的新型保险。

长期护理保险制度是家庭护理和社会护理的融合，能够为失能人员提供综合化、全方位的健康和社会服务，使失能人员尽可能地实现生活自理，丰富其退休生活与精神世界，提升失能人员尤其是失能老人的生活质量，增强生活幸福感，维护他们的生命尊严[③]。

一、内蒙古长期护理保险发展现状

内蒙古自治区是位于我国最北方的省级行政区，东西跨越 2400 多公里，南北跨越 1700 多公里，各地区经济发展程度差异较大。当前，内蒙古自治区只有呼和浩特市被列入国家长期护理保险制度试点城市，因此本节以内蒙古自治区行政中心呼和浩特市为主，其他盟市为辅，探讨内蒙古长期护理保险制度的建设背景、政策文件和制度内容。

（一）内蒙古长期护理保险制度建设背景

第七次全国人口普查结果[④]显示，呼和浩特市各旗县区 60 周岁及以上人

---

① 陈旖旎，内蒙古大学公共管理学院讲师。

② 朱铭来．护理保险在中国的探索[M]．北京：中国财政经济出版社，2017.

③ 白维军，宋娟．社会保障学[M]．北京：经济管理出版社，2023.

④ 中华人民共和国中央人民政府．第七次全国人口普查公报（第五号）[EB/OL]．（2021-05-11）．https://www.gov.cn/xinwen/2021-05/11/content_5605787.htm.

口占18.03%，其中65周岁及以上人口占11.96%，截至2022年7月，呼和浩特市60周岁以上老龄人口约52万人，占全市户籍人口的21%[①]，老龄化严重，医养问题日渐凸显。但与此同时户均人口为2.30人，比同期自治区少0.05人，比全国少0.32人。经统计，呼和浩特市重度失能人员约1.2万人[②]。这意味着小型家庭构造、家庭成员外出就业造成了家庭的“空巢化”，导致传统的家庭已经难以担当失能老人的护理重任。

2019年11月，呼和浩特市向国家医疗保障局提出申报长期护理保险试点城市申请。2020年9月16日，国家医疗保障局、财政部发布《关于扩大长期护理保险制度试点的指导意见》[③]，新增包含内蒙古自治区呼和浩特市在内的14个城市作为第二批长期护理保险国家试点城市。作为内蒙古自治区唯一入选盟市，在汲取了第一批试点工作城市经验的基础上，结合《关于开展长期护理保险制度试点的指导意见》[④]精神，呼和浩特市立足于当地老龄化水平、经济发展现状，构建了筹资体系和制度框架独立的长期护理保险制度，制定了覆盖全员、多元筹资、保障基本、待遇分级、鼓励居家、适合呼和浩特市市情的《呼和浩特市长期护理保险制度试点实施方案》[⑤]，明确了参保范围、筹资方式、待遇保障、基金管理、服务内容、组织管理等一系列内容[⑥]，通过一段时间的实施，在政策框架、待遇标准、管理措施等方面进行了有益探索，并取得了初步成效，受到了国家医疗保障局主要领导的肯定和表扬。

---

① 呼和浩特市医疗保障局．关于对呼和浩特市第十六届人民代表大会第一次会议第089号建议《关于进一步加强“医养结合”养老服务体系建设的建议》的答复[EB/OL]．(2022-07-13)．http://www.huhhot.gov.cn/bmxxgk/szfzcbm/sylbzj_22432/fdzdgknr_25424/jytablnew/202207/t20220713_1318751.html.

② 呼和浩特市医疗保障局．破解养老困局：长护险“青城模式”探索之路[EB/OL]．(2022-01-18)．http://ybj.huhhot.gov.cn/xwzx/gzdt/202201/t20220118_1222338.html.

③ 医保局财政部关于扩大长期护理保险制度试点的指导意见[EB/OL]．(2020-09-10)．https://www.gov.cn/gongbao/content/2020/content_5570107.htm.

④ 人力资源社会保障部办公厅关于开展长期护理保险制度试点的指导意见[EB/OL]．(2016-07-08)．https://www.gov.cn/xinwen/2016-07/08/content_5089283.htm.

⑤ 呼和浩特市人民政府办公室关于印发《呼和浩特市长期护理保险制度试点实施方案》的通知[EB/OL]．(2021-01-22)．http://www.huhhot.gov.cn/zfxxgknew/fdzdgknr/zfwjnew/202101/t20210122_893749.html.

⑥ 王雅惠．呼和浩特市长期护理保险制度建设中的政府责任研究[D]．呼和浩特市：内蒙古大学，2023.

（二）内蒙古长期护理保险制度政策文件

1. 呼和浩特市长期护理保险制度政策文件

作为内蒙古地区的行政中心，呼和浩特市的养老综合服务体系建设与先进地区相比差距较大，特别是居家和社区养老相对滞后。因此，2019 年 10 月，呼和浩特市人民政府根据国家的政策引导，出台了《呼和浩特市支持居家和社区养老服务发展的若干措施》[①]，其中启动长期护理保险试点是该措施中的亮点工作之一。

2020 年，国家医疗保障局、财政部发布《关于扩大长期护理保险制度试点的指导意见》，呼和浩特市被批准为第二批长期护理保险国家试点城市。为了具体落实长期护理保险试点推广工作，呼和浩特市结合有关试点城市经验和呼和浩特市实际，于 2020 年 12 月 31 日印发《呼和浩特市长期护理保险制度试点实施方案》，并先后出台了经办管理办法、服务项目和标准、定点护理服务机构管理办法、定点评估机构管理办法、失能评估管理办法等配套文件。2021 年 8 月 10 日启动全市经办服务，构建起了“四轮驱动”和“五个到位”的长护险“青城模式”，试点经验得到了国家医疗保障局主要领导的肯定和表扬。在 2021 年年初制定了《呼和浩特市长期护理保险制度试点实施方案》，进一步明确了参保范围、筹资标准、待遇保障等内容。

从 2021 年 8 月 10 日起，呼和浩特市正式启动长期护理保险业务经办服务，有需要的市民可以提交书面申请，也可以通过手机 App 在线申请，使居民在理赔时能够快速申请，便捷操作，提高了给付的效率。

2022 年 7 月，呼和浩特市医疗保障局发布《关于对长期护理保险承办机构进行年度考核的通知》[②]，成立专门的考核组对承办呼和浩特市长期护理保险业务的 5 家商业保险公司进行考核，考评内容涉及受理失能申请、参与失

---

① 呼和浩特市人民政府办公室关于印发《呼和浩特市支持居家和社区养老服务发展的若干措施》的通知[EB/OL].（2019－10－09）. http://www.huhhot.gov.cn/zfxxgknew/fdzdgknr/gzxzgfxwj/xzgfxwj/201910/t20191009_893564.html.

② 关于对长期护理保险承办机构进行年度考核的通知[EB/OL].（2022－07－12）. http://www.huhhot.gov.cn/bmxxgk/szfzcbm/sylbzj_22432/fdzdgknr_25424/bmgk/202207/t20220712_1318392.html.

能评定、服务管理、服务监管、待遇审核、基金管理、费用结算、信息系统建设等多个方面。

2023 年 3 月，呼和浩特市医疗保障局发布《呼和浩特市长期护理保险评估员、评估专家库管理暂行规定》[①]，进一步加强长期护理保险评估队伍建设，完善长期护理保险失能评估工作，明确了经办机构、评估机构、评估员、评估专家的工作职责和评估员、评估专家的资质要求，规定了评估员和评估专家的上岗、暂停和退出程序，并提出经办机构开展评估员、评估专家岗前培训等要求。

2024 年 6 月 7 日，呼和浩特市医疗保障局对长期护理保险承办业务进行政府公开招标，新华人寿保险股份有限公司内蒙古分公司等 5 个承办商业保险机构开通 15 个服务网点受理窗口[②]。

2. 包头市长期护理保险制度政策文件

包头市是内蒙古最大的工业城市，国务院批复确定的内蒙古自治区重要的经济中心、呼包鄂城市群中心城市之一和中国重要的工业基地。根据 2020 年全市第七次人口普查[③]统计，包头市户籍人口 271 万人，其中 60 周岁及以上人口 54.7 万人、占比 20.19%，65 周岁及以上人口 37.1 万人、占比 13.70%，老龄化率均高于全国、自治区水平，是老龄化程度较高的城市之一，长期护理保险制度建设较为紧迫。

为贯彻落实习近平总书记坚持以人民为中心的发展思想和“健康中国”战略，积极应对人口老龄化新形势，促进养老健康产业发展，进一步完善包头市社会保障制度体系，包头市委、市政府将“建立长期护理保险制度”列为 2023 年度民生实事项目，同时该项目也受到人大代表、政协委员以及广大参保群众的密切关注。同时，为配合推进基本医疗保险自治区级统筹工作，

① 关于印发呼和浩特市长期护理保险评估员、评估专家库管理暂行规定的通知[EB/OL].(2023-03-06). http://www.huhhot.gov.cn/fwyzt/yljk1/yl_zcwj/202303/t20230306_1489187.html.

② 呼和浩特市医疗保障局. 呼和浩特市 2024 年长期护理保险承办商业保险机构服务网点[EB/OL].(2024-06-07). http://ybj.huhhot.gov.cn/xxgk/tzgg/202406/t20240607_1723351.html.

③ 中华人民共和国中央人民政府. 第七次全国人口普查公报(第五号)[EB/OL].(2021-05-11). https://www.gov.cn/xinwen/2021-05/11/content_5605787.htm.

包头市医疗保障局主动承担《自治区医疗保障局开展基本医疗保险自治区级统筹课题研究工作方案》中“完善全区城乡居民医保门诊统筹政策研究”“关于建立长期护理保险制度研究”两项课题。

2023 年 3 月 14 日，包头市医疗保障局成立了长期护理保险制度工作专班，同时，起草了《包头市建立长期护理保险工作任务清单》，倒排时序，统筹推动实施。长期护理保险制度工作专班先后赴成都、呼和浩特等试点城市进行调研学习，建立微信专项工作学习群，共同学习研讨天津、青岛、呼和浩特、成都、无锡、河北试点城市政策文件，借鉴先进经验和做法。

按照《国家医保局、财政部关于扩大长期护理保险制度试点的指导意见》精神，结合有关试点地区经验和包头实际，包头市医疗保障局起草了《包头市长期护理保险制度实施方案》《长期护理保险定点护理服务机构管理办法》《长期护理保险服务项目和标准》《长期护理保险经办管理办法》《长期护理保险失能评估管理办法》《长期护理保险定点评估机构管理办法》六个配套文件①。

根据国家、自治区关于长期护理保险工作相关政策文件、《2021 年全国医疗保障事业发展统计公报》《中国医疗保险》等材料，包头市全面了解全国开展长期护理保险试点基本情况、试点成效、试点经验，结合老龄化、工业化城市人员结构特点、医疗费用占比等情况，进一步分析开展长期护理保险工作的必要性和急迫性，提出可行性的工作思路和实施路径，形成《关于建立包头市长期护理保险制度的可行性报告》。

2023 年 3 月 17 日，包头市医疗保障局先后到青山区惠德综合养护院、自二社区老少乐园居家社区养老服务中心、振华社区卫生服务中心进行调研走访，深入了解考察青山区养老服务、医养结合、护理服务等方面情况，并就实施长期护理保险前期准备工作进行座谈。综合考虑青山区养老工作扎实、覆盖失能人群较多、相关部门人员专业等情况，要求青山区在此项工作中先行先试，各部门协同发力，充分发挥示范带动作用，在失能人员评估、服务

---

① 包头市人民政府关于对内蒙古自治区政协十三届一次会议第 0558 号提案的答复［EB/OL］.（2023-08-31）. https://www.baotou.gov.cn/info/egovinfo/1001/zwgkbf/copy_2_xxgk_nry/szfbgt/2023-00005.htm.

机构准入、引入社会力量参与等方面继续深入调研，提出可行性意见建议，共同推动建立包头市长期护理保险制度。

2023年3月22—23日，包头市医疗保障局积极参加全区待遇保障暨长期护理保险试点工作培训班，学习了长期护理保险试点城市经验，并全流程参观呼和浩特市长期护理保险工作。4月20日，包头市形成《包头市长期护理保险制度试点实施方案（征求意见稿）》上报自治区医疗保障局征求意见建议。

《包头市长期护理保险制度试点实施方案（征求意见稿）》对以下三方面作出明确修改完善。一是保障范围方面。将参加包头市城镇职工、城乡居民基本医疗保险的重度失能人员的基本生活照料以及与基本生活密切相关的医疗护理纳入保障范围。2022年度包头市基本医疗保险参保人数205万人，参照试点城市0.5%重度失能率计算，包头市约有1.03万重度失能人员能享受长期护理保险待遇。二是筹资方面。建立互助共济、责任共担的多渠道筹资机制，以单位和个人缴费为主，财政适当补助，接受社会捐助。经过前期调研测算，预计包头市长期护理保险筹集资金共计2.37亿元。三是待遇方面。城镇职工按照失能等级重度三级、二级、一级对应护理标准机构护理最高支付1800元/月、1500元/月、1200元/月；居家护理最高支付1650元/月、1350元/月、1050元/月。城乡居民按照失能等级重度三级、二级、一级对应护理标准机构、居家护理最高支付1350元/月、1050元/月、750元/月。按照试点城市长期护理待遇支出情况，每年城镇职工人均支出1.6万元、城乡居民人均支出1.2万元测算，包头市长期护理保险预计共支出1.45亿元。

3. 乌海市长期护理保险制度政策文件

2019年9月30日，乌海市人民政府办公室关于印发《乌海市长期护理保险办法（试行）》[①] 的通知，对乌海市长期护理保险试行办法进行规定。

该通知表明，为帮助长期失能人员及其家庭解决经济、精神双重负担，排除后顾之忧，根据《人力资源和社会保障部办公厅关于开展长期护理保险

① 乌海市人民政府办公室关于印发《乌海市长期护理保险办法（试行）》的通知[EB/OL].(2019-12-25). http://www.wuhai.gov.cn/wuhai/zwgk/zfxxgk/xxgkml/759821/index.html.

制度试点的指导意见》《乌海市人民政府办公厅关于制定和实施老年人照顾服务项目的实施意见》等规定，结合实际，乌海市政府印发《乌海市长期护理保险办法（试行）》，对乌海市长期护理保险经办模式、参保与缴费、待遇享受、费用结算等做出明确的政策规定，乌海市长期护理保险项目已通过公开招标方式确定由人保财险乌海市分公司主承办，长期护理保险项目在2020年1月1日正式实施。

（三）内蒙古长期护理保险制度的主要内容

1. 呼和浩特市长期护理保险制度主要内容

根据《呼和浩特市长期护理保险制度试点实施方案》[①] 通知，呼和浩特市的长期护理保险参保范围为参加职工基本医疗保险和城乡居民基本医疗保险的人员。

筹资方式是建立互助共济、责任共担的多渠道筹资机制。职工筹资以单位和个人缴费为主，财政适当补助，接受社会捐助。单位和个人缴费按同比例分担。起步阶段单位缴费可从职工基本医疗保险费中划出，不增加单位负担；个人缴费由职工基本医疗保险个人账户代扣代缴。城乡居民筹资采取个人缴费、医保费划转和财政补助相结合的方式。建立与经济社会发展和保障水平相适应的筹资动态调整机制。

参保对象有两类：一是参加职工基本医疗保险人员，二是参加城乡居民基本医疗保险人员。以上两类对象，在申请被受理后，由评估机构选派工作人员上门服务，从失能程度、家庭经济情况、现在护理情况等方面对参保人进行综合评估，并根据评估结果分级分类，将中度失能三级作为是否能够享受长期护理保险所涵盖的服务项目的分界线。评估结果如果是中度三级以上可享受长护险服务，中度三级以下则不能享受服务[②]。

① 呼和浩特市人民政府办公室关于印发《呼和浩特市长期护理保险制度试点实施方案》的通知［EB/OL］.（2021－01－22）. http://www.huhhot.gov.cn/wugongkai/zhixinggk/shehuigy/wsjk/202101/t20210122_940630.html.

② 王雅惠. 呼和浩特市长期护理保险制度建设中的政府责任研究［D］. 呼和浩特市：内蒙古大学，2023.

试点期间职工的筹资标准为单位缴费部分以职工基本医疗保险单位缴费基数为基数，按0.2%的比例从单位缴费中划出；个人缴费部分以个人缴纳基本医疗保险费基数为基数，按0.2%的比例从个人账户中代扣代缴；退休人员按养老金的0.2%从个人账户资金中代扣代缴，无个人账户的由个人按养老金的0.2%按年度缴纳；单建统筹的职工，由个人按基本医疗保险缴费基数的0.2%按年缴纳；市本级财政每人每年补助10元；接受社会捐助。试点期间城乡居民的筹资标准为每人每年70元，其中城乡居民个人缴费10元，城乡居民医疗保险费划转50元，市本级财政补助10元，接受社会捐助。

在待遇保障方面，参加呼和浩特市长期护理保险的人员因年老、疾病、伤残等导致失能满6个月，评估小组上门对失能程度、疾病状况、护理情况等进行评估，评定为中度、重度失能的人员，符合享受长期护理保险待遇的失能人员，按失能等级对应的护理内容，接受居家或护理服务机构提供的基本生活照料服务和与之密切相关的医疗护理服务，产生的服务费纳入长期护理保险基金支付范围（见表5－1、表5－2）。属于基本医疗保险、工伤保险等社会保险以及应由第三方依法承担的护理、康复费用，长期护理保险基金不予支付。基本生活照料服务费和与之密切相关的医疗护理服务费，按照失能等级和对应护理标准、服务项目采取限额支付，超出部分由本人承担。

表5－1　职工享受的待遇　　单位：元/月

失能等级	机构护理	居家护理
中度	900	750
重度一级	1200	1050
重度二级	1500	1350
重度三级	1800	1650

表5－2　城乡居民享受的待遇　　单位：元/月

失能等级	待遇支付
中度	600
重度一级	750
重度二级	1050
重度三级	1350

在基金管理方面，长期护理保险基金管理参照现行社会保险基金有关制度执行。基金单独建账、单独核算。建立健全基金监管机制，创新基金监管手段，完善举报投诉、信息披露、内部控制、欺诈防范等风险管理制度，确保基金安全。

在服务与经办管理方面，呼和浩特市医疗保险经办机构，负责基金的核定、管理、待遇支付审核，指导签约商业保险机构和提供服务的养老、医疗机构开展长期护理保险服务工作。呼和浩特市医疗保险经办机构引入社会力量参与长期护理保险经办服务，通过购买服务方式委托给商业保险机构经办管理。经办服务费从长期护理保险基金中按比例提取，评估鉴定费由申请人承担。

在信息系统建设方面，依托全国统一的医保信息平台，加强认定评定、申报审核、费用结算和经办管理等一体化信息系统建设，满足长期护理保险网上申报受理、服务实时监控、费用联网结算等工作要求。各级护理服务机构要配备信息管理和结算系统，做好信息实时上传和服务对象的管理工作。

在监督检查方面，建立运行分析、日常巡查、突击检查等管理检查制度，通过网络信息系统、随机抽查寻访、满意度调查等手段，加大对签约商业保险机构的监督检查，加大对护理服务机构服务情况的跟踪管理和检查，确保基金支出合理、安全，确保失能人员得到规范、标准、满意的护理服务，签约商业保险机构和护理服务机构违反服务协议的，应依据协议进行处理，责令整改，情节严重的，应当解除协议。

此外，呼和浩特市长期护理保险制度还建立了风险防范机制和考核奖惩制度。建立签约商业保险机构和各类服务机构的绩效评价、考核激励、风险防范机制，提高经办管理服务能力和效率。健全经办规程和服务标准，优化服务流程，加强对签约商业保险机构的协议管理和监督检查。对在长期护理保险经办服务过程中呈现出来的优秀机构、团体和个人视情况给予表彰，对经办服务过程中服务质量低或被投诉的机构、团体和个人按协议约定处理。

具备提供护理服务条件的医疗机构、养老服务机构、医养结合机构、居家和社区养老综合服务中心等均可申请成为定点护理服务机构，与长期护理保险经办机构签订服务协议，实行协议管理。失能人员根据自身条件和需要，选择护理服务机构，与其签订服务协议后，由护理服务机构提供服务。鼓励机构服务向家庭延伸，支持长期失能人员通过家人、亲戚、邻居等提供居家护理服务。积极探索社会服务机构辅助器具的租赁供给工作。同时，呼和浩特市医疗保障局定期对承办长期护理保险业务的商业保险公司进行考核[①]。截至2022年2月，共签订41家长期护理保险定点护理服务机构，其中，医疗机构6家，养老机构16家，医养结合机构8家，提供上门服务机构11家。可以提供的服务内容有基本生活照料、非治疗性项目（13项）、特需护理（5项）三大类。基本生活照料主要包括与服务对象身体护理密切相关的项目（如头面部清洁梳理、协助进食/水等）；非治疗性项目是由专业护理人员完成的项目（如鼻饲、药物喂服等）；特需护理是由专业执业护士完成的项目（如导尿、置胃管等）。根据失能等级和照护需求，从中重点选择护理项目形成服务包。有资质的护理员按照每个人的服务包需求和工时要求定期提供服务[②]。2023年新增长期护理保险定点护理服务机构13家[③]，2024年新增6家[④]。

呼和浩特市长期护理保险制度首先在参保范围方面借鉴了第一批试点城市的经验，主要针对的是医疗保险参保对象，同时还包括了农村地区，较大部分第一批试点城市范围更大，保障更广。其次，筹资渠道基本与第一批试点城市一致，主要渠道依然是医保基金，结合部分财政补贴，但与第一批试点城市的筹资渠道相比，增加了社会捐助渠道，提升了社会力量的参与度；从筹资标准方面来看，主要以定比和定额相结合的方式提取，但是提取比例

---

① 呼和浩特市人民政府．关于对长期护理保险承办机构进行年度考核的通知[EB/OL].（2022－07－12）. http://www. huhhot. gov. cn/bmxxgk/szfzcbm/sylbzj _ 22432/fdzdgknr _ 25424/bmgk/202207/t20220712_1318392. html.

② 王雅惠．呼和浩特市长期护理保险制度建设中的政府责任研究[D]．呼和浩特市：内蒙古大学，2023.

③ 关于呼和浩特市长期护理保险协议管理定点护理服务机构申报勘验评估结果的公示（2023年第一批）[EB/OL].（2023－08－30）. http://www. huhhot. gov. cn/bmxxgk/szfzcbm/sylbzj_22432/fdzdgknr_25424/zdlyxx/ylwsnew/ylws1/202308/t20230830_1579917. html.

④ 关于呼和浩特市长期护理保险协议管理定点护理服务机构申报勘验评估结果的公示（2024年第一批）[EB/OL].（2024－07－26）. https://ybj. huhhot. gov. cn/xxgk/tzgg/202407/t20240726 _ 1754571. html.

较第一批试点城市低，这和当地经济发展水平有一定关系。最后，从待遇保障来看，制定了失能等级的评估指标，并且逐级提升限额，能够给予失能人员一定的经济支持，解决失能人员家庭的长期护理问题，缓解经济压力。

2. 乌海市长期护理保险制度主要内容

根据《乌海市长期护理保险办法（试行）》①，乌海市长期护理保险参保人员范围为参加城镇职工基本医疗保险和城乡居民基本医疗保险的所有参保人员。

参加城镇职工基本医疗保险的筹资标准为每人每年 100 元，其中大额保险基金划拨 20 元/（人·年），个人账户划拨 30 元/（人·年），市、区两级财政各承担 25 元；参加城乡居民基本医疗保险的筹资标准为每人每年 100 元，其中统筹基金承担 20 元/（人·年），个人缴费 30 元/（人·年）（包含在居民医保个人缴费中），市、区两级财政各承担 25 元。

准入标准为因年老、疾病、伤残等导致失能，经过治疗不能康复且病情基本稳定，丧失生活自理能力持续 6 个月以上的，同时已参加基本医疗保险且连续缴费 2 年（含）的参保人员即可申请长期护理保险待遇；经鉴定符合《日常生活活动能力评定量表》标准，评定低于 40 分（不含 40 分），且符合规定条件的失能人群。

享受方式为符合条件的失能人员可自主选择以下三种待遇保障方式：一是接受定点医疗机构照护服务；二是接受养老机构照护服务；三是接受居家或协议机构上门护理。居家或协议上门护理的参保人还可以根据自身失能情况选择所需的项目服务包，其中包含基本生活照料项目与医疗照护项目。

支付标准为长期护理保险制度支付不设置起付线，实行日定额管理。参保人员在定点医疗机构接受护理服务的按每人每日定额 80 元。参保人员在养老护理服务机构接受护理服务的按每人每日定额 60 元。参保人员接受协议机构上门护理服务或居家护理服务的按每人每日定额 40 元。城镇职工、城乡居民参保人员由长期护理保险基金支付 70%，个人只需承担 30%。

① 乌海市人民政府办公室关于印发《乌海市长期护理保险办法（试行）》的通知[EB/OL].（2019－12－25）. http://www.wuhai.gov.cn/wuhai/zwgk/zfxxgk/xxgkml/759821/index.html.

（四）内蒙古长期护理保险制度实施成效

1. 呼和浩特市长期护理保险制度实施成效

呼和浩特市作为长期护理保险第二批试点城市之一，2021 年 8 月启动至今，已让越来越多的失能人员切实享受到了这项利民惠民的好政策。

在保障范围方面，截至 2023 年 12 月 31 日，累计受理失能人员申请 18429 人次，累计享受长期护理保险待遇 11817 人，其中职工 3734 人，居民 8083 人。2023 年新增享受长期护理保险待遇人数为 5906 人，其中职工 1728 人，居民 4178 人。

在待遇给付方面，截至 2023 年 12 月 31 日，长期护理保险基金待遇支出累计 10542.70 万元，其中长期护理保险基金职工待遇支付 4121.19 万元，长期护理保险基金居民待遇支付 6421.51 万元。2023 年长期护理保险基金待遇支出 6746.35 万元，其中长期护理保险基金职工待遇支付 2500.61 万元，长期护理保险基金居民待遇支付 4245.74 万元①。

在辅助器具租售方面，呼和浩特市长期护理保险辅助器具租售服务于 2023 年 12 月 1 日正式落地实施。截至 2023 年 12 月 31 日，呼和浩特市完成适配评估人数 100 人，已配送电动护理床 16 个、手动轮椅 12 个、浴厕轮椅 27 个、护理垫 730 片、纸尿裤 1320 片②。

2. 乌海市长期护理保险制度实施成效

乌海市长期护理保险自 2020 年 1 月 1 日开展以来，有效减轻了重度失能人员的家庭经济负担，为重度失能人员提供了良好的护理服务③。

长期护理保险待遇标准：参加职工、城乡居民基本医疗保险且享受长期护理保险待遇的人员，由长期护理保险基金支付 70%。在定点医疗机构接受护理服务的按每人每日定额 80 元；在养老护理服务机构接受护理服务的按每

---

① 呼和浩特市人民政府．我市 2023 年长期护理保险基金支出大幅增长［EB/OL］.（2024－01－26）. http://www.huhhot.gov.cn/msfwzq/xhd/202401/t20240126_1652717.html.

② 呼和浩特市医疗保障局．我市长期护理保险辅助器具租售服务正式落地实施［EB/OL］.（2023－12－05）. https://si12333.cn/qa/mzbak.html.

③ 乌海市长期护理保险有效缓解重度失能人员经济负担［EB/OL］.（2024－06－24）. https://mp.weixin.qq.com/s/umY1chTH4Koz6H7RSdMk_w.

人每日定额60元；接受协议机构上门护理服务或居家护理服务的按每人每日定额40元。

2024年1—5月，乌海市共有1322名失能人员享受到了长期护理保险待遇，共计支付护理费483.14万元。长期护理保险制度的实施，使失能人员生活质量得到明显提高，切实减轻了失能人员的经济负担。

二、内蒙古长期护理保险存在的问题

呼和浩特市长期护理保险制度借鉴了全国第一批试点城市的先进经验，绕过漫长的探索阶段，充分考虑当地实际情况，建立了具有地方特色的长期护理保险制度，相比其他城市，采取了建立风险防范机制和考核奖惩制度、引入社会捐助等创新手段，并取得了初步成效，受到了国家医疗保障局领导的肯定和表扬，但仍存在以下问题①。

（一）长期护理资源匮乏

在护理人员数量和素质方面，内蒙古护理人员数量短缺，且整体素质偏低，难以满足日益增长的长期护理需求，直接影响护理服务的质量和覆盖面，使得老年人无法在护理机构得到应有的护理服务。

在护理设施方面，当前已建立的护理设施的质量和数量仍未达到理想标准，限制了长期护理保险的有效实施。

（二）覆盖人群不够全面

目前，我国大部分地区的长期护理保险仅覆盖城镇职工基本医疗保险的参保人员，而农村居民并未被全部纳入保障范围。这导致农村老年人对长期护理保险的需求难以得到满足，加剧了城乡基本养老服务的不均等化。

呼和浩特市长期护理保险的参保人群包括参加职工基本医疗保险和城乡居民基本医疗保险的参保人，但也并未考虑到未参加基本医疗保险的特殊农村居民群体，特别是留守老人，他们更需要获得失能人员长期护理保障，当

① 刘文，王若颖．我国试点城市长期护理保险筹资效率研究——基于14个试点城市的实证分析[J]．西北人口，2020，41（5）：29－45.

他们处于失能状态时，经济压力会更大。

（三）筹资体系单一

目前呼和浩特长期护理保险主要筹资渠道是医保基金，对于试点阶段是可行的，然而若要推行长期护理保险，仅依赖医保基金很容易造成赤字。政府在长期护理保险制度上的投入相对有限，制度建设和运行容易面临资金短缺的问题，从而限制制度的覆盖范围和保障水平。虽然有财政补助，但该地区相较于东部地区经济发展较为滞后，导致财政补贴额度相对较小，进一步加大了个人和单位的负担。

此外，当前的长期护理保险制度缺乏完善的政策支持体系，如税收优惠政策、护理人才培养政策等，影响了制度的有效实施和长期发展。但相比于第一批试点城市，呼和浩特市尝试引入社会捐助，具有一定的创新性。

（四）群众对长期护理保险的认知偏低

内蒙古城镇居民的保险观念相对较弱，对长期护理保险的了解程度低，影响了保险产品的推广和销售。

呼和浩特市长期护理保险试点工作才刚开展了两年多的时间，对群众而言是“新兴事物”，有很多群众对长期护理保险并不了解，和上海、广州等经济发达的城市相比，呼和浩特市经济发展较为缓慢，居民收入有限，风险意识较为薄弱，对于长期护理保险的认知偏低，长期护理保险制度在当地推广难度较大。

（五）失能评定难以监督

参加职工基本医疗保险和参加城乡居民基本医疗保险的人员在申请评估后，由评估小组上门对申请人的失能程度、疾病状况、护理情况等进行综合评估，并根据评估结果分级分类，将中度失能三级作为是否能够享受长期护理保险所涵盖的服务项目的分界线。评估结果如果是中度三级以上可享受“长护险”服务，中度三级以下则不能享受此服务。

尽管国家已经发布了相关的评估标准，但在实际执行中，各试点城市实施的评估标准不同，导致制度执行上存在困难。并且长期护理保险制度尚未建立健全的法律体系，缺乏明确的法律依据和政策支持，影响制度的稳定性和可持续性。

此外，在长期护理保险制度的实施过程中，也存在一定的道德风险问题，如过度医疗、虚假护理等。这些问题不仅会增加保险基金的支出负担，还会损害制度的公信力和可持续性。综上所述，内蒙古长期护理保险制度在资源分配、制度覆盖、道德风险、政策支持等方面均存在一定的问题。

三、完善内蒙古长期护理保险的建议

长期护理保险制度作为我国新型社会保障制度的重要组成部分，对于应对人口老龄化、保障失能人员生活品质具有重要意义。内蒙古自治区在不断总结经验的基础上，可以尝试从以下几个维度对制度进行完善。

（一）加强政策制定与立法保障：奠定制度基石

为完善长期护理保险制度，首要任务是加强政策制定与立法保障。应制定并统一全区的长期护理保险评估标准和服务规范，确保各地区执行的一致性和公平性。同时，推动相关立法工作，将长期护理保险纳入法律保障体系，明确其法律地位、权利义务、资金筹集、待遇支付等关键内容。在立法过程中，应注重地方特色，因地制宜地出台地方规章并监督执行，确保政策的有效落地。

（二）扩大覆盖范围与提高保障水平：惠及更多人群

长期护理保险制度的完善还应注重扩大覆盖范围与提高保障水平。在现有基础上，逐步将城乡居民纳入长期护理保险覆盖范围，特别是加大对农村老年人的保障力度，缩小城乡差距。同时，根据经济社会发展水平和人口老龄化趋势，适时调整保险待遇支付标准，提高保障水平，满足人民群众日益增长的长期护理需求。通过不断提高保障水平，让更多的失能人员享受到长期护理保险带来的实惠。

（三）加大财政投入与多元化筹资：确保资金可持续

资金是长期护理保险制度运行的基石。为确保长期护理保险制度的可持续发展，应加大财政投入与探索多元化筹资机制。政府应加大对长期护理保险的财政补贴力度，特别是在制度建立初期，以减轻个人和企业的缴费负担。同时，探索建立政府、企业、个人及社会等多方参与的多元化筹资机制，拓宽资金来源渠道。例如，可以鼓励商业保险公司参与，研发适销对路的护理类商业保险，满足各收入层人群的不同需求。

（四）加强护理服务体系建设：提升服务质量与效率

护理服务的质量直接关系到失能人员的生活质量。因此，完善长期护理保险制度必须加强护理服务体系建设。应加大对护理人员的培训力度，提高其专业素质和技能水平；同时，加强对护理机构的监管和评估，确保其服务质量符合标准。此外，还应加大对护理设施建设的投入力度，改善护理环境，提高护理服务的舒适度和便捷性。通过加强护理服务体系建设，为失能人员提供更加优质、高效的护理服务。

（五）推进信息化建设与智能化应用：提升管理水平与服务效率

信息化建设与智能化应用是提升长期护理保险管理水平与服务效率的重要途径。应建立全区统一的长期护理保险信息平台，实现信息共享和互联互通，提高管理效率和服务水平。同时，运用大数据、云计算、人工智能等现代信息技术手段，推广智能化护理服务和远程监控等应用，提高护理服务的精准度和效率。通过信息化建设与智能化应用，为长期护理保险制度的高效运行提供有力支撑。

（六）加强宣传教育与公众参与：营造良好社会氛围

宣传教育与公众参与是推动长期护理保险制度发展的重要力量。应通过多种渠道和形式加强对长期护理保险制度的宣传和推广工作，提高公众对保险制度的认知度和参与度。同时，鼓励个人、企业和社会组织积极参与长期护理保险制度的建设和发展，形成共建共治共享的良好局面。通过加强宣传教育与公众参与，为长期护理保险制度的发展营造良好的社会氛围。

（七）加强监管与风险防范：确保制度健康运行

监管与风险防范是长期护理保险制度健康运行的重要保障。应建立健全长期护理保险全过程监管体系，对制度运行的各个环节、管理部门及其工作人员进行监督。同时，加强对护理服务和保险赔付的监管和审核力度，防范虚假护理、过度医疗等道德风险问题的发生。通过加强监管与风险防范，确保长期护理保险制度的健康有序发展。

综上所述，完善长期护理保险制度需要从多个方面入手，通过这些措施的实施，可以逐步完善内蒙古长期护理保险制度，提高其覆盖面、保障水平和服务质量，为失能人员提供更加全面、优质的长期护理服务。

报告六　推进养老服务高质量发展研究

安　华　于多雨[①]

按照党中央、国务院关于实施积极应对人口老龄化国家战略，推动老龄事业高质量发展的要求，内蒙古自治区创新发展养老服务新模式，以中央一号文件提出的落实社会保障待遇、健全养老服务体系建设为引领，落实民生保障政策，推动养老服务标准化体系建设。通过发挥政府、市场与社会组织的协同作用，探索了居家社区养老服务综合体、养老园区、农村幸福院等养老服务发展模式。针对内蒙古自治区养老服务当前存在的主体间协同合作不足、养老服务供给能力不强、监管体系不完善、智慧养老服务技术运用水平不高等问题，需要从完善主体协作运营机制、提升供需适配性、优化服务监管体系、健全智慧平台标准化体系建设等方面进行优化，从而推动内蒙古自治区养老服务高质量发展。

一、内蒙古推进养老服务高质量发展的实践探索

2021 年以来，党中央、国务院高度重视养老服务的发展，并出台了《“十四五”国家老龄事业发展和养老服务体系规划》《关于推进基本养老服务体系建设的意见》等一系列政策文件，提升了养老服务质量。党的二十大对养老服务的未来发展作出了全面部署，目前我国养老服务标准体系已经初步形成，老年人的晚年生活得到更全面的保障。

内蒙古作为人口老龄化较为严重的地区，截至 2023 年年底，全区 60 周岁及以上老年人口 546. 38 万人，占全区常住人口总数的 22. 8%；65 周岁以

① 安华，内蒙古大学公共管理学院教授；于多雨，内蒙古大学公共管理学院硕士研究生。

上老年人口370.29万人，占全区常住人口总数的15.45%[①]。对此，一方面，内蒙古为进一步促进城市、农村养老服务的发展，出台了《内蒙古自治区养老服务条例》《加快发展牧区养老服务的实施方案》等政策文件，加强了对于养老服务体系的标准化、规范化建设；另一方面，内蒙古加强主体间的协同合作，构建以居家为基础、社区为依托、机构为补充、医养相结合的养老服务体系建设路径[②]，同时大力发展智慧养老服务，为更多的老年人提供更便捷、更安全的服务，养老服务得到了进一步的发展，老年人的生活质量也得到了更好的保障。

（一）居家社区养老服务

1. 呼和浩特市——居家社区养老服务综合体

（1）发展特色：全国居家和社区养老服务试点，医养结合见实效

呼和浩特市位于内蒙古自治区中部，作为内蒙古自治区的首府，是区内人口聚集地。2023年，呼和浩特市常住人口为360.41万人，其中65周岁及以上人口为52.41万人，占全市常住人口的14.54%，可见呼和浩特市存在着人口老龄化现象，城市养老压力较大[③]。呼和浩特市为推动养老服务的发展，发布了《政府购买居家养老服务实施办法》《呼和浩特市支持居家和社区养老服务发展若干措施》等多个规范性政策文件，同时呼和浩特市民政局还积极开展老年人能力评估的实训课程、加强养老服务人才队伍的建设等工作，从而支持居家和社区养老服务的发展。

2019年，呼和浩特市被确定为第四批中央财政支持开展居家和社区养老服务改革试点地区，2020年被列入国家长期护理保险制度试点城市，2022年入选全国居家和社区基本养老服务提升行动项目地区。近年来，呼和浩特市加大资金投入力度，积极推进居家和社区养老服务点建设；加强专业养老服

---

① 内蒙古以务实举措推动农村养老服务高质量发展[EB/OL].(2024-04-24)[2024-06-27].人民网,http://nm.people.com.cn/n2/2024/0424/c410141-40821997.html.

② 内蒙古自治区人民政府．让居家养老享受专业照护服务[EB/OL].(2023-09-04)[2024-07-30].https://www.nmg.gov.cn/zwgk/zcjd/plwz/202309/t20230904_2371998.html.

③ 呼和浩特市统计局．2023年呼和浩特市常住人口主要数据公报[EB/OL].(2024-04-15)[2024-06-28].http://www.huhhot.gov.cn/2022_sjkf/2022_tjgb/202404/t20240415_1686041.html.

务人才培养，推动校企合作，提高养老服务软实力；提升政府领导能力，制定了《居家养老服务管理规范》《居家养老服务机构等级评定规范》等多项标准化规范，实施统一的居家养老服务标准。呼和浩特市以“高起点定位、多点位布局、多元化服务”为理念、以构建“居家为基础、社区为依托、机构为补充、医养相结合”的养老服务体系为总体布局，为老年人提供精准化、多元化的居家社区养老服务。

居家养老服务中心是集居家养老、社区养老、机构养老为一体的居家社区养老服务综合体，通过开发辖区内属于国有资产性质的闲置资源，鼓励企事业单位、社会组织和个人利用自有房产等多种渠道建设居家社区养老服务中心场所。居家养老服务中心由政府统一进行适老化改造，装修后免费提供给企业运营，资金主要来源于彩票公益金、自治区民政厅以及市政府安排的预算资金。目前，呼和浩特市以构建“宜养青城”品牌为契机，截至2023年年底，共建设居家养老服务中心340个。同时，呼和浩特市31个街道级养老服务综合体全部建成并投入运营，养老服务设施覆盖率已达95%以上。居家养老服务中心为老年人提供多样化的服务，包括居家养老客户的家政清洁、生活照料、短期陪同、医疗护理等上门服务；还为社区周边老人建设为老餐厅，方便周边老人的就餐；对于身体不便、独居的老人，为老餐厅通过政策补贴与个人付费结合的模式提供送餐到家的服务。同时，居家养老服务中心还探索医养结合的模式，为失能、失智老人提供基础生活照料及医疗康养结合型全天照护服务。

（2）模式特征：养老有“医”靠，医疗助力养老服务发展

2019年10月，德国蕾娜范养老集团来到呼和浩特，调研了呼和浩特市的人口比例及养老服务需求后，认为当地老年人对医疗护理的需求很大，当地的养老市场有很大的发展空间。蕾娜范集团作为呼和浩特市人民政府为推进居家社区养老综合体建设而引进的企业，现今已经承担呼和浩特市多家居家社区养老服务设施的运营。赛罕区仕奇社区蕾娜范养老服务综合体作为市内最大的一家居家社区养老服务综合体，为其他社区开展居家社区养老服务

树立了标杆，发挥了引领作用，为居家养老的发展提供了实践支持①。

蕾娜范居家社区养老服务中心作为开在社区内部的公建民营养老服务综合体，除了为周边老人提供基本的“助餐、助洁、助乐、助行”等基本服务，特色服务在于医养结合，能够为失能、失智老人以及术后康复老人提供专业化的服务。目前，蕾娜范居家社区养老服务中心在呼和浩特市专为失能、失智老人以及术后康复老人设置的护理型床位有 118 张，入住率达 95% 以上。蕾娜范集团为了进一步推动居家社区养老服务医养结合的实践，构建了“三级医养结合体系”。一级医养结合即为自建的护理站或医务室，为中心内或周边老人提供基本的照护服务以及健康宣传指导；二级医养结合是以 3～5 公里以内的一、二级医院医疗资源为支撑，为老年人提供预约专科诊疗、转运陪诊及住院陪同等服务；三级医养结合是与三甲医院建立联系，为老年人提供快速就医、120 转运通道等服务②。

居住在居家社区养老综合体内，老人不仅可以享受到多样化的服务，还能得到更专业化的照顾。蕾娜范居家社区养老服务中心培养专业的护理人员，在老年人入住前对老年人的身体情况进行科学评估，进而根据老人的身体情况与个人需求提供相应的服务，让老年人在身心放松的情况下进行专业的康养活动。呼和浩特市在实行居家和社区养老服务提升工作的同时，探索医养结合的嵌入模式，使老年人既享受了基本医疗服务，又得到了尊严的保障。

2. 鄂尔多斯市——智慧居家社区养老服务

(1) 发展特色：养老服务“一张网”，靶向服务走进老人生活

鄂尔多斯位于内蒙古中西部，总面积 8.7 万平方千米，2023 年全市常住人口 222.03 万人，其中，城镇人口 175.82 万人，乡村人口 46.21 万人，常住人口城镇化率达 79.19%③。鄂尔多斯市拥有丰富的煤炭资源、天然气资

① 呼和浩特市民政局．呼和浩特市仕奇社区居家社区养老服务体正式启动运营[EB/OL].(2021-11-26)[2024-06-28]. http://mzj.huhhot.gov.cn/work/202111/t20211126_1176747.html.

② 李雪．呼和浩特：让养老更有“医”靠[J]．中国民政,2023(21):19-20.

③ 鄂尔多斯市人民政府．人口民族[EB/OL].(2024-06-26)[2024-07-29]. https://www.ordos.gov.cn/sq_127930/csgk/rkzk/.

源，据统计，鄂尔多斯市已探明煤炭储量达2535亿吨，2023年煤炭产量达8.1亿吨，储量占全国的1/6[①]，鄂尔多斯市凭借丰富的煤炭资源拉动了本地区及内蒙古整体的经济增长。2023年，鄂尔多斯市人均地区生产总值高达26.47万元，凭借雄厚的经济实力跃居全国第一，农牧业、工业、服务业、国内外贸易等稳步增长。同时，人民生活幸福，社会保障事业稳步推进，目前全市的公办养老机构共有13家，床位数1558张；民办养老机构36家，床位数6715张[②]。鄂尔多斯市依靠丰富的物产资源、悠久的人文历史，为当地老年人养老提供了充足的资源支持。鄂尔多斯市还被称作“暖城”，不仅是因为供给的天然气资源为全国25个地区送去了温暖，还因为鄂尔多斯市高度重视民生发展，重视人民的安居乐业。

智慧养老是在科学技术水平发展到一定阶段，老年人在满足了基本的物质需求与精神需求后，追求的更加精细化、智能化的养老服务，智慧养老为老年人提供的生活照护、精神慰藉与医疗保健等方面的服务具有更高的标准，更加符合老年人的实际需求[③]。鄂尔多斯市高度重视养老服务的发展，同时为更好地满足老年人需求，运用“互联网+”与大数据信息处理技术，将智慧养老与数字城市建设有效衔接，建立一体化监管系统，完善养老服务设施建设，构造养老服务一张网，从而为老年人提供更精准化、更效率化的服务。鄂尔多斯市为促进养老服务发展，发布了若干政策文件，如《鄂尔多斯市养老服务条例》《鄂尔多斯市推进医养结合工作实施方案》等，从医养结合、老年人权益保障以及服务设施建设等各个层面推动养老服务体系的标准化建设。同时，为了让养老服务迈入更高层次的发展，出台了《鄂尔多斯市关于加快推进居家社区养老服务工作的实施意见》《鄂尔多斯市居家社区养老服务发展奖补制度》及《鄂尔多斯市政府购买居家社区养老服务制度》等文

---

① 新华网．鄂尔多斯力量[EB/OL].(2024-05-06)[2024-07-29]. http://www.news.cn/20240506/eb0865f553d54a038a65dab073abc253/c.html.

② 鄂尔多斯市人民政府．经济发展[EB/OL].(2024-06-26)[2024-07-29]. https://www.ordos.gov.cn/sq_127930/csgk/jjfz/.

③ 张京唐,芮国强．大数据驱动的智慧健康养老:现实表征、内在要素与优化路径[J]．湖南社会科学,2023(5):132-141.

件，为智慧养老嵌入家庭、社区与养老机构奠定良好的政策基础[①]。

（2）模式特征：智慧养老，实现养老服务“零距离”

2021年，鄂尔多斯市投入资金1000万元，在市、旗区开展智慧养老服务平台建设。2022年，智慧养老服务平台进一步完善优化，共建17个功能模块，充分利用大数据、物联网、互联网及云计算等技术，实现老年人信息的汇总，为老年人提供线上预约的“六助”服务。智慧养老服务平台还设置了健康监测、服务情况实时统计上传等模块，从而提升志愿人员的上门服务质量。鄂尔多斯市智慧养老服务平台在2023年进一步完善发展，不仅在平台的信息技术运营层面有所提高，还利用智慧养老营造出的有利环境，加强了智能家居产品、老年人健康监测设备与穿戴设备的研发、使用与推广。目前，鄂尔多斯市在完善“菜单式”服务、强化智慧养老服务平台全面化发展的同时，进一步扩大养老服务平台的覆盖面，建立多方联动机制，加强老人、社区、机构及其他养老服务组织间的互动联系，在大数据的支持下实现主体间的信息资源互通、数据共享，让智慧养老服务走入更多老年人的生活。

鄂尔多斯市乌审旗建立以“居家养老为基础、社区养老为依托、机构养老为补充”的智慧养老指挥调度中心。2022年，乌审旗着手构建了智慧养老服务平台，该平台集自动报警和处置、动态监测和记录、上门服务于一体，通过线上线下相结合的形式将养老服务延伸至老年人的家庭中、社区中，延伸至老年人的身边，实现了养老服务网格化的全面覆盖。2023年，乌审旗为提高独居、空巢、高龄老人的安全水平与生活质量，实施“e养乌审”智慧养老民生实事项目，为老人安装一键呼叫话机、老年人智能看护系统等设施，同时深入开展家庭适老化改造项目，如安装防滑地板、扶手等各项适老化设施，从家庭层面改善老年人的生活环境，让儿女真正的放心；乌审旗还为当地部分残疾失能老年人购买养老“服务包”，解决老年人养老照顾床位紧缺的问题[②]。乌审旗将智慧平台应用到老年人的助餐服务中，设立老年人智能

① 鄂尔多斯市人民政府．鄂尔多斯市智慧养老谱写新图景[EB/OL]．(2022-09-01)[2024-07-29]．https://www.ordos.gov.cn/gk_128120/ylfw/202209/t20220901_3264426.html.

② 鄂尔多斯市人民政府．乌审旗：智慧养老 福润银龄[EB/OL]．(2023-06-21)[2024-07-29]．https://www.ordos.gov.cn/gk_128120/ylfw/202307/t20230704_3446365.html.

助餐机系统，智能助餐机系统不仅可以根据老年人的个人情况自动匹配老年人的助餐补贴政策，记录助餐信息，还加强了对老年人食品安全的管控以及老年人信息的收集与管理。2023 年，乌审旗智慧养老服务平台统计录入老年人信息 1 万多条，为老年人提供服务 5 万多次，同时，智慧养老服务平台还负责对旗县内的多家养老机构、社区居家养老服务站、农村互助幸福院与助餐点的监管，实现“设备 + 互联网 + 线下”的服务闭环①。

鄂尔多斯市在推进基础养老服务设施建设后，加强对居家社区养老服务的组织保障、政策保障以及资金保障，拓展了智慧养老形式。鄂尔多斯市大力推动“一体化”智慧养老形式的发展，实现养老服务一键送达，打造“一刻钟养老服务圈”，同时积极开展智慧养老服务监督调度系统座谈会，为智慧养老平台存在的上门服务派单流程复杂、智能设备数据对接慢等问题提供解决措施。鄂尔多斯市人民政府对于智慧养老服务模式的探索为养老服务的创新性发展提供了借鉴经验，同时也为老年人的幸福晚年生活提供了信息化的支持与多元化的保障。

（二）机构养老服务

1. 乌海市——“幸福居”机构养老服务模式

（1）发展特色：城乡高度一体化，养老服务设施全覆盖

乌海市位于内蒙古自治区西部，辖 3 个县级行政区；总面积 1754 平方千米，常住人口 55.62 万人，城镇化率 96.38%，2023 年，乌海市 65 周岁及以上人口为 7.42 万人，占全市常住人口总数的 13.34%②。乌海市于 2020 年被列入全国第五批居家和社区养老服务改革试点，与此同时，乌海市以打造“一刻钟养老服务圈”为目标，对居家养老服务站等各类养老服务设施进行适老化改造。三年来，乌海市通过利用闲置国有资产、党群活动中心统筹规划，以及提高市本级福彩公益金支出比例等方法共筹集 1.2 亿元用于养老服

---

① 鄂尔多斯市人民政府．乌审旗：智慧养老，点亮 15 分钟“养老服务圈”[EB/OL]．(2023 - 07 - 07)[2024 - 07 - 29]．https://www.ordos.gov.cn/gk_128120/ylfw/202307/t20230724_3453044.html.

② 乌海市人民政府．2023 年乌海市常住人口主要数据公报[EB/OL]．(2024 - 05 - 14)[2024 - 06 - 28]．http://www.wuhai.gov.cn/wuhai/mlwh/whgk/whrk/index.html.

务设施的建设，并成为内蒙古自治区第一所城市、农村养老服务设施全覆盖的城市。乌海市政府深入贯彻习近平总书记与党中央对于老龄工作的重要指示要求，对于老龄事业的发展予以高度重视，成立养老服务业发展领导小组，推进养老服务体系建设。同时，推出针对特殊困难老年人所需服务的政府购买的方式，为养老服务市场化的深入发展提供支持。乌海市政府积极推动养老机构在市区的发展，坚持养老机构“公建民营”的理念、嵌入医养结合的模式，通过政府购买服务、吸引社会资本资金投入等方式，大力推动机构养老服务的发展。

乌海市“幸福居”养老模式虽然仍以居家社区养老模式为主，但是强调大力发展机构养老模式，强调培育本土化的、品牌化的养老机构，从而为老年人提供更加优质化的服务。乌海市人民政府为进一步推动机构养老的发展，不断改进市场准入制度，深化“放管服”改革，大力支持养老企业与社会力量发展机构养老，同时协调鼓励社会资本参与养老机构的建设运营。为了进一步提升社会力量参与机构养老的积极性，乌海市人民政府还加大对养老机构的补贴力度，降低养老机构的用水、用电收费标准，同时还为养老机构购买意外责任保险，为失能老人提供长期护理险。落实对社会办养老机构的扶持优惠政策，并出台《关于推进医疗卫生与养老服务相结合的实施意见》《乌海市全面放开养老服务市场提升养老服务质量的实施意见》等政策，保障养老产业的发展①。此外，乌海市还提高政府资金支持力度，积极探索医疗机构与养老机构的互助模式，实施医院和养老院一体化服务项目，将老人养老与医疗康养有效融合，满足老年人“医养结合”的需求。

（2）模式特征：颐养乌海，机构养老托起品质晚年生活

乌海市以“颐养乌海”为养老服务理念，发展“幸福居”养老服务模式，打造品牌化、连锁化的养老服务机构。乌海市根据老人的经济情况、服务需求匹配不同的养老服务形式，加强对于特殊困难老人的政府支持力度，同时提高对于养老服务具有高质量要求的老年人需求保障，以“兜底保障”

① 乌海市人民政府．我市推动养老服务各项优惠政策落地实施[EB/OL]．(2021－07－16)[2024－08－04]．http://www.wuhai.gov.cn/wuhai/whyw75/whyw12/1077633/index.html.

为基础，推动养老服务的高质量发展。

海勃湾区宜和老年公寓是一家集养老院、医院、护理院、社区、居家、康复中心“六位一体”的示范性养老机构，2023年被列入国家养老服务标准化试点项目。宜和老年公寓总面积15000平方米，床位450张，入住群体既包括自理、半自理老年人，也包括失能失智老人。宜和老年公寓强调医养结合，公寓不仅设置康复护理设施、心理咨询室等功能性场所，老年人还可以在公寓内的门诊进行常见疾病诊治、慢性病护理、疾病后遗症的康复与治疗，住院治疗的老人还能享受医保报销①。公寓内的医护人员全部持证上岗，并且拥有丰富的医疗护理经验，能够用专业的知识为患有不同疾病的老人提供诊疗、护理服务。同时，海勃湾区宜和老年公寓内的住房全部进行了适老化设计，不仅有可以容纳医疗床的电梯、连廊设计的楼宇，还有定期的健康讲座、康复训练，老人们平时也可以进行手工制作、茶话会等多样化的活动。同时，宜和老年公寓还为周边老年人提供送餐服务、代购服务。宜和老年公寓不但实现了养老服务的品质化发展，还为推进乌海市养老机构标准化、规范化管理提供了示范和样板，为推进养老服务的高质量发展提供有效助力。

乌海市养老机构还通过参与居家和社区养老服务设施建设以及养老服务信息平台运营的方式，加强居家、社区、机构养老的沟通联系，推动养老事业和养老产业协同发展。2021年7月，乌海市民政局招标了软通信息技术股份有限公司、福州金太阳老年综合服务中心和内蒙古寿康智慧养老服务有限公司，提供养老服务。福龄金太阳养老集团在承接了乌海市养老服务设施运营项目后，以“幸福居”运营理念为核心，负责乌海市海勃湾区的养老服务运营工作，并探索形成了“半市场化孵化运营”模式。金太阳集团负责养老机构的整套运营，在海勃湾区的各个街道安置专业的养老服务人员进行管理，同时定期对其他商家加盟的站点进行指导、检查。金太阳集团还加强对智慧养老服务信息平台运营方的线上监管，从而实现养老服务实际运营方与养老服务调度中心的协调发展，提高信息化水平和能力。其他加盟运营养老服务

① 乌海市人民政府．知心贴心暖心安心　“颐养·乌海”紧系民心——乌海市做优养老服务　建设“颐养之城”[EB/OL].(2023-10-26)[2024-08-04]. http://www.wuhai.gov.cn/wuhai/whyw75/whyw12/1517056/index.html.

设施的商家，不仅需要通过层层的筛选，还需要接受金太阳集团对于养老服务的定期标准化培训与绩效考核，从而刺激商家提升养老服务质量，为老年人提供更加优质化的服务。乌海市人民政府对于专业化养老机构的引入，符合当地经济发展规律，满足了老年人对于高质量养老服务的需求，使老年人在享受基本养老服务的同时，感受晚年幸福。

2. 呼伦贝尔市——旅居养老服务模式

（1）发展特色："旅居+康养"协同发展，满足老年人多样化需求

呼伦贝尔地处内蒙古自治区东北部，现辖14个旗市区。截至2023年年末，全市常住人口为216.63万人，其中，城镇人口164.11万人，乡村人口52.52万人；常住人口城镇化率达75.76%[①]。呼伦贝尔市是全国面积最大的地级市，也是目前拥有我国规模最大、最为完整的生态系统的城市，是全国唯一的草原旅游重点开发地区。呼伦贝尔市是我国北方许多游牧民族曾居住过的地方，并且现在仍有许多少数民族聚集。基于呼伦贝尔的地理位置以及民族风俗，发展了适合老年人的独特养老方式——旅居养老。2024年1月国务院办公厅发布的《关于发展银发经济增进老年人福祉的意见》指出，要拓展旅游服务业态，组建全国范围内的旅居养老产业平台，加强旅居养老产业间的密切合作，发展旅居目的地。目前，旅居养老发展较好的地区依然是以江苏、浙江、安徽三者构成的长三角区域，三个省份因交通便利、环境适宜等特点，深受老年人的喜爱。截至2023年年底，长三角地区已经有近108家养老机构、5万张床位面向老年人开放，以满足老年人对于异地旅居养老的需求[②]。

呼伦贝尔旅居养老模式也可以称作异地养老，是指对于有休闲旅游度假需求或更愿意感受地方特色、生活习俗的老年人，在考虑到养老、颐养身心的同时，与旅游、养生等业态融合，发展"银发经济"，促进养老服务的多样化发展。而呼伦贝尔市因其优美的自然环境、良好的生态资源、悠久的历

① 呼伦贝尔市人民政府．城市概况[EB/OL]．(2024-04-02)[2024-06-29]．https://www.hlbe.gov.cn/News/show/926378.html.

② 呼伦贝尔市海拉尔区人民政府．旅居养老：活力老人生活新选择[EB/OL]．(2024-06-21)[2024-06-29]．https://www.hailar.gov.cn/OpennessContent/show/430307.html.

史文化以及各类丰富的旅游康养、冰雪人文等条件，在旅居养老方面具有明显的优势。同时，自旅居养老模式出现以来，呼伦贝尔市就积极地向旅居养老发展较好的地区学习，借鉴先进地区在旅居康养、养老服务领域的经验和典型做法。呼伦贝尔市在实际开展旅居养老之前，就曾对旅居养老的市场进行调查，并多次参加旅居养老的服务推荐会。目前，海拉尔区民政局更是以推动“银发经济”发展为契机，将旅居养老提升为重点工作优先发展，并与重庆聚恩实业有限公司达成合作意向，决定开展内蒙古自治区内首个旅居养老体验活动。

（2）模式特征：旅居助力“银发经济”，活力老人生活新选择

呼伦贝尔市对于新型养老模式的探索，不仅能带动当地经济的发展、加强各地文化的沟通交流，还能进一步满足老年人多样化的需求。近年来，呼伦贝尔市人民政府不断加大对旅居养老的宣传，达成与其他省份养老机构间的政企合作，开启了异地旅居养老新模式。同时，大力发展当地旅居养老机构的建设，加强对地域内旅居康养资源的整合，并完成与康养数据资源信息平台的对接，从而助力养老服务质量的提升及各地养老服务的协同融合发展。2023 年 5 月，呼伦贝尔市政府、呼伦贝尔市民政局在京蒙养老服务暨旅居康养产业协作推介会上，分别与中国社会福利与养老服务协会、中福协长者旅游康养分会签订合作协议，达成呼伦贝尔市乌兰那日老年公寓与北京寿山福海养老服务中心间的旅居养老合作。此项合作协议的签署，不仅能够带动旅居养老服务的发展，也在一定程度上缓解了部分地区养老的供需张力，助力两地经济的发展。

呼伦贝尔市现在已有多家养老机构可承接运营旅居养老服务，如长征康养服务中心是一家为老年人提供基本的生活照料、康复护理、精神慰藉等多种需求的医养结合养老机构，机构内部设施完善，老人不仅可以享受基本的医疗服务，还能进行健身、康复等活动；福寿安养院是一家民办的非企业养老机构，占地规模较大，不仅具备康复室、理疗室、棋牌室等多功能场所，还极具民族特色。运营目标是为老年人提供“五位一体”的综合养老服务，一般在每年的 6 ~ 9 月接待旅居老年团；乌兰那日老年公寓自 2018 年开始承接旅居养老，至今已经接待过大量来自全国各地的旅居养老游客。还有诸多

以提供适老化设施、温馨的家居环境为主体的老年公寓，以自然景观丰富、养老服务设施齐全、天然牧场与有机蔬菜基地而著名的旅居养老服务中心，都旨在为老年人提供更加优质化服务的同时，让老年人深切感受不同地区的文化特色、气候环境。虽然现在旅居养老形式依然不是很成熟，存在服务质量不高、项目衔接机制不完善、资源整合不足、产业协同不足等诸多问题，但现有旅居养老实例已表明，旅居养老仍然有很大的发展空间。呼伦贝尔市政府应进一步完善旅居养老的服务标准，加强政策宣传，同时促进行业间的协同合作以及旅居养老产业的体系化、标准化建设，从而提高养老服务新质生产力。

（三）农村牧区养老服务

1. 乌兰察布市——互助幸福院养老服务模式

（1）发展特色：构建农村养老服务网络，提档升级幸福院 2.0 版本

乌兰察布市地处内蒙古自治区中部，2023 年全市常住人口为 160.48 万人，其中，城镇人口为 99.40 万人，乡村人口为 61.08 万人，城镇化率为 61.94%。2023 年乌兰察布市常住人口中，65 周岁及以上人口为 40.28 万人，占全市常住人口的 25.10%，人口老龄化比较严重[①]。乌兰察布市是内蒙古自治区老年人口占比和农村人口占比较高的城市，因而当地政府面临着巨大的养老难题。农村养老服务作为我国养老服务的短板，迫切需要创新性的发展。2008 年，河北肥乡率先开展试点了农村幸福院的新型互助养老模式。2013 年 4 月，民政部、财政部联合下发文件，在全国范围内大力发展农村幸福院建设。内蒙古自治区在了解了农村幸福院互助养老模式后，2009 年在乌兰察布市开始了农村幸福院的建设工作。

农村幸福院是一种互助养老模式，采用“集中居住、分户生活、统一管理、互帮互助”的运营模式，发扬老年人间的互助精神，年龄较小的老人为年龄较大的老人服务、身体较为健康的老人为身体患有疾病的老人服务，是

① 乌兰察布市人民政府．人口民族［EB/OL］．（2024－02－23）［2024－06－30］．https://www.wulanchabu.gov.cn/rkmz/index.html.

对原有养老模式的补充性发展。内蒙古自治区人民政府十分重视农村幸福院的发展工作，先后出台了《关于推进农村互助养老幸福院意见》《内蒙古自治区人民政府关于加快发展养老服务业的实施意见》《内蒙古自治区农村牧区互助养老幸福院建设和运行管理办法》等诸多政策文件，推动农村幸福院的发展。作为试点地区，乌兰察布市各个旗县均建有农村幸福院。2023 年，内蒙古自治区民政厅推出了"1+3"政策框架，明确建设以旗县级机构为牵引、乡镇级中心为支撑、村级站点（即幸福院）为依托、家庭养老为基础的农村养老服务网络，并发布了关于建设乡镇区域养老服务中心、村级养老服务站、农村互助养老幸福院的三个规范指引，以推动农村养老服务的标准化、规范化发展①。

（2）模式特征：推广农村互助养老模式，打造"乌兰幸福院"特色品牌

乌兰察布市诸多农村老人选择的养老方式是农村幸福院。因当地年轻人较少、人员流动性较大、可供使用的耕地较少等特点，发展出的由村级主办、老人互助、政府支持的新型互助养老模式十分符合农村老年人的养老需求。同时，为了进一步满足老年人的需求、提高老年人享受养老服务的质量，内蒙古自治区人民政府决定于 2022 年，在察右前旗、化德县、和林县、科右中旗 4 个旗县组织开展农村养老服务转型升级试点工作，以进一步推动农村养老服务的发展。农村幸福院提档升级工作主要表现为对符合提档升级条件的幸福院转型为综合区域服务中心和对幸福院进行适老化改造两个方面。以提档升级的乌兰察布市化德县长顺镇刀拉胡洞村幸福院和察哈尔右翼前旗的平地泉镇花村幸福院为例，介绍农村幸福院的运营模式与发展特色。

刀拉胡洞村幸福院是在农村危房改造的基础上，整合其他项目资金，采取集中改造、集中建设的方式筹建的。2023 年根据自治区统一要求，进行农村幸福院"三改三修"、适老化改造工作，在北京市东城区、内蒙古水务投资集团有限公司以及县民政局的资金支持下，建设了乡镇级养老服务中心，

① 内蒙古自治区民政厅．关于对政协内蒙古自治区第十三届委员会第一次会议第 0597 号提案的答复［EB/OL］．（2023－08－31）［2024－06－30］．https://mzt.nmg.gov.cn/zfxxgk/fdzdgknr/zxta/202309/t20230901_2371735.html.

并完善了基础养老服务设施建设。居住在幸福院内的老人都可享受水冲厕所及电供暖等生活条件，同时还配备了医务室、理疗室、标准食堂、洗衣房、理发室等功能性场所，方便老年人的各项活动。

平地泉镇花村幸福院于2012年建成，共计72套户所。在2023年改造升级后，为五保户增设了综合楼集中居住场所，方便老年人的集中居住。平地泉镇花村幸福院在改造升级为平地泉镇区域养老服务中心后，具备了更强的养老服务能力，不仅能为服务中心内的老年人提供集中供养服务，还能为周边老人提供助餐、送餐服务。平地泉镇区域养老服务中心在进行基础的适老化改造的同时，还将党群服务中心、医疗室、养老服务信息平台、民办养老机构等各项为老服务项目搬了进来。同时，平地泉镇花村幸福院还推行“爱心超市积分兑换活动”，居住在幸福院内的老人可以通过参与互助活动获取积分从而兑换相应的奖品。“爱心超市积分兑换活动”不仅在一定程度上满足了老年人对基本生活用品的需求，还推动了幸福院内老年人间“互助”行为的开展。虽然农村幸福院在不断向综合性养老服务的模式转变，但幸福院互助养老以及主体间的协同关系并未发生改变。幸福院在升级后，老年人的生活质量得到了提高、需求得到了更大的满足，乌兰察布市幸福院2.0版本为其他欠发达农村地区养老服务的发展提供了借鉴经验。

2. 锡林郭勒盟——养老园区服务模式

（1）发展特色：首创牧区养老新模式，养老育幼因地制宜

锡林郭勒盟位于内蒙古自治区中部，辖2个市、9个旗、1个县、1个管理区，其中有11个是牧业旗县；2023年全盟常住人口为111.65万人，其中，城镇常住人口为84.28万人，乡村常住人口为27.37万人[①]。锡林郭勒盟拥有着占总面积89.85%的广阔草原，并且锡盟草原是我国仅有的被联合国教科文组织纳入国际生物圈监测体系的国家级草原自然保护区。由于锡林郭勒盟草原面积居多、物产资源丰富，当地居民大多选择依草原而居的游牧生活。随着时代的发展，大多数年轻人选择了在外生活，而居住在草原上的老年人

① 锡林郭勒盟行政公署．基本盟情［EB/OL］．（2024－03－24）［2024－07－01］．https://www.xlgl.gov.cn/xlgl/mq/xmgk/jbmq/index.html.

养老问题成为亟待解决的大问题。对此，锡林郭勒盟民政局根据当地情况，推出了“集中居住、养老育幼、政府扶持、多元运营”的牧区养老服务新模式——养老园区。

养老园区属于公建民营养老机构，是集居家养老、机构养老、社区养老三者为一体的综合性养老服务模式。2014 年，按照“集中居住、养老育幼、政府扶持、多元运作”的运营模式，锡林郭勒盟在锡林浩特市以廉租房与公共租赁房为牧民养老园区的建设点，形成了满足入住老人各方面需求的养老综合服务体系①。近年来，锡林郭勒盟为促进牧区养老服务的发展，颁布了一系列政策，如《关于推进基本养老服务体系建设若干措施》《入住养老机构服务对象政府补助优惠办法》等，从政策层面保障老年人的生活质量、提高养老园区的老人入住率。锡林郭勒盟采用公建民营或民办公助的方式在各个旗县建设牧区养老园区，现共建设 8 处牧区养老园区并已全部投入运营使用，覆盖了 47 个苏木乡（镇），为 2762 户 3518 位牧区老人提供了进城集中养老服务。下一步锡林郭勒盟将进一步扩大养老园区的覆盖面，让更多的牧区老年人享受到基本的养老服务②。

（2）模式特征：养老更享老，打造“一老一小”全新服务模式

锡林郭勒盟养老园区的建立不仅解决了老人的养老问题，还能解决孩子的上学问题。居住在养老园区内的老人，大多是在城市中没有房子且需要给孙辈孩子陪读的。养老园区的居住费用不仅便宜，还有老年食堂、医疗机构等基础服务设施，老人既可以随时了解自身的身体情况，还能享受其他更加便捷的智能化服务。养老园区的建设实现了养老、育幼、医疗三者的有机统一，拓宽了养老服务的外延。同时，集中居住的方式既减少了老年人内心的孤独，还能拉近各民族间的距离，促进民族团结进步。锡林郭勒盟自 2014 年开始探索性建设养老园区以来，已经取得了诸多成效，解决了许多牧区老人

---

① 锡林郭勒盟行政公署．锡林郭勒盟建设 9 处牧区养老园区并已全部投入运营[EB/OL]．(2021－01－04)[2024－07－01]．https://www.xlgl.gov.cn/xlgl/zw/xsxxgk/fdzdgknr/zdlyxx/xczx/d868ba7e4eaf4ea8a8b52d640b83e7cb/index.html.

② 锡林郭勒盟行政公署．锡林郭勒盟：加大养老服务投入　提升养老服务质量[EB/OL]．(2024－01－03)[2024－07－01]．https://www.xlgl.gov.cn/xlgl/zx/bmdt/202401031540164891 4/index.html.

的养老问题。2022 年，锡林郭勒盟推出了牧区养老服务 2.0 版升级模式，从管理模式、信息化服务等各方面提高养老服务的质量，满足牧区老人的养老需求。

首先，在养老园区内设居家社区养老服务中心，如在阿音奈养老园区内部建设综合指挥调度中心，扩大服务半径，从而为特困老人及园区周边的老人提供更多服务。正镶白旗综合养老园区还特别建设“民汉合住”的一体化园区，在牧民养老的同时促进了民族团结，铸牢中华民族共同体意识。其次，增加多样化的服务功能，吸引老年人入住。阿音奈养老园区建成的“1+1+2+N”综合养老服务模式，两个“1”分别指建设 1 个智慧平台、1 个互动大厅，“2”是指建设医养康养中心与“12349”智慧养老中心，“N”代表多所为老活动中心。不仅实现了养老园区的多功能发展、线上与线下的有效融合，还将医疗康养、智慧养老与居家养老、机构养老相融合，推动服务一体化发展①。再次，为老年人提供生活补贴，改善老年人生活质量。政府通过发放住房补贴，减免取暖费、物业管理费，为老年人提供无偿或低偿照护服务等方式，使居住在养老园区内的老年人生活得更安心。最后，实行养老园区统一化管理，扩大志愿者队伍。锡林郭勒盟政府制定养老园区管理办法，完善对养老园区的规范化管理。线上线下培训养老护理员，为老年人提供更加专业化的服务。锡林郭勒盟创新发展的养老园区新模式，不仅充分考量了民族因素和地域因素，还从老年人的实际需求出发，真正实现了牧区养老的新发展，弥补了农村牧区养老的不足。

二、养老服务高质量发展面临的问题和挑战

在政策推动和实践运行的双重作用下，内蒙古自治区的养老服务得到稳定持续的发展。但是，内蒙古养老服务的发展仍处于探索阶段，在养老服务的实际供给过程中，还存在若干问题需要进一步解决。

① 李雪．锡林郭勒　牧民住进了养老园区[J]．中国民政，2023(21)：25－26.

（一）主体协同：政府、市场、社会组织在养老服务中的协同合作不足

1. 主体间的协作运营机制不完善

内蒙古养老服务在实际发展过程中，由原来的政府主管转为多主体协同治理，并取得了很大的成效。同时，城市、农村的养老服务也在多主体的协同治理下逐渐发展成熟。但是，通过实践探索发现，政府、市场、社会组织在养老服务的实际供给过程中，由于政府协同领导力的不足以及主体在养老服务中协同合作关系的定位不清晰等问题，协作运营机制依然不完善。

一是政府协同领导力不足。政府虽然在居家社区养老服务、机构养老服务和农村牧区养老服务三种养老服务类型中承担的具体职责不同，但是在整个养老服务体系的建设过程中发挥的作用是相同的。在居家和社区养老服务层面，政府的协同领导力不足体现在：社区与家庭间联系不紧密、社区提供的养老服务设施不足，许多社区工作者在调查老年人的家庭情况与需求时，工作态度不够认真，导致对老年人的实际需求认识错位，同时，许多社区养老服务设施较为陈旧落后，与国家设定的标准不符。在养老服务供给过程中，政府对于养老服务设施缺乏监管以及政府对于各主体间协同合作的引导性不足，导致老年人对养老服务的满意度不高。在农村牧区养老层面，政府的政策引导力度不够。对于其他主体加入农村养老事业的激励制度、养老服务的评估制度均存在不完善的问题，致使农村养老服务体系建设存在较大困难。

二是各主体对协同合作关系的定位不清晰。在养老服务的供给体系中，中央政府与地方政府在养老服务实践过程中的职责尚不明确，加之各参与主体对协同合作机制的认识模糊，导致养老服务运营过程中出现了部分主体不配合的现象。如在机构养老层面，政府、家庭与社区间缺乏沟通，群众对机构养老的认识存在偏差，最终导致了机构、社区与家庭间建立信任关系面临困难。目前，许多城市推行的综合服务中心模式，旨在融合居家、社区与机构养老于一体，但在实际运行过程中，机构常因家庭及社区的不信任或不支持而难以维持合作关系。

2. 市场、社会组织在养老服务中的参与度不足

在为老年人提供养老服务的过程中，政府是首要的责任承担主体，但是由于养老服务行业需要大量的前期资金投入且回报周期较长，单靠政府的力量难以支持庞大的养老服务体系。首先，由于养老服务行业的激励机制不健全，许多养老机构对于养老市场的参与积极性不高。其次，政府对于养老服务市场的准入机制要求过高，许多社会组织进入养老服务市场存在壁垒。同时，由于政府缺少对市场中养老行业的监管，存在着养老机构间的无序竞争、养老服务行业发展较慢等问题。再次，受到传统养老观念以及对机构养老错误认知的影响，老年人对非官方养老机构的信任度不够，尤其是对于智慧养老形式，老年人的普遍接受程度不高。最后，市场与社会组织的社会责任感不够。内蒙古自治区地广人稀，总体经济发展水平不高，并且大多数养老机构仍然以营利为目的进入养老服务领域，面对利润较小的农村养老服务市场，社会组织与市场主体参与较少。所以，市场主体与社会组织的社会责任意识有待提高。

3. 资源在养老服务中的配置不均衡

无论是城市还是农村养老服务的发展，都需要充足的资源支持，不仅包括资金资源，还包括人才资源及技术资源等。同时，政府、市场与社会组织对于养老服务供给的侧重点是不同的，主体间协同的不足就会导致主体在养老服务中资源供给的配置不均衡。如政府主要负责的是基础养老服务设施的建设、政策支持以及监督管理等；市场主要是以营利为目的提升老年群体的消费能力，为老年人提供更高端、更个性化的服务；而社会组织主要是为老年人提供社区导向的服务，同时减轻政府在养老服务供给过程中的资金压力、监管压力等。

首先，在基础设施层面，农村地区的基础设施通常较差。例如，乌兰察布市化德县由于十年九旱，粮食产出较少，当地的低保户、五保户较多，年轻人为了提高生活水平大多选择在外打工。化德县实行的农村幸福院互助养老模式解决了当地众多老年人的养老问题，但是由于政府对应的专项资金、补贴较少，农村养老的基础设施与城市现代化设施相比依然存在很大差距，

农村基础服务设施的建设资金短缺。其次，在医疗康养层面，农村医疗资源严重短缺，许多老年人的慢性病不能得到及时且有效的治疗。同时，由于专业护理人员的缺失，许多老年患者在病情加重后，只能无奈地被接回家中接受最基本的治疗。最后，非政府主体在农村养老服务中的参与率不高，资源投入不足。目前加入农村养老服务中的市场、社会组织较少，只有少部分的第三方运营机构以运营老年餐厅的方式加入农村养老服务的行列中。同时，志愿者组织较少，老年人的居住环境大多是由居住在幸福院内的老年人自行维护的，社会主体在农村养老服务中的参与度有待提高。所以，相较于城市养老服务，农村基础养老服务设施的落后、资金供给的不足以及医疗康养资源的匮乏，都表明内蒙古自治区在养老服务资源配置层面存在问题，主体间资源配置的优势互补和协同合作不足。

（二）供需匹配：缺乏对老年人的需求识别，养老服务供给能力不强

1. 老年人多样化需求把握不到位

内蒙古自治区地域辽阔，占地面积118.3万平方千米，辖区内还拥有丰富的矿产、森林、湿地等自然资源。但是，内蒙古自治区农村牧区较多、自然条件较差，各个地区的经济发展水平有较大的差别，相应地，老年人的实际需求也有所不同，主要表现在以下几个方面。

首先，对于经济发展较为滞后的地区，老年人的养老需求未能得到基本的满足。目前，依然有很多农村、牧区缺少针对老年人的基础设施和活动场所的设置，老年人的晚年生活缺乏保障。由于农村地区的养老服务体系规模有限，加之部分民营养老机构费用较高，多数老年人还是选择居家养老。其次，养老服务的形式缺乏多样性。呼伦贝尔市探索的旅居养老模式满足了热爱旅游、乐于享受生活的老年群体的喜好，但是目前的旅居养老模式缺乏统一的服务规范，在服务体验上仍有待提升，且各地区合作尚未形成有效联动。最后，缺少对于老年人实际需求的调查。内蒙古部分城市已着手智慧养老模式的探索，如智慧平台的应用、失能老人多功能按摩床位等，然而，在实际运用过程中，虽然智慧平台确实加强了各主体间的

联系、提高了服务的效率以及质量，但部分智能产品如防止老年人走失的智能吊坠、多功能按摩床位等，因不符合老年人的实际需求且价格偏高，使用率并不理想。同时，受传统观念的影响，老年人对智慧养老产品的接受度也不高。在养老产品投入市场前，若未能充分调研老年人的实际需求，将导致资源浪费现象的发生。

2. 养老服务人才、资金投入不足

对于养老服务来说，投入的资金以及人才的数量，直接影响着养老服务的质量。内蒙古自治区目前对于养老服务的专业技术人才供应以及资金供应制度还未建立，大部分的养老机构都存在养老服务技术人才短缺与资金短缺的情况。

老年人是复杂且特殊的群体，家庭养老虽然能在情感上给予慰藉，但在提供专业化服务支持方面力不从心，尤其是对于失能失智的老年人，专业服务能显著提高其养老质量。目前，呼和浩特市大部分综合养老服务中心聘请的养老护理员年龄集中在40～50岁，如果后续年轻护理人员供给不足，那么服务人才短缺将成为制约养老服务长远发展的大问题。虽然内蒙古近年来已实施多项举措以加强养老服务专业人才队伍的建设，如加强养老服务企业与职业院校的合作、拓宽人才输送渠道、明确养老护理员等人才的技能评估标准等，但培训力度依然不够，人员数量与专业水平仍然不足，部分养老机构还存在护理员未经专业培训就上岗的现象。

同时，政府对于养老服务的资金投入力度有待加强。通过实际调查发现，内蒙古自治区对城市综合养老服务中心、养老机构等提供的资金支持与税收减免等政策优惠力度不够，大部分养老企业都是自行承担养老服务的风险。目前，我国为了减少养老压力，设置了多重养老保障措施，如基本养老保险、个人养老金及针对失能老人的长期护理保险等，以保障老年人的晚年生活质量，但由此累积的养老资金仍显匮乏，社会资本投入也不足，仅凭政府的力量难以达到理想效果。尤其是乡村养老服务设施的建设，更需专项资金的支持或其他行业的助力，但是目前社会和企业对养老行业的认识不足，养老行业的发展面临严重的资金困境。

3. 养老服务项目和内容供给单一

内蒙古自治区对老年人提供的养老服务内容包括助餐服务、助洁服务、助行服务和医疗护理等一系列基础服务。在设施方面，综合养老服务中心、农村互助养老幸福院等场所均配备了为老餐厅，为居住在养老机构内及周边的老人提供助餐、送餐服务。但是，内蒙古自治区为老年人提供的养老服务形式依然较为单一，缺乏多样性，主要体现在以下几个方面。

第一，为老年人提供的服务较为传统。对于居家社区养老服务来说，主要为老年人提供基本养老服务，如生活照料上的服务，缺乏针对老年人多样化需求的服务，如心理咨询、健康指导、文化娱乐等。居住在农村幸福院内的老人，虽然能享受到基础性的服务设施，如老年活动中心、理发室、医务室、老年食堂等，但娱乐性活动场所的缺失限制了老年人精神生活的丰富与多样性。

第二，养老服务人员专业技能有待提升。目前，大部分的养老机构对于需要进行康复治疗或失能失智的老人仅能提供基本的生活照料，而在专业化的技术支持方面存在明显不足，不利于老人身体健康的恢复与改善。

第三，老年人的个性化需求难以得到满足。每位老年人的需求都是不同的，单一的服务项目往往难以覆盖多样化的需求。特别是对于追求旅居养老模式的老年人来说，内蒙古现在的旅居养老模式还不够完善，而老年人对生活的质量和服务品质又有着较高的要求，所以内蒙古旅居养老模式在满足老年人的需求方面仍有很大的提升空间。

（三）服务质量：养老服务设施覆盖率不高，服务评估体系不完善

1. 农村医养结合不到位，设施建设标准化程度不高

2022 年，内蒙古自治区积极部署了农村养老服务提质增效、提档升级的任务，并选择了 4 个旗县作为试点。在《内蒙古自治区村级养老服务站建设运营指引》《内蒙古自治区农村牧区互助养老幸福院建设和运行管理办法（试行）》《内蒙古自治区苏木乡镇区域养老服务中心建设运营指引》的指引下，这 4 个旗县已按照统一的标准，完成了农村三级养老服务网络的建设。

此次提档升级，农村养老服务的改进主要体现在农村养老服务设施的适老化改造与区域养老服务中心的建立。但是，农村养老服务领域仍有很大的发展前景和亟待解决的挑战。

提档升级后的幸福院虽然设置了医疗卫生室，但医疗人员的紧缺问题依然突出。乡村医生需承担为整个村集体或多个幸福院提供服务的重任，这无疑加大了他们的工作压力。而在那些还未进行提档升级的幸福院，基础服务设施的建设尚不完善，与当地医院的合作也不够紧密。医院为老年人提供的免费坐诊服务较少，医养结合水平不高。对此，政府在加强农村幸福院与医疗机构联系方面缺乏相应的政策支持，同时也缺少智慧平台的支撑。此外，由于政府对农村养老服务的资金支持不到位，农村标准化的养老服务设施覆盖率较低，目前农村老年人享受到的养老服务质量不高。

2. 评估参与积极性不高，服务评估体系不完善

内蒙古自治区为了推动养老服务高质量发展，提升养老机构间的竞争力，2023 年先后发布了《内蒙古自治区居家社区养老服务机构等级评定办法（试行）》《内蒙古自治区养老机构等级评定实施细则》等政策文件，对居家社区养老服务、机构养老服务设定明确的服务评估准则。同时，委托具有评估资质的第三方机构对居家社区养老服务机构进行评定，通过评估的居家社区养老机构可以享受相应奖补政策，同时政府也将加大宣传力度，扩大机构的影响力度。但是，由于内蒙古对于居家社区养老服务机构评定等级、服务质量的评估发展较晚，目前尚存诸多问题，主要包括以下几个方面。

一是多主体参与评估而导致的沟通效率低、评定结果存在主观性影响等问题。内蒙古自治区发布的对于居家社区养老机构等级评定办法中，AAA 级的养老机构的评定由各盟市民政、财政部门负责，AAAA 级、AAAAA 级养老机构的评定由自治区民政厅、财政厅负责①。内蒙古各地区经济发展水平不同、养老基础存在差异，所以各盟市政府需要根据实际情况对属地的养老机

① 内蒙古自治区民政厅．关于印发《内蒙古自治区居家社区养老服务机构等级评定办法（试行）》的通知［EB/OL］.（2024－04－16）［2024－07－19］. https://mzt.nmg.gov.cn/zfxxgk/zc/xzgfxwj/yxwjk/202404/t20240416_2495450.html.

构进行等级评定，由此产生了评估主体的多样性、评估的主观性等问题。

二是第三方评估机构在养老服务质量评估中的参与程度不高。内蒙古采取的是自治区民政厅统一委托具有评估资质的第三方机构对居家社区养老机构进行评估，但是养老服务的评估不仅复杂，还与老年人的满意度、养老产业的发展有着密切的联系，所以养老服务评定机构责任重大。具有专业评定水准的第三方机构数量较少，评定结果总体质量不高。

三是养老服务评估的标准化体系建设不足。虽然现在内蒙古已经发布了居家社区养老服务机构、养老机构的等级评定办法，但是对于养老服务质量的具体评估标准依然不够精细化。同时，地方性规范和国家规范的衔接不够紧密，养老服务质量的评估标准依然不够明确，体系性和科学性有待提升。

四是专业化评估人才比较紧缺。目前，内蒙古自治区对于养老服务评估人才的培养力度不够。养老服务质量的评估有很高的专业要求，但是受养老服务评估业的薪资待遇较低以及养老服务评估专业化培训尚不健全等因素限制，专业化养老服务质量评估队伍严重短缺，从而导致养老服务质量的评估科学性不够、可持续性不强。

（四）监督管理：养老服务体系的监管机制不健全

1. 监管机构的缺位

养老服务监管的合理性与完备性，是确保提升服务质效，增强老年人满意度与认同感的关键所在。目前，我国缺少对于养老服务的独立监管机构，上下级政府对于养老服务的提供以及责任的划分也不清晰，导致了养老服务提供的低效率。内蒙古自治区人民政府在养老服务机构监管方面采取了一定措施，如每年定期组织养老机构对过去一年的养老服务情况进行汇报，涵盖从业人员资质、资金管理、运营秩序维护以及突发事件应对等各个维度。同时，政府还积极督促养老服务机构切实履行食品安全责任及机构自身的主体责任。但是，单凭政府对于整个养老服务体系进行监管，常出现监管不到位的情况。

在养老服务的提供过程中，常常强调政府的监管而忽视了行业自律及社会的监督作用。虽然政府对养老服务的质量监管承担着主要责任，但是养老服务体系庞大且复杂，政府难以承担全部的监管责任。内蒙古对于养老服务的监管发挥主要作用的还是政府，其他社会组织、服务机构或社会群体在很大程度上起到的监督作用相对有限。同时，农村养老服务参与主体较少，养老机构间的竞争性不强，社会监管难以真正地发挥作用，导致农村老人享受到的养老服务质量不高，多方主体协同监管养老服务的局面还没有形成。

2. 养老服务监管体系不完善

我国在2020年出台了《国务院办公厅关于建立健全养老服务综合监管制度促进养老服务高质量发展的意见》，对养老服务从明确监管重点、落实监管责任、创新监管方式和加强保障与落实四个方面进行了具体说明。其中，在创新监管方式中强调了对于加强各部门协同监管的重要性。为认真贯彻落实党中央、国务院关于养老服务监管的决策部署，内蒙古自治区于2021年发布了《关于建立健全养老服务综合监管制度促进养老服务高质量发展的若干措施》，并对综合监管机制不完善、监管形式单一等问题制定了相应的解决措施①。

首先，《关于建立健全养老服务综合监管制度促进养老服务高质量发展的若干措施》中对养老服务中的监管对象和内容作出了明确指示，同时强调了政府应当进一步落实各部门的监管职责，加强各部门对养老服务的协同治理。但是，目前内蒙古养老服务的监管方式依然较为单一，大数据对于养老服务的监管探索性不足。以政府为主体的监管方式难以适应养老服务的快速发展。同时，由于养老服务的复杂性与多样性，更需要“互联网+监管”模式的支持。其次，养老服务层面的法律法规制度不健全，养老服务的系统性政策规范、完善的法治环境还没有形成。由于对居家养老服务机构、养老机构的法律法规建设滞后，政府部门或其他组织在对养老服务进行监管的过程中缺乏依据。最后，对于养老服务的监管主要集中于对老人安全方面的监管而忽视了其他内容的监管。政府对养老服务的监管重点放在了对食品安全、

① 内蒙古自治区民政厅．内蒙古关于建立健全养老服务综合监管制度促进养老服务高质量发展若干措施政策解读［EB/OL］．（2022－06－24）［2024－08－01］．https://mzt.nmg.gov.cn/zfxxgk/fdzdgknr/zcjd/202206/t20220624_2077055.html.

医疗机构依法执业资格监督管理和服务质量等安全层面的监管，对于养老机构运营秩序及资金管理层面的监管有所欠缺。虽然在推动养老服务高质量发展的过程中，针对老人的安全监管是最为重要的，但是为了养老服务能够持续性发展，政府部门对养老服务各个层面的监管需要多点发力。

（五）智能化建设：智慧养老服务技术运用水平不高

1. 智能化产品适老化程度较低

内蒙古自治区积极探索智慧养老模式，目前已经取得若干成果，如针对内蒙古牧区推出的智慧养老服务网络、包头市的“1 + N”智慧社区居家养老一体化指挥调度中心等各类平台以及防摔倒报警器、防走失吊坠等适老化产品，内蒙古的养老服务质量稳步提升。但是，由于智能化产品是运用先进的理念与技术生产的，而老年人群体存在对数字化产品接受度较低、适应能力差的情况，使得智能化产品在老年人的生活中使用率较低。

第一，老年人的传统养老观念与新型养老方式相矛盾。受传统“孝文化”、网络流言的影响，大多数老年人对于市场化的养老方式的接受度和智慧化养老的认可度都不高。近年来，内蒙古自治区也在通过各种方式加强对于多样化养老方式的宣传，但是智能化产品的应用需要智慧养老大背景的支持，而老年人对于智慧养老的认可度直接影响着老年人对于智能化产品的接受度。同时，政府对于智慧养老的宣传力度不够以及缺乏相应的政策引领，使智能化养老产品的发展和推广存在一定的困难。

第二，智能化产品对老年人的要求过高。养老服务的发展水平与地区的经济发展水平、老人的需求等诸多因素有关，内蒙古许多城市的养老机构、居家社区养老服务中心的智慧养老平台已经逐渐发展完善，但是农村牧区近年来才开始大力发展和建设智慧养老平台。同时，由于一些地区低收入的老年人居多，对成本较高的智能产品接受度不高。并且，一些接收失能失智老人的养老机构表示，部分适老化产品如智能按摩床、智能手环等产品达不到专业护理人员的服务效果，许多高昂的适老化设备在引进后只能被闲置。有些智能化产品不仅不能真正解决老年人的问题、满足老年人的需求，反而为老年人增添了许多烦恼。一些智能化产品在投入市场前，对老年人的需求调研不足，间接影响了老年人的产品体验感。

2. 智慧平台标准化体系建设不健全

近年来，内蒙古积极推进智慧养老平台建设，推广智慧养老服务模式。2022年，颁布《内蒙古自治区养老服务条例》，并将智慧养老写进法规，同年颁布实施的《关于促进养老产业加快发展的若干政策措施》也指出对于实施智慧养老的企业和项目给予一定的支持①。同时，内蒙古在2021年就开始实施居家社区养老服务信息平台的建设，截至2023年，已经有10个盟市建设了养老服务综合管理平台，实现了老年人的个人需求与养老机构间的有效对接，提升了养老服务的质量。但是，目前内蒙古仍然缺乏对于智慧养老平台的标准化建设规范，各地建设的综合养老服务平台标准不一，对于大数据、人工智能以及服务流程等内容的规定不明确。

从总体来看，内蒙古自治区对于智慧养老平台的实际应用不仅使部分老年人享受到了智慧养老的福利，还实现了主体间供需的精准对接与信息监测。同时，内蒙古自治区将智慧养老信息平台与老年人助餐服务相结合，切实解决了养老机构内部及附近老年人的就餐问题。但是，在实际运行过程中，政府通过向综合养老服务中心购买老年人服务的方式，导致对老年人个人信息及服务需求等关键信息的获取渠道被割裂，进而引发了对老年人实际需求了解不到位及资源浪费等问题。此外，由于各个智慧平台的体系建设没有设定统一标准，政府在进行养老服务质量评估、服务资格认定等方面存在评估不准确、标准不统一的问题，给养老服务资源的整合造成一定的阻碍。

三、推进养老服务高质量发展的政策建议

近年来，内蒙古自治区加强对养老服务的实践探索，因地制宜地发展出了多样化的养老服务模式。养老服务法律法规建设进一步完善，多元主体协同发展的格局已初步形成。智慧养老平台的建设，不仅强化了居家、社区与机构养老之间的互联互通，还极大地提升了养老服务的便捷性和效率。同时，

① 中华人民共和国民政部．内蒙古积极推进智慧养老建设[EB/OL].（2023－10－20）[2024－07－19]. https://www.mca.gov.cn/n1288/n1290/n1318/c1662004999979995516/content.html.

农村地区的养老服务也得到了显著改善，专业人才队伍持续壮大，为老年人提供了更加全面、专业的服务。在内蒙古自治区人民政府的积极引导下，市场与社会组织纷纷投身养老事业与养老产业的发展，共同推动养老服务质量的提升。这一系列努力，使得老年人的晚年生活更加幸福、安全。党的二十大报告和党的二十届三中全会公报对养老服务提出了新的具体要求，应从以下几个方面进一步完善养老服务体系建设，推动养老服务高质量发展。

（一）强化主体协同，构建系统化、一体化的协作运营机制

1. 明确主体责任，发挥政府协同领导力

养老服务模式不同，主体间的协同合作方式也是有所差别的。对此，需要进一步明确不同主体的基本责任，同时发挥政府的协同领导力，加强同市场、社会组织间的密切合作，构建系统化、一体化的协同合作机制，提升协同治理效能。

一是要提升政府协同领导力。在养老服务的供给过程中，仅依靠政府的力量是远远不够的，需要多元主体的协同支持。近年来，内蒙古民政厅提出要积极发挥市场、社会组织在养老服务中的作用，将老年餐厅或养老服务机构交给第三方组织运营，从而更好地满足老年人多样化的需求，减轻政府的压力，同时还能进一步解决就业问题，激活要素市场与服务市场。在居家社区养老服务层面，需要进一步加强政府的监管力度，优化养老服务设施供给，做好政策支持与引导，促进社区、机构与家庭间的紧密联系；在农村牧区养老层面，加强资金支持力度，制定激励政策吸引社会主体的参与，同时制定标准化的养老服务评估流程、监管政策，推动农村养老服务体系高质量发展。

二是要构建主体间的协同合作关系，明确各主体责任。首先，加强综合养老服务中心与社区间的联系，提高社区的信息支持能力。政府需要进一步扩大对综合养老服务中心的宣传力度，加强社区服务人员与养老机构间的沟通，消除信息障碍，增强老年人对养老服务机构的信任感。其次，进一步明确各级政府间的职责，加强资源整合力度。以呼和浩特市居家社区综合养老服务中心为例，政府应当进一步细化养老服务购买政策，加强与养老机构的联系，从而及时感知老年人需求的变化并对政策做出调整与优化；同时应明

确界定呼和浩特市政府与旗、县、区政府间的责任边界，提高资源利用率。最后，构建科学、高效的协同合作网络机制。在进一步明确主体间的责任关系后，督促各主体在养老服务中各司其职，加强合作，为老年人提供更高质、高效的服务保障。

2. 建立激励制度，提高市场、社会组织在养老服务中的参与度

近年来，内蒙古老年人口数量不断增长、人口老龄化程度进一步加剧，老年人的养老问题成了重大民生问题，促进社会组织积极投身养老服务行业至关重要。但是养老服务事业是一项复杂且艰巨的长期性工程，许多养老机构对于加入养老服务行业的积极性并不高。政府需要进一步发挥政策引领作用，建立有效竞争的养老服务市场，从而充分发挥各主体在养老服务中的作用。

第一，政府应着力完善养老服务市场的准入机制，为企业、社会组织及个人投身养老服务领域提供强有力的支持。放宽市场准入条件，激发社会力量的活力，同时加强监管，确保养老服务机构能够公平、有序地参与市场竞争。第二，政府应出台一系列养老服务的优惠政策，如税收减免、专项补贴等，以减轻养老机构的运营负担。当前，内蒙古的养老机构虽已按国家规定缴纳相关税额，但面对老年人日益多样化的服务需求，资金保障显得尤为重要。因此，完善的优惠政策不仅能吸引更多市场和社会组织的参与，还能为农村地区养老服务的提升提供有力支持。政府应进一步加大农村养老补贴的投入，优化养老机构的运营环境，并优先保障经济困难的失能、孤寡老人的养老服务需求。第三，培养个人与社会组织的社会责任感是提升养老服务质量的关键。志愿者组织对于提高养老服务水平、缓解社会压力以及增强老年人的社会归属感具有不可替代的作用。因此，政府应加强对个人与社会组织的责任感培育和教育，鼓励和支持志愿者组织的积极参与，为构建更加完善的养老服务体系提供坚实的人才保障。

3. 优化资源配置，充分发挥供给主体在农村养老服务中的作用

资源配置的均衡性发展体现在两大方面：一是资源在农村与城市间的合理配置，二是不同主体间资源的均衡分配。农村养老服务作为养老服务体系

中的薄弱环节，其快速发展离不开多元主体的积极参与。这些主体的加入，不仅为农村养老服务注入了丰富的人才、资金和技术资源，还有效缩小了城乡养老服务之间的差距。内蒙古自治区在致力于城市养老服务发展的同时，也积极推动农村及牧区养老服务的发展。据统计，截至2023年，全区已建成农村互助养老幸福院1643所，惠及6.4万名农村老年人，平均入住率达95%以上；同时，已建成7所牧区养老园区，入住老年人3000余名，入住率100%，另有两处牧区养老园区正在建设中，预计建成后将进一步扩大老年人的入住规模①。

为进一步加快农村养老服务的发展，需从以下三方面着手。首先，要提升多元主体在农村养老服务中的参与度。当前，农村养老服务正紧跟城市步伐，以满足老年人多元化需求为目标，不断完善助餐、助乐、助洁等“六助”服务体系，并初步建立了智慧养老服务平台。只有充分撬动市场与社会组织在农村养老服务中的投入，才能激发农村的内生动力，更好地满足老年人的养老需求。其次，要进一步加强农村牧区的养老服务设施建设。政府应加大对农村养老服务资金的投入，推进设施设备的适老化改造，为老年人营造一个舒适、安全的养老环境。最后，要加强农村养老与医疗机构间的紧密协作。鉴于老年人易发突发性疾病，为能快速准确地获取老人身体情况等个人信息，幸福院或养老园区内应设置基本的医疗组织，并将老年人信息及时纳入智慧养老平台。医疗与康养的深度融合，不仅能进一步保障老年人的身体健康，还能为农村养老服务的高质量发展奠定坚实基础。

（二）增强供需适配，健全精准化、多元化的服务供给体系

1. 强调对老年人有效需求的实际调查

马斯洛需求层次理论将人类需求由低级到高级划分为生存、安全、社交、尊重和自我实现五大层级，这一框架同样适用于解析老年人多样化的需求结构。老年人对于服务及产品的需求程度与自身的年龄层次、收入水平、健康

---

① 内蒙古自治区民政厅．关于对《农村养老服务的建议》(117号)答复[EB/OL]．(2023-06-26)[2024-07-20]．https://mzt.nmg.gov.cn/zfxxgk/fdzdgknr/rdjy/202306/t20230626_2337165.html.

情况等多方面有着一定的联系，准确把握老年人的实际需求是推进养老服务发展的重要前提①。

老年人的需求可细分为普遍性需求与个性化需求两类，因此在提供养老服务时，必须深化对老年人需求的实地调研，确保及时、精确地捕捉其服务需求，从而提升服务质量和效率。这要求采用多样化的调研手段，强化调研力度，结合政府与机构的双重力量，全面、迅速地收集老年人信息，最大限度地减少因信息不全或信息缺失而导致的偏差。同时，应设定合理的调研频次，充分发挥各参与主体的作用，借助智慧信息平台的高效与灵活性，定期对老年人进行全面深入的需求调研，全方位洞悉其真实需求。

内蒙古自治区在养老服务中坚守兜底性保障原则，确保特困、低保、高龄、失能等老年群体的基本生存与安全需求得到满足，并在此基础上，加强对有更高层次需求的老年人的社交、尊重及自我实现需求的供给。在进行需求调研的同时，构建老年人主动反馈需求的机制，以更精准、高效地捕捉需求变化。老年人可通过线上（如使用手机应用）或线下（直接向社区工作人员反馈）渠道表达个人需求或意见，实现服务供给与需求之间的精准对接与动态平衡。

2. 加大养老服务专业人才及养老资金的投入

对于内蒙古自治区而言，养老服务事业在人才、资金和技术三大核心资源上的持续投入不足，已成为阻碍其进一步发展的主要因素。鉴于养老服务事业的长期发展离不开充足的资源保障，内蒙古自治区亟须深化资源优化配置，为养老服务的高质量发展注入强劲动力。

在人才资源方面，当务之急是打造一支全方位、多层次、可持续的养老服务人才队伍。一是政府应加大力度引导年轻人投身养老服务行业，具体措施包括制定一系列就业创业扶持政策，增加实习岗位，以此通过政策杠杆有效吸引并留住青年才俊。二是完善薪酬保障政策，提升养老护理人员的收入水平，同时加强社会对这一职业的认可，打破传统偏见，重塑职业尊严。三

① 李旻，董邦国．供需匹配视角下社区康养服务的发展路径［J］．云南民族大学学报（哲学社会科学版），2024，41（4）：88－94.

是建立科学化的培训体系，培养既具备管理能力又精通养老知识的综合性服务人才，涵盖护理常识、机构运营、平台设计与应用等多个方面。通过多样化的培训与招聘政策，全面提升养老服务队伍的专业素养，形成一支结构合理、职责明确的养老服务人才团队。

资金资源方面，内蒙古需加大对城市与农村养老服务的投资力度，尤其是强化农村养老服务设施供给。积极推动市场、社会组织等多方力量参与资金投入，同时紧密结合乡村振兴战略，依托农村集体经济，推动养老服务与乡村振兴的协同发展。整合政府资金，合理利用闲置资源，科学规划养老服务设施。改革并完善多层次养老保险制度，强化养老保险基金的投资运营，提升资金收益，为养老服务的长远发展开辟多元化的资源筹集渠道。

3. 促进养老服务项目及内容的多样化发展

2022 年 9 月，内蒙古自治区党委办公厅、政府办公厅印发《关于加强基本养老服务体系建设的实施方案》，同时发布《内蒙古自治区基本养老服务清单》明确对老年人基本养老服务应提供的项目和内容①。2023 年 5 月 21 日，中共中央办公厅、国务院办公厅印发了《关于推进基本养老服务体系建设的意见》，2024 年 1 月 15 日，国务院办公厅印发了《关于发展银发经济增进老年人福祉的意见》，两项意见再次强调了提供基本养老服务的重要性，同时对如何进一步推进基本养老服务建设、满足老年人多样化的需求作出了明确指示②。

在推进城市与农村基本养老服务的过程中，内蒙古自治区需不断拓宽养老服务项目与内容的广度与深度。一是针对具有个性化需求的老年人，应精心设计与之相契合的养老服务项目，特别是在旅居养老领域，通过特色化服务，让老年人享受到自然风光与人文风情，体验到高品质的养老服务。二是针对拥有多样化需求的老年人群体，则需提供丰富多样的养老选择，如综合养老服务中心、老年公寓等，确保老年人能够根据自身需求与经济条件，寻

① 内蒙古自治区民政厅．对自治区政协十三届二次会议第 0934 号提案的答复[EB/OL].(2024-07-19)[2024-07-21]. https://mzt.nmg.gov.cn/zfxxgk/fdzdgknr/zxta/202407/t20240719_2544855.html.

② 何阳，娄成武．适老化转型、基本养老服务供给与服务型政府建设——基于建立精准服务主动响应机制的思考[J]．贵州师范大学学报(社会科学版),2024(2):46-57.

求最适合的养老环境。三是针对失能、失智等需要专业护理的老年人，应提供专业化、便捷化的服务。不仅需要强化居家社区综合养老服务中心的服务能力与质量，还应加大对专业护理人员的技能培训力度，提升服务水平。另外，扩展社区嵌入式服务的覆盖范围，定期为老年人提供心理健康咨询与支持，实现养老服务内容与项目的多元化与精细化发展。

（三）提升养老服务质量，建立客观化、规范化的服务评估体系

1. 实施医养有机结合，拓宽标准化基础设施覆盖面

内蒙古为推动农村养老服务的发展，积极探索并创新了农村幸福院互助养老模式，这一实践为农村养老服务体系的建设积累了宝贵经验。要实现农村养老服务的持续进步，必须建立在良好的医疗与康养环境之上，不断优化老年人的居住环境，并强化社会保障体系，以确保老年人能够享受更加幸福安康的晚年生活。

在深化农村医养结合方面，首先，强化县级医院与乡镇卫生院的服务能力。鉴于农村养老服务的属地管理特性，政府应发挥协同引领作用，促进医疗机构与农村幸福院的紧密合作，为老年人提供全方位、高质量的医疗服务。这包括加强对老年慢性病患者的健康管理，提高专家下乡服务的频次，以及完善对慢性病老人和失能失智老人的治疗、护理及康复服务。其次，政府需加大对农村老年人的补贴力度，通过政府购买服务的方式，加强老年人的健康体检和重大疾病早期筛查①，构建完善的健康监测与疾病预防控制体系。最后，加大对农村地区医疗卫生资源与人力资源的投入，完善医疗卫生体制，强化医疗基础设施建设，拓展医疗康养功能，全面推动农村医养结合服务体系的建设。

在标准化基础设施建设方面，内蒙古需拓宽资金筹措渠道，加强政府与社会组织的合作，利用市场机制，发挥各方协同作用。鼓励地方发挥主观能动性，依托集体产业的力量，推动农村养老服务的发展，改善基础设施条件。

① 郑吉友．农村医养结合型养老服务政策的演进逻辑［J］．河北经贸大学学报，2024，45（4）：22－32.

同时，加强政策引导，提高资源整合效率，推进养老服务机构的标准化建设，进一步扩大农村标准化养老服务设施的覆盖面，为老年人提供更加优质、便捷的养老服务。

2. 提升主体参与积极性，建立养老服务质量评估体系

强化老年人服务质量的评估机制，不仅是保障老年人权益的重要举措，也是积极应对人口老龄化国家战略、推进中国式现代化的关键支撑。当前，内蒙古在养老服务质量评估领域尚处于建设和完善阶段，面对评估结果不明确、第三方评估机构参与积极性不高、评估标准化程度低及专业人才匮乏等挑战，可采取以下措施加以解决。

第一，明确地方评估标准，提升评估效能。确立统一的养老服务质量评估标准，增强 AAAA 级、AAAAA 级养老机构评估的客观性，并确保旗县级评估标准与自治区标准的有效衔接。通过设定明确的评估目标、实施科学的评估人员培训、构建有效的反馈机制，以及运用大数据技术等方式提升评估的科学性与客观性，全面提高评估效率。第二，建立激励机制，激发第三方评估机构的积极性。应培养第三方评估机构的社会责任感，明确评估工作的价值，同时提升其市场竞争力与行业认可度。第三，确立评估标准，构建精细化评估体系。综合考虑地区经济发展水平、老年人口数量及服务需求等因素，设定评估指标及权重，制定科学适用的评估标准。评估过程中，结合实际情况灵活调整评估项目或指标，并加强标准化评估流程的保障，加强第三方评估机构的专业化建设，确保评估的公正与权威。第四，加大培训力度，培育专业评估人才。需加强养老服务评估领域专业人才的培养，完善人才培养机制，提升行业薪酬水平，为养老服务行业的持续发展储备高素质人才。

（四）细化监督体系，制定多层次的监督管理机制

1. 加强养老服务协同监管

强化养老服务供给中的主体监管与流程监管，对于维护老年人权益及提升服务质量至关重要。内蒙古自治区在养老服务中实施了线上线下融合的双重监管模式，政府在此过程中扮演着核心监管角色。为推动养老服务监管体系的持续优化，需深化多元主体参与，并实现对养老服务全面、全过程的

监管。

养老服务的持续发展离不开政府的有力支持，政府需承担主要的监管责任，同时加强对社会组织与个人的统筹引导，鼓励多元主体共建养老服务监管体系。首先，根据地区养老服务发展特色，实施属地分级分类管理，降低政府监管成本，增强养老服务机构与社会力量的监管参与度，共同构建全面协同的监管网络。其次，为促进主体间的有效协同，需遵循民政部指导，建立以信用监管为基础、重点监管为补充的监管机制，强化行业监管部门与综合监管部门的协同配合。再次，还应改变传统监管理念，发展多主体协同监管方式，构建完善的综合监管协调合作机制，实现对养老服务机构的全方位、全链条、全流程监管①。最后，需创新监管手段，借助"互联网+养老服务"模式，引入大数据监管与视频监管技术，解决人力监管的成本问题。通过构建养老服务综合监管指挥中心，实现远程智能动态监控。

2. 完善养老服务监管体系

构建健全的综合监管制度，是推动养老服务监管体制向立体化、体系化发展的关键所在。这不仅要求主体间紧密协同，还需创新监管形式、完善法律法规体系、健全政策制度体系，并明确监管内容与职责分工。

一是建立综合协同监管制度。政府层面，需进一步强化信息公开机制，确保老年人与政府间沟通顺畅，及时响应个人需求与问题。社会层面，应充分利用媒体与行业协会的监督力量，借助社会舆论推动全过程监督体系的建立；同时，设立独立的监管机构，专注于养老服务资金运用、合同履行情况的监督，以提升监管效能②。二是完善养老领域的法律法规体系。建立全面系统的政策规范，营造有法可依、有章可循的法治环境。并构建养老服务监管绩效评价体系，严格把控监管质量，确保养老服务的高标准执行。三是保障老年人安全的同时，还需加强对养老服务运营秩序与资金管理的监管。遵循民政部要求，全面加强对养老机构在消防、食品、医疗卫生等方面的监管，

---

① 魏宇."十四五"时期我国养老服务模式的创新战略探讨[J].西南金融,2021(5):17-28.

② 章炎,张文洁,胡子超.社区养老服务驿站政府监管问题研究——基于北京市M街道的案例分析[J].中国行政管理,2023,39(12):103-109.

通过专项行动与规范设施建设，筑牢养老服务的安全防线。内蒙古自治区近年来在农村消防安全方面的努力，如户内水冲厕所改造、清洁能源供暖改造等，正是强化养老服务安全源头管控的生动实践。另外，针对养老服务的日常运营及资金管理，需明确运营准则，规范养老机构的服务购买与收费行为，并加强对政府资金的监督管理。通过详细记录资金收取、使用、管理等流程，推动养老服务监管体制的标准化、规范化发展，确保养老服务在法治轨道上稳健前行。

（五）推动科技赋能，创新智能化、专业化的养老服务技术

1. 完善智能产品的适老化设计，提升智能产品的使用体验感

智慧养老，作为一个涵盖智慧平台建设与智能产品研发的广泛领域，在大数据与互联网信息技术的驱动下，正逐步成为老年人“享老”的必然选择。扩大智慧养老的覆盖范围，对提升老年人的生活质量来说必不可少。

一是转变老年人对养老的传统认知，积极推广智慧养老模式。鉴于老年人群体的特殊性，要有效推广智慧养老及其智能产品，必须先从加强智慧养老理念的宣传入手，并不断完善智慧养老产品的供给体系，促进养老与信息技术的有机融合。让老年人在感受智能产品为生活带来便利的同时，逐步提高对于智慧养老的接受度。同时加强政府引导，发挥智慧养老优势，促进资源优化配置，优化养老产业发展环境，促进智慧养老产品供给工程、智慧养老应用工程与智慧养老服务推广工程三项工程的有效实施和应用[①]。

二是加强养老服务产品的适老化设计，确保老年人在养老过程中畅通无阻。智能产品的适老化设计不仅需要面向居住在养老服务中心或机构的老年人，更需覆盖所有对智能产品有需求的老年群体。因此，在智能产品的设计层面，一方面，需以老年人的实际需求为导向，加强产品的供需适配。例如，研发具有大字体、高音量等关怀模式的智能手机、电子血压计等产品，以适应老年人的使用习惯。同时，对老年人的居住环境进行适老化设计，如为需

---

① 中国政府网．智慧健康养老产业发展行动计划（2021—2025 年）[EB/OL].（2021-10-23）[2024-07-26]. https://www.gov.cn/zhengce/zhengceku/2021-10/23/5644434/files/29b1f7a8324b40aa81968881ac3a0da8.pdf.

要助餐服务的老年人简化商品选择与下单流程，为需要定期身体检查的老年人设置便捷的挂号与问诊通道，以及建立老年人信息反馈机制。产品开发方应根据老年人的反馈，持续优化智能产品的适老化设计，提升产品的使用体验，增强智慧养老在生活中的普及度和便捷性。另一方面，需提升老年人的数字技能，帮助他们更好地融入互联网信息时代，跨越数字鸿沟[①]。这不仅需要志愿者或社区服务人员的耐心培训，还需要家庭成员的积极参与，从内部消除老年人使用智能产品的障碍，共同推动智慧养老的深入发展。

2. 创新养老服务模式，健全智慧平台体系的建设

智慧平台的建立，是连接老年人与各养老服务主体之间的桥梁，它能精准捕捉并响应老年人的需求信息，通过大数据建模、回归分析等先进数理统计手段，实现对老年人需求的深度洞察与精准定位。因此，智慧养老平台的建立对于实现养老服务的高质量发展具有重要的推动作用。

为加速智慧养老的发展，政府亟须明确并制定智慧养老平台建设的标准与规范，构建统一的平台与运营体系。首先，智慧养老平台在建设时需要按照省级的标准，设置养老大数据可视化系统、老龄动态数据库系统、机构运营监管系统、社区和居家养老服务管理系统、助餐服务系统、志愿者管理系统等多个基本系统模块[②]，以此破解因地区标准差异而引发的老年人数据无法对接、服务资格认定不标准等问题。其次，以运营较为成熟完善的智慧养老平台为引领，建立行业运营标准，促进各地政府间的信息交流，分享建设经验，引领智慧养老行业的整体进步。再次，加强对智慧养老平台的后续管理，通过设立激励机制，表彰并补贴运营较好的企业或机构，同时加大宣传力度，激发智慧养老企业的良性竞争与成长动力。最后，完善智慧养老平台的配套运营机制，智慧养老的本质是服务于老年人，只有平台标准持续优化、服务形式不断创新，才能吸引老年人主动选择智慧养老服务。为此，政府需扮演桥梁角色，强化与居家、社区、机构之间的联动机制。

① 张京唐，芮国强．大数据驱动的智慧健康养老：现实表征、内在要素与优化路径［J］．湖南社会科学，2023（5）：132－141.

② 肖菲．智慧养老服务平台市场化运营瓶颈及策略研究——基于湖北省的调查［J］．湖北社会科学，2022（5）：64－70.

总体来看，内蒙古自治区在养老服务模式的探索上展现出鲜明的地方特色，依据人口分布与经济水平，创新出多元化的养老服务模式。在城市，集社区、居家、机构养老于一体的综合养老服务中心迅速崛起；而在农村牧区，则广泛推广符合当地实际的幸福院互助养老模式及养老园区发展模式。智慧养老模式与各类养老模式深度融合，为养老服务的发展注入了新的活力。未来内蒙古将进一步按照党中央关于实施积极应对人口老龄化国家战略的要求，推动基本养老服务的发展，实现老年人养老需求与供给的有效适配，同时加强主体间的协同合作，通过数字化和数智化的发展，助力资源整合与信息共享，并以保障民生、改善民生为根本目标，促进内蒙古养老服务的高质量发展。

报告七　提升公共就业服务质量研究

韩　慧[①]

一、面向重点人群的就业服务

内蒙古自治区作为中国重要的少数民族聚居区和资源大省，其经济发展具有独特的区域性和民族性特征。近年来，随着全国经济转型和产业结构调整，内蒙古的就业形势也面临诸多挑战。尤其是在全球经济不确定性增加、区域经济发展不平衡的背景下，如何保障重点人群的就业，成为内蒙古社会稳定和经济发展的重要议题。

当前，重点人群主要包括大学毕业生、农牧民工、失业人员、少数民族群体和退役军人等。这些群体由于社会背景、教育水平、技能储备等方面的差异，面临着不同的就业难题。大学毕业生在求职过程中常遇到就业岗位与专业不匹配的问题；农牧民工则因劳动技能不足，难以在城市中找到稳定的工作；失业人员因年龄或技能单一，重新就业困难重重；少数民族群体在求职过程中可能因语言、文化等方面的差异，面临更多障碍；退役军人则在从军队转向地方就业时，需要克服职业技能转换的难题。

（一）内蒙古重点人群就业现状分析

1. 大学毕业生就业现状

大学毕业生在求职过程中，面临着就业市场竞争激烈、岗位供需错配等诸多挑战。据统计，近年来内蒙古大学毕业生的就业率逐渐下降，尤其是在非一线城市的高校，毕业生就业压力较大。毕业生在求职时，往往难以找到

---

① 韩慧，内蒙古大学公共管理学院讲师。

与自己专业对口的工作，导致不少人被迫选择低端或非专业岗位。此外，内蒙古的产业结构相对单一，现代服务业和高科技产业的发展不足，无法提供足够的优质就业岗位。这使得一些高学历毕业生选择到其他省份工作，加剧了本地人才的流失问题。

2. 农牧民工就业现状

农牧民工主要集中在建筑、制造、服务业等低技能行业领域，工作条件相对艰苦，收入水平较低。由于农牧民工大多缺乏职业技能培训，他们在求职过程中面临较大的竞争压力。此外，农牧民工的社会保障水平较低，许多人在工作过程中缺乏基本的劳动保护，导致工作不稳定，频繁更换工作岗位。在内蒙古的农村牧区，经济发展相对滞后，农牧民工缺乏本地就业机会，许多人不得不外出务工，这给家庭和社会稳定也带来了不小的挑战。

3. 失业人员就业现状

失业人员主要包括产业转型中失去工作的中年工人、企业裁员的员工以及返乡的农民工。随着传统产业的衰退和现代产业的崛起，许多中年工人因缺乏新的职业技能而难以重新就业。他们面临的挑战不仅是职业技能的欠缺，还有年龄偏大、社会适应能力下降等问题。政府为失业人员提供了一些再就业培训和就业推荐服务，但效果并不显著。许多失业人员对重新就业的前景持悲观态度，心理压力较大，这进一步影响了他们的再就业能力。

4. 少数民族就业现状

内蒙古的少数民族，特别是蒙古族，在就业方面面临独特的挑战。首先是语言障碍，部分蒙古族人员在求职时因汉语不流利而难以找到合适的工作。其次，文化差异也使得少数民族群体融入企业文化时面临困难，职业发展受限。此外，内蒙古的少数民族多集中在农村牧区，这些地区经济发展相对落后，就业机会较少。这些因素共同导致了少数民族群体在就业市场上的弱势地位。

5. 退役军人就业现状

退役军人是内蒙古就业服务中需要重点关注的群体之一。由于军人职业的特殊性，许多退役军人在转业后面临职业技能转换的困难，难以快速适应地方就业市场的需求。虽然政府出台了一系列优惠政策，如退役军人安置、职业培训等，但在实际操作中，仍然存在不少问题。一些退役军人对地方工作的适应性较差，缺乏市场化的就业技能，再加上就业服务的专业化水平不足，导致他们在就业过程中遇到较多困难。

（二）内蒙古重点人群就业服务的现有措施

1. 大学毕业生

为缓解大学毕业生的就业压力，内蒙古自治区人民政府和高校采取了多种措施。首先，推行就业见习和实习计划项目，通过校企合作，帮助大学生提前了解职场，积累工作经验。其次，政府提供创业支持，如创业贷款、税收减免等，鼓励大学生自主创业。此外，各大高校还设立了职业指导中心，定期举办招聘会，为毕业生和用人单位搭建交流平台。然而，这些措施的覆盖面和实效性仍需提升，尤其是在偏远地区的高校，学生的就业服务资源相对匮乏。

2. 农牧民工

针对农牧民工的就业服务，内蒙古各级政府重点提供了职业技能培训和就业信息服务。职业技能培训主要集中在建筑、制造、服务等行业，帮助农牧民工提高职业技能，增强就业竞争力。同时，各地还搭建了就业信息发布平台，通过互联网和移动通信技术，向农牧民工推送最新的招聘信息。此外，政府还为农牧民工提供法律援助，帮助他们维护劳动权益。然而，这些服务的效果在不同地区和农牧民工个体间存在差异。一些农牧民工由于文化水平低，难以充分利用这些服务资源。

3. 失业人员

内蒙古对失业人员的再就业服务包括失业保险、职业培训和公益性岗位安置等。失业保险为失业人员提供了基本的生活保障，缓解了他们的经济压力。职业培训项目则帮助失业人员掌握新的职业技能，提高就业竞争力。对于长期失业和就业困难人员，政府还提供了公益性岗位安置，如社区服务、保洁等工作，帮助他们重新融入职场。然而，这些再就业服务在实施过程中面临一些挑战，如培训内容与市场需求不匹配、公益性岗位的就业稳定性不足等。

4. 少数民族

内蒙古自治区针对少数民族的就业服务采取了多项扶持政策。首先，专项就业扶持资金，政府设立了专项资金用于支持少数民族群体的就业创业。其次，政府提供少数民族语言培训，帮助他们克服语言障碍，更好地融入城市职场。此外，政府还支持发展民族特色产业，如民族手工艺品制作、旅游服务等，创造更多的本地就业机会。然而，这些政策的实施效果存在一定的地区差异，一些偏远地区的少数民族仍然面临较大的就业压力。

5. 退役军人

内蒙古为退役军人提供了多种就业安置政策，包括优先录用、职业培训和创业支持等。在安置政策方面，政府规定部分公职岗位和国有企业职位优先录用退役军人。此外，政府还为退役军人提供职业转型培训，帮助他们掌握新的职业技能，顺利转型为地方劳动力市场的一员。对于有创业意愿的退役军人，政府提供创业资金支持和税收优惠政策。尽管这些措施在一定程度上帮助了退役军人就业，但在实际操作中仍然面临资源不足、政策落实不到位等问题。

（三）内蒙古重点人群就业服务面临的挑战

1. 服务覆盖不均

内蒙古辽阔的地域特征导致偏远农村牧区公共就业服务难以全面覆盖。农牧民工和少数民族群体因地理位置偏远，难以及时获取就业信息和服务，加剧了城乡就业差距，使这些群体在就业竞争中处于劣势。

2. 服务质量待提升

尽管内蒙古致力于提升就业服务质量，但专业化水平仍有待加强。部分就业服务机构工作人员缺乏专业指导能力，难以提供个性化的就业咨询和精准推荐。同时，信息化程度不足，导致就业信息传递不及时、不准确，造成信息不对称。

3. 政策执行乏力

在实施就业政策过程中，内蒙古面临执行力不强的困境。基层就业服务机构因资金、人员短缺，难以有效落实上级政策。政策执行过程中出现变形或打折现象，影响政策效果。监督机制不健全，进一步阻碍了政策的落实和推广。

4. 语言文化障碍

内蒙古少数民族群体在就业中面临语言和文化差异的挑战。年长群体汉语水平有限，接受就业服务和培训时存在语言障碍。文化差异导致少数民族群体在企业环境中难以融入，影响职业发展。这些问题需在就业服务设计中予以充分重视。

5. 技能与市场需求不匹配

随着内蒙古传统产业转型升级，新兴产业对劳动力技能要求提高。失业人员、退役军人等重点人群的职业技能与市场需求存在错配，难以找到匹配岗位。现有职业培训项目未能完全满足市场需求，培训效果不佳，需进一步优化培训内容和方式。

（四）提升内蒙古重点人群就业服务的对策建议

1. 加大政策支持力度

为进一步提升重点人群的就业服务质量，政府应加大政策支持力度，特别是在资金投入、税收优惠和创业扶持等方面。通过提供更多的财政支持，拓宽就业服务的覆盖面并提升其质量。同时，政府还应简化政策执行流程，确保各项政策能够快速有效地落实到位。

2. 提升服务信息化水平

利用互联网和大数据技术，构建智能化就业服务平台，有效提升就业服务的效率和精准度。通过这些平台，重点人群能够更加便捷地获取最新的就业信息、培训机会和政策支持。同时，政府可以通过数据分析，更好地掌握就业市场的动态，为决策提供科学依据。

3. 强化职业培训与教育

提升重点人群的职业技能是促进就业的重要途径。政府应加大对职业培训与教育的投资力量，特别是针对新兴产业的技能培训。同时，推动校企合作，结合企业需求，定制化培养符合市场需要的技能型人才。这不仅能提升劳动者的就业竞争力，也能更好地满足市场的需求。

4. 推动服务均等化

为缩小城乡、区域间的就业服务差距，政府应加大对偏远农村牧区的就业服务投入。通过设立流动就业服务站点，或者提供在线就业服务，确保偏远地区的劳动者也能享受到同等质量的就业服务。同时，加大对少数民族的就业服务支持，确保他们能够公平地参与就业市场竞争。

5. 加强文化适应性服务

针对少数民族的语言和文化差异，政府应在就业服务中增加文化适应性支持，如提供双语培训和文化适应性就业指导。这将有助于提升少数民族群体的就业竞争力，帮助他们更好地融入职场和社会。

二、内蒙古重点项目助推就业

内蒙古自治区作为中国重要的能源基地和资源大省，在国家区域发展战略中占据着重要地位。随着国家经济结构调整和区域协调发展战略的实施，内蒙古在多个领域启动了众多重点项目。这些项目不仅推动了经济发展，也在促进就业、提升民生福祉方面发挥着重要作用。

目前，内蒙古重点项目主要包括能源开发项目、基础设施建设项目、工业园区和制造业项目、生态环保项目、旅游文化项目。一是能源开发项目。内蒙古作为中国的能源大省，启动了多个能源开发重点项目，如风电、光伏、煤炭和煤化工等。这些项目不仅是内蒙古经济发展的支柱产业，也是吸纳大量就业的重要领域。例如，鄂尔多斯的煤化工产业链项目，通过深加工煤炭资源，延伸产业链，创造了大量的就业机会。同时，内蒙古在推进风电和光伏发电项目时，不仅带动了相关设备制造业的发展，也为当地提供了大量安装、维护和管理岗位。二是基础设施建设项目。内蒙古在基础设施建设方面投入巨大，包括公路、铁路、机场、物流园区等一系列重点项目。这些项目在建设期内直接创造了大量建筑、工程技术和管理等岗位。此外，这些基础设施的建成还带动了当地旅游业、物流业和商贸业的发展，间接带动了更多就业机会的产生。例如，呼和浩特新机场的建设，不仅提供了大量的建设岗位，还为未来的航空运输、服务业等相关领域创造了就业机会。三是工业园区和制造业项目。内蒙古的工业园区和制造业项目主要集中在装备制造、农产品加工、新材料等领域。通过建立工业园区，内蒙古吸引了大批企业入驻，形成了规模化的产业集群。这些项目不仅为当地提供了大量的就业机会，还促进了劳动者技能的提升。例如，包头稀土高新区的发展，通过引入先进制造业企业，带动了高技术含量岗位的增加，提升了当地的就业质量。四是生态环保项目。内蒙古在生态保护和修复方面也启动了多个重点项目，如“三北”防护林工程、沙漠化治理、草原修复等。这些项目在实施过程中，不仅吸纳了大量的当地劳动力，特别是农牧民工，还通过改善生态环境，提升了区域的可持续发展能力。此外，生态环保项目的实施，还带动了旅游业的发展，为当地创造了更多的绿色就业机会。五是旅游文化项目。内蒙古拥有丰富的旅游资源和独特的民族文化，通过重点旅游文化项目的开发，如草原旅游、文化节庆活动、历史遗址保护等，吸引了大量游客。这些项目直接带动了旅游业、酒店业、餐饮业和文化产业的发展，提供了大量的就业机会。例如，成吉思汗陵旅游区的开发，不仅促进了旅游相关服务业的发展，也为当地居民提供了就业和创业机会。

（一）重点项目对内蒙古就业的影响分析

1. 直接就业机会

内蒙古的重点项目在施工和运营阶段，直接创造了大量的就业机会。例如，基础设施建设项目在建设过程中，需要大量的建筑工人、工程技术人员、机械操作工和管理人员。能源开发项目如风电、光伏、煤化工等，不仅在建设期吸纳大量的建筑和安装工人，在运营期也需要技术人员、设备维护人员和管理人员。

以鄂尔多斯的煤化工项目为例，该项目在建设高峰期，曾雇用了数万名建筑工人和安装工人。在项目竣工后，这些工人中的一部分被吸收到运营和维护岗位，持续获得就业机会。类似地，内蒙古的风电项目在建设期需要大量的安装和调试工人，而在运营期则需要专业的技术人员和维护团队，这些岗位为当地劳动者提供了长期、稳定的就业岗位。

2. 间接就业机会

除了直接创造的岗位，重点项目还通过产业链上下游的延伸，间接带动了大量就业机会的产生。例如，基础设施项目特别是交通基础设施的建设，提升了区域内外的物流效率，促进了商贸业、物流业和制造业的发展。这些行业的发展，又进一步吸纳了大量的就业人口。

旅游文化项目是另一个典型的间接就业案例。例如，通过开发草原旅游和民族文化节庆活动，当地的酒店、餐饮、交通和手工艺品等相关行业得到发展，吸引了大批游客，间接带动了服务业的就业增长。尤其是在一些偏远地区，这些间接就业机会对当地经济的拉动作用尤为明显。

3. 提升劳动者技能与素质

内蒙古的重点项目在推动就业的同时，也提升了劳动者的技能和素质。例如，工业园区和高新技术产业的发展，需要大量的专业技术人员和管理人才。这些项目在招聘和培训过程中，通过提供职业技能培训和专业技术指导，提升了当地劳动者的技术水平和职业素养。

以包头稀土高新区为例，随着高新技术企业的入驻，当地政府和企业合作开展了多种形式的职业培训，为劳动者提供了学习和掌握新技能的机会。这不仅提升了劳动者的就业能力，也为企业提供了高素质的劳动者，实现了劳动力市场的供需对接。

4. 促进经济结构调整与产业升级

重点项目对内蒙古经济结构的调整和产业升级具有重要作用。例如，能源项目特别是新能源项目的发展，推动了内蒙古从传统的煤炭经济向多元化能源经济的转型。这种转型不仅创造了新的就业机会，还推动了区域经济的可持续发展。

制造业和高新技术产业项目的发展，同样是内蒙古经济转型的重要推动力。这些项目通过吸引高技术含量企业入驻，促进了产业结构的优化，带动了传统制造业的升级转型。在这个过程中，不仅创造了更多的就业机会，也提升了就业质量，为劳动者提供了更加稳定和高薪的工作岗位。

5. 增强区域经济竞争力与社会稳定

内蒙古通过实施重点项目，增强了区域经济的竞争力，同时这些项目也创造了更多的就业机会，有助于维护社会稳定。就业是民生之本，重点项目带来的就业机会，有助于提高居民收入，减少贫困，增强社会的整体凝聚力和稳定性。例如，通过生态环保项目的实施，内蒙古的生态环境得到改善，这不仅提升了区域的可持续发展能力，还促进了生态旅游业的发展，为当地居民创造了更多的就业机会，提升了他们的生活水平。

（二）内蒙古重点项目助推就业面临的挑战

1. 项目区域分布不均衡

尽管内蒙古启动了多个重点项目，但这些项目在区域分布上存在不均衡现象。较发达的地区如呼和浩特、包头、鄂尔多斯等城市，集中了大量的重点项目，吸引了大量的劳动力。而一些经济相对落后的偏远农村牧区，则由于基础设施落后、投资环境不佳，重点项目较少，难以通过项目带动就业，从而加剧了城乡和区域间的就业差距。

这种区域分布不均衡现象，不仅影响了内蒙古整体就业率的提升，还加剧了区域间的经济不平衡。偏远地区的居民难以享受到重点项目带来的就业红利，导致人口外流，进一步削弱了这些地区的发展潜力。

2. 技能与岗位需求错配

重点项目的实施，特别是高新技术产业和现代服务业的发展，带动了劳动力所需技能水平的不断提升。然而，内蒙古许多劳动者特别是农牧民工和失业人员，缺乏与这些新兴岗位相匹配的技能，导致技能与岗位需求存在明显错配。

这种错配不仅限制了重点项目吸纳就业的能力，还制约了内蒙古整体劳动力市场的优化。许多高技能岗位难以找到合适的劳动者，而低技能劳动者又难以获得高质量的就业机会，导致劳动力市场供需失衡。

3. 生态环境保护与项目推进的矛盾

内蒙古在推动经济发展的同时，也面临着生态环境保护的巨大压力。特别是在资源开发和工业项目的推进过程中，如何平衡经济发展与环境保护之间的关系，成为一个亟待解决的挑战。内蒙古地区的部分重点项目，尤其是能源开发和工业项目，往往对生态环境造成较大的影响。例如，煤炭开采和煤化工项目导致的土地破坏、水资源污染等。这种矛盾使得项目在推进过程中面临诸多困难，部分项目甚至因环境保护压力而被迫减缓或停止，直接影响了就业机会的创造。

此外，随着国家对环保要求的提高，一些高污染项目面临关停或整改，这在短期内会导致相关行业的失业率增加。如何在保护生态环境的同时促进就业增长，成为内蒙古亟待解决的问题。

4. 政策支持和实施的不足

虽然内蒙古在推进重点项目和就业促进方面出台了不少政策，但在政策的执行和落实过程中，仍存在一些问题。首先，政策的连续性和稳定性不足，有些政策在执行过程中经常调整或中断，导致企业和劳动者无法充分受益。其次，政策的宣传和执行力度不够，许多企业和劳动者对相关扶持政策缺乏了解，导致政策的实际效果大打折扣。

特别是在就业扶持政策方面，一些政策在具体执行中面临资金短缺、管理不善等问题，导致重点项目的就业促进效果未能充分发挥。例如，职业培训和技能提升政策虽好，但培训内容与市场需求脱节，导致培训后就业率不高，增加了政府的负担。

5. 产业结构单一带来的挑战

尽管内蒙古的重点项目在推动就业方面取得了一定成效，但产业结构相对单一的问题依然存在。内蒙古的经济高度依赖于能源和原材料产业，这些产业受市场波动和政策变化影响较大，一旦市场环境恶化或国家政策收紧，便会直接影响就业形势。

例如，随着全球能源转型的加速，传统能源产业面临巨大的转型压力，相关就业岗位的稳定性和增长潜力受到限制。如果内蒙古不能及时推进经济结构的多元化，依赖单一产业的就业促进模式将难以持续，甚至可能引发就业危机。

（三）提升内蒙古重点项目助推就业的对策建议

1. 优化项目区域布局，促进就业均衡发展

为解决项目区域分布不均衡的问题，内蒙古应进一步优化重点项目的区域布局，特别是加大对偏远农村牧区的支持力度。政府可以通过政策引导、财政扶持和基础设施投资，鼓励企业在这些地区设立项目。同时，加强区域内交通、物流、信息等基础设施建设，改善投资环境，为重点项目在偏远地区落地创造有利条件。

此外，内蒙古还应建立健全区域协调发展机制，通过区域合作和资源共享，推动各地区均衡发展，缩小城乡和区域间的就业差距。

2. 加强职业教育与技能培训，缓解技能错配问题

针对技能与岗位需求错配的问题，内蒙古应加强职业教育与技能培训，特别是针对新兴产业和高技术含量岗位的定制化培训。政府应联合企业和职业院校，开发符合市场需求的培训课程，提升劳动者的技能水平。

同时，政府可以通过补贴政策，鼓励企业为员工提供在岗培训，提升现有劳动力的技能。同时，积极推动产教融合，促进职业教育与产业发展的深度对接，确保劳动者的技能与市场需求相匹配，从而提高就业率和就业质量。

3. 推动产业结构多元化，实现就业的可持续发展

为避免产业结构单一带来的就业风险，内蒙古应加快推动产业结构的多元化发展。在继续发展能源、原材料等传统产业的同时，积极培育和引进新兴产业，如高科技、环保产业、现代服务业等。这不仅可以创造更多的就业机会，还能提高区域经济的抗风险能力，实现就业的可持续发展。

政府可以通过制定产业政策、提供财政和税收优惠等手段，吸引和扶持新兴产业项目的落地发展。同时，鼓励企业技术创新和产品升级，推动传统产业的转型升级，创造更多高附加值和高质量的就业机会。

4. 加强环保措施与项目融合，促进绿色就业

在推进重点项目实施的过程中，内蒙古应加强环保措施与项目发展的融合，推动绿色就业。政府应鼓励企业采用环保技术和清洁生产工艺，减少对环境的负面影响。同时，通过制定严格的环保标准和法律法规，确保项目在实施过程中，兼顾经济效益与生态效益。

此外，内蒙古可以大力发展生态环保产业，通过实施生态修复、森林保护、草原治理等项目，创造绿色就业机会。这不仅有助于保护和改善生态环境，还能为当地劳动者提供更多的就业选择。

5. 增强政策执行力，确保就业促进效果

为了确保就业促进政策的有效实施，内蒙古应加强政策的执行力。政府需要建立健全政策执行的监督和评估机制，确保各项政策能够真正落实到位。同时，加强政策的宣传和解读，让企业和劳动者充分了解并利用相关政策。

此外，政府应提高政策的稳定性和连续性，避免政策频繁调整对企业和劳动者带来不确定性。通过提升政策执行的透明度和公信力，增强社会对政府就业促进措施的信任和支持。

三、内蒙古“零工市场”促就业

随着经济的转型和劳动市场的变化，零工经济（或称为“零工市场”）在全球范围内迅速发展。尤其在中国，随着互联网和数字经济的兴起，零工市场成了新的就业形态。所谓零工市场，是指劳动者以非全日制、临时性、灵活性的方式从事各种工作，通常包括自由职业者、兼职、短期合同工等。

内蒙古作为一个经济结构多样化的地区，传统行业和新兴产业并存。随着经济的不断发展和转型，内蒙古的劳动市场也发生了显著变化，零工市场逐渐崭露头角，成为吸纳劳动力的重要途径。特别是在一些农牧区、资源型城市和新兴产业集中的地区，零工市场在缓解就业压力、提升居民收入方面发挥了重要作用。

（一）内蒙古零工市场的发展现状

1. 零工市场的主要特征

内蒙古的零工市场主要以农牧民工、自由职业者、短期合同工等群体为主。这些群体大多从事建筑、运输、服务、电子商务、教育培训等领域的临时性工作。这些工作通常具有灵活性强、收入不稳定、社会保障薄弱等特点。随着互联网平台的发展，线上兼职、跑腿服务、共享经济等新型就业形态不断涌现，进一步丰富了零工市场的生态。

2. 零工市场的区域分布

内蒙古的零工市场在不同地区的发展具有显著差异。在呼和浩特、包头等城市，由于经济活动密集、服务业繁荣，零工市场较为活跃，特别是在快递、外卖、家政服务等领域，吸引了大量的零工从业者。而在偏远的农村牧区，零工市场的发展主要依赖于农忙季节的短期农业劳作和建筑工程。

3. 零工市场的参与群体

内蒙古零工市场的参与者以农牧民工、城市低收入者、失业人员和部分年轻人为主。这些人群由于技能限制或就业选择有限而投身零工市场。此外，一些拥有专门技能的自由职业者，如设计师、写手、家教等，也通过零工市场实现自我就业。

4. 互联网平台对零工市场的推动

互联网平台的兴起，如滴滴、饿了么、美团等平台的崛起，极大地推动了内蒙古零工市场的发展。这些平台通过线上线下相结合的方式，为劳动者提供了大量的兼职、临时性工作机会，吸引了大量劳动力的参与。这不仅为劳动者提供了更加便捷的工作机会，也增强了零工市场的灵活性和多样性。

5. 零工市场的经济贡献

尽管零工市场的工作通常不如传统全职工作稳定，但它在内蒙古的经济中仍占据重要地位。特别是在经济波动和疫情防控等特殊时期，零工市场为不少家庭提供了重要的收入来源，缓解了社会就业压力。据初步统计，内蒙古的零工经济已惠及数十万劳动者，为全区的经济发展和社会稳定作出了积极贡献。

（二）内蒙古零工市场对就业的影响

1. 缓解就业压力

在内蒙古，尤其是在一些经济欠发达的地区，传统产业的转型升级导致的岗位流失给就业市场带来了挑战。零工市场以其灵活性，适时为失业人员提供了就业机会，有效缓解了就业压力。许多农牧民工和失业人员通过零工市场得以维持生计，避免了失业率的急剧上升。

2. 提升劳动者收入

零工市场为内蒙古的劳动者，尤其是低收入群体，提供了增加收入的机会。通过从事打零工，劳动者能够灵活安排工作时间，利用空闲时间从事兼职，补充家庭收入。例如，农牧民在农闲时参与建筑短工或通过互联网平台提供配送、家政等服务，能够显著提高家庭收入水平。

3. 促进就业多样化

零工市场的兴起，使得内蒙古的就业形式更加多样化，劳动者可以根据自身的兴趣和技能选择适合的工作。这种多样化的就业形式，打破了传统就业市场的单一性，为不愿意或不能从事全职工作的人群提供了灵活的就业选择。

4. 促进技能发展和自我提升

零工市场不仅包含简单劳动，更有对专业技能要求较高的岗位，如编程、设计、写作等。这些岗位不仅为劳动者带来了收入，更促进了他们的技能发展和自我提升。年轻一代通过零工市场积累工作经验，提升职业竞争力，为未来的全职就业打下坚实基础。

5. 推动劳动力市场的灵活性

零工市场的兴起，使得内蒙古的劳动力市场更加灵活。劳动者可以根据市场需求和个人时间自由选择工作，而雇主则可以根据自身的短期需求灵活雇用员工。这种双向选择的灵活性，不仅提高了劳动市场的效率，也降低了企业的用工成本，使得内蒙古的经济活力得到进一步增强。

6. 促进社会公平和包容性

零工市场为一些处于社会边缘的群体提供了更多的就业机会。例如，残疾人、低技能劳动者、年长者等群体在传统就业市场中往往处于不利地位，而零工市场的灵活性和多样性使他们能够更容易地找到适合的工作，从而增加了社会的公平性和包容性。

7. 零工市场的风险和挑战

尽管零工市场为内蒙古的就业带来了诸多积极影响，但也存在一些风险和挑战。例如，零工市场的收入通常不稳定，且大多数零工从业者缺乏社会保障，面临着较大的生活和工作风险。此外，零工市场的工作条件通常较为艰苦，工作时间不固定，劳动者的身心健康也面临一定威胁。

8. 对传统就业市场的冲击

零工市场的兴起在某种程度上对传统就业市场造成了一定冲击。企业可能倾向于雇用临时工和兼职工，而不是全职员工，以降低用工成本。这种现象可能导致全职工作机会减少，增加就业市场的不确定性，也可能影响劳动者的职业发展和稳定性。

（三）内蒙古零工市场面临的挑战

1. 社会保障制度的缺失

目前，内蒙古的零工从业者大多数处于社会保障体系之外。他们往往没有享受医疗保险、养老保险、失业保险等基本社会保障，使得其工作与生活充满不确定性。一旦遭遇疾病、工伤或意外，这些劳动者将面临严重的经济困难。此外，零工从业者缺乏稳定的收入来源，导致其难以享有住房贷款、子女教育等福利。

2. 劳动权益保护不足

零工从业者在工作过程中常常面临劳动权益得不到有效保障的问题。由于零工工作通常是临时性和非标准化的，劳动合同签订率低，工作环境、劳动强度、工资发放等问题难以得到有效监管。特别是在一些低收入、低技能的零工岗位上，超时工作、低工资、无休假等问题尤为突出，这在一定程度上影响了零工市场的健康发展。

3. 工作不稳定性与收入波动大

零工市场的工作通常不稳定，劳动者难以预测未来的就业和收入状况。这种不稳定性不仅影响劳动者的生活质量，还可能导致其心理压力增加，损害身心健康。在经济波动或疫情防控等特殊时期，零工市场的工作机会大幅减少，导致劳动者的收入锐减，生活陷入困境。

4. 技能与市场需求的错配

内蒙古的零工市场中，低技能、低门槛岗位占据主导，劳动者的技能水平难以满足市场需求。这种技能错配使得部分劳动者虽有意愿通过零工市场获取收入，却难以找到合适的工作。同时，这种现象也限制了零工市场的发展潜力，无法充分发挥劳动者的能力优势。

5. 互联网平台的垄断与劳动者的弱势地位

互联网平台在推动零工市场发展的同时，也带来了垄断问题。劳动者在与这些平台的博弈中处于弱势地位，平台对劳动者的收入分成、工作安排等方面有着较大的控制权，劳动者的议价能力受限。此外，平台的抽成机制和不合理的工作要求进一步加重了零工从业者的负担。

6. 政策与法律的滞后

尽管内蒙古的零工市场发展迅速，但相关的政策和法律法规仍然滞后，难以有效保障零工从业者的权益。现有的劳动法和社会保障制度主要针对传统的全职工作设计，零工从业者在法律保护上处于盲区。此外，政府对零工市场的监管力度不足，导致恶意欠薪、合同欺诈等不规范的现象频发。

7. 社会认同感的缺乏

尽管零工市场为大量劳动者提供了工作机会，但社会对零工从业者的认同感仍然较低。零工工作往往被认为是临时性、过渡性的工作，缺乏长期职业发展前景。这种社会认同感的缺乏不仅影响了零工从业者的职业自信，也限制了更多人进入零工市场的意愿，阻碍了零工市场的发展。

（四）促进内蒙古零工市场发展的对策建议

1. 完善社会保障体系

为了更好地保障零工从业者的权益，内蒙古应加快完善社会保障体系。政府可以通过制定专项政策，将零工从业者纳入社会保障范围，提供基本的医疗、养老和失业保险服务。此外，可以探索建立针对零工从业者的专门保险基金，为其提供灵活的缴费和保障方案，降低参保门槛，提升零工从业者的社会保障覆盖率。

2. 加强劳动权益保护

内蒙古应进一步加强对零工从业者的劳动权益保护。政府应加大对零工市场的监管力度，特别是在工资支付、工作时间、劳动合同等方面，确保零工从业者的基本权益得到保障。同时，政府可以设立专门的维权机构，帮助零工从业者解决劳动争议，提供法律援助和咨询服务，提升零工从业者的维权能力。

3. 促进技能培训与提升

为解决技能与市场需求的错配问题，内蒙古应加大对零工从业者的技能培训力度。政府可以通过职业教育机构、社会培训机构等，为零工从业者提供免费的技能培训和职业指导，特别是在新兴产业和高技术岗位上，帮助劳动者提升技能，增强其在零工市场的竞争力。此外，可以鼓励企业为零工从业者提供在岗培训，提升其职业发展潜力。

4. 规范互联网平台运营

针对互联网平台对零工市场的影响，内蒙古应加强对这些平台的监管，避免平台垄断和劳动者权益受损。政府可以制定平台经济的相关法规，规范平台与劳动者之间的关系，确保劳动者在收入分成、工作安排等方面的权益。此外，可以鼓励建立多元化的零工平台，打破市场垄断，增加零工从业者的选择权。

5. 推动零工市场的法律保障

内蒙古应加快制定和完善与零工市场相关的法律法规，将零工从业者的劳动关系和权益保障纳入法律体系，明确零工从业者的劳动合同、工资支付、工作时间等方面的法律地位。同时，政府应加强对企业和平台的法律监督，确保零工市场的合法和规范运作，保障劳动者的合法权益。

6. 提升社会认同感

为了促进零工市场的发展，内蒙古应努力提升社会对零工从业者的认同感。政府和社会各界应加大对零工市场的宣传力度，正面引导舆论，消除公众对零工工作的固有偏见，增强零工从业者的职业荣誉感和自信心。此外，政府可以通过奖励政策、表彰活动等方式，鼓励和认可在零工市场中表现优秀的从业者，提升其社会地位。

7. 推动零工经济与本地经济的融合

内蒙古可以通过政策引导，推动零工经济与本地经济的融合发展。政府可以支持和鼓励本地企业参与零工市场，提供更多的工作机会。同时，通过加强零工市场的信息化建设，搭建用工信息共享平台，促进零工市场的高效对接，提升零工市场的运作效率和经济贡献。

四、内蒙古面向高校毕业生的公共就业服务

随着中国高等教育的普及，近年来高校毕业生人数持续增长。据统计，全国高校毕业生人数已经超过千万。对于内蒙古而言，高校毕业生的就业压力同样显著。内蒙古作为中国北方的重要经济区和文化区，经济发展相对稳定，但产业结构仍以传统行业为主，新兴产业和高科技产业的发展相对滞后。这给高校毕业生的就业带来了诸多挑战。

高校毕业生作为一类特殊的求职群体，面临着从学校到社会的角色转变。由于缺乏工作经验，加上市场对人才需求的快速变化，他们在就业市场中往往处于不利地位。因此，如何通过公共就业服务帮助高校毕业生顺利就业，已成为内蒙古各级政府和社会各界关注的重要议题。

（一）内蒙古高校毕业生就业服务的现状

1. 就业服务体系的基本情况

内蒙古的高校毕业生就业服务体系主要由政府主导，涵盖了就业指导、

职业培训、就业信息发布、求职援助等多方面内容。内蒙古各级政府就业部门和高校就业指导中心合作，为高校毕业生提供全方位的就业服务。此外，随着互联网的发展，在线就业服务平台也逐渐成为重要的就业服务渠道。

2. 高校就业指导中心的作用

在内蒙古，各高校普遍设立了就业指导中心，这些中心负责提供就业信息发布、职业规划、就业辅导、招聘会组织等服务。它们不仅帮助学生了解就业市场动态，还通过举办各种讲座、培训课程等方式，帮助学生提升就业技能和面试技巧。此外，部分高校还与企业合作，开展实习项目，帮助学生积累工作经验。

3. 政府主导的公共就业服务

内蒙古自治区人民政府在高校毕业生就业服务中发挥着重要作用。通过设立公共就业服务机构，政府推出了一系列就业支持政策和措施，如就业见习计划、创业扶持政策、就业补贴等。同时，内蒙古各级政府还定期举办大型招聘会、专场招聘会，搭建高校毕业生与用人单位之间的对接平台，有力推动了就业工作的顺利发展。

4. 在线就业服务平台的兴起

随着互联网技术的发展，内蒙古的高校毕业生就业服务逐渐向线上转型。在线就业服务平台如智联招聘、58 同城、BOSS 直聘等，为毕业生提供大量就业信息的同时，还通过职业测评、在线培训等方式，帮助毕业生提升就业能力。这些平台的普及，使得高校毕业生能够更加便捷地获取就业信息和资源。

5. 就业见习与实习项目的推广

内蒙古自治区人民政府和高校积极推广就业见习与实习项目，帮助高校毕业生积累实际工作经验。这些项目通常与企业合作，为毕业生提供短期工作岗位，让他们能够在真实的工作环境中实践并提升专业技能，从而增强他们在就业市场上的竞争力。对于表现优异的见习生和实习生，企业往往会提供转正机会，助力他们实现稳定就业。

6. 高校毕业生的就业现状

尽管内蒙古的高校毕业生就业公共服务体系较为完善，但仍面临一定的就业难题。一方面，部分毕业生对自身定位不清，对就业市场缺乏了解，导致求职过程中出现“高不成低不就”的现象；另一方面，内蒙古的产业结构相对单一，一些新兴行业和高科技产业岗位供给不足，难以满足高校毕业生的多样化就业需求。

（二）内蒙古高校毕业生就业服务存在的问题

1. 就业服务资源不均衡

尽管内蒙古各级政府和高校在就业服务方面投入了大量资源，但这些资源的分布并不均衡。尤其是偏远地区的高校和学生，在获取就业信息和机会方面相较于城市中心存在明显劣势。此外，一些小型高校的就业指导中心的经费和人力资源有限，难以提供与大型高校同等质量的就业服务，导致毕业生在求职过程中处于劣势。

2. 就业信息发布和对接渠道不足

在内蒙古，尽管有各种招聘会和就业服务平台，但就业信息的发布和对接渠道仍显不足。许多高校毕业生反映，在求职过程中难以获取及时、有效的就业信息，特别是与自身专业相关的岗位信息。此外，由于信息发布渠道分散，毕业生往往需要花费大量时间和精力穿梭于不同平台，降低了求职效率。

3. 职业指导与就业服务的针对性不足

内蒙古的高校毕业生就业指导服务普遍存在针对性不足的问题。就业指导中心通常提供的职业规划和就业辅导多为通用性建议，难以为不同专业、不同背景的学生提供个性化的指导。这种“一刀切”的服务模式，导致部分毕业生在求职过程中缺乏明确的方向，无法有效应对复杂的就业市场。

4. 实践机会与就业市场需求脱节

尽管内蒙古高校和政府推出了大量的就业见习和实习项目，但这些项目在实施过程中常常与就业市场需求脱节。例如，一些实习岗位的工作内容与毕业生的专业背景和职业目标不符，导致实习经历难以为毕业生的求职加分。此外，一些见习项目由于时间短、内容浅，未能真正帮助毕业生提升职业技能，影响了就业效果。

5. 政府政策与企业需求的衔接问题

内蒙古自治区人民政府在促进高校毕业生就业方面出台了多项政策，如就业补贴、见习计划等。然而，这些政策在实际执行中，与企业的需求衔接不够紧密。部分企业因对政府政策了解不足，未能充分利用这些政策资源；而部分政策的制定则未能充分考虑企业的实际需求，导致政策效果大打折扣。

6. 就业市场对高校毕业生的吸纳能力有限

内蒙古的经济结构仍以资源型产业和传统制造业为主，虽然这些行业在就业总量上占有一定比重，但对高校毕业生的吸纳能力有限。特别是对于那些具有高学历和专业技能的毕业生而言，难以在本地找到与自身能力相匹配的工作岗位。这种供需不平衡的状况，迫使一些毕业生选择“慢就业”或“待就业”，甚至前往外地寻求发展机会。

7. 高校与企业的合作不足

尽管内蒙古的高校与一些企业建立了合作关系，但总体上，高校与企业的合作深度和广度仍然不足。许多高校的课程设置与企业的实际需求存在偏差，导致毕业生在求职时缺乏市场需要的实用技能。此外，部分高校与企业的合作停留在表面，未能形成长期稳定的合作机制，影响了高校毕业生的就业质量。

8. 就业服务体系的创新不足

随着就业市场的变化和互联网技术的发展，内蒙古的就业服务体系亟须注入新的活力。然而，目前的就业服务体系仍然存在创新不足的问题。无论是就业信息的发布方式、职业指导的内容，还是实习见习项目的设计，均未能充分利用现代科技手段，从而限制了就业服务的效率和效果。

（三）提升内蒙古高校毕业生就业服务的对策建议

1. 优化就业服务资源配置策略

为解决就业服务资源不均衡的问题，内蒙古可以通过政策倾斜和资金支持，增强偏远地区高校的就业服务能力。政府可以设立专项资金，支持这些高校就业指导中心的建设，提升就业服务的质量和覆盖范围。同时，鼓励大型高校与偏远地区高校建立就业服务合作机制，通过资源共享和经验交流，实现优势互补，提升整体就业服务水平。

2. 建立高效的就业信息发布与共享平台

内蒙古应加强就业信息的整合和发布工作，建立统一的就业信息发布平台，集中展示各类招聘信息，方便高校毕业生查询和对接。此外，政府可以联合企业和高校，搭建区域性或行业性就业信息共享平台，实时更新岗位信息，提高信息的透明度和准确性，缩短毕业生的求职时间。

（四）具体实施案例分析

为了更好地理解内蒙古面向高校毕业生公共就业服务的实施情况，可以分析一些具体的案例。这些案例可以帮助我们总结成功经验，同时识别存在的问题，为未来的政策制定和服务优化提供参考。

案例一：内蒙古某高校就业服务中心的创新举措

背景介绍：

内蒙古某高校位于自治区的中心城市，学校内的就业服务中心为提升毕业生就业率，采取了一系列创新举措。这些举措包括搭建在线就业平台、组织企业校园招聘会、提供一对一职业辅导等。

措施与成效：

第一，在线就业平台建设：学校投入资金建设了专门的在线就业平台，整合了校内外的招聘信息。通过这一平台，毕业生可以随时随地查询最新的职位信息，报名参加企业的在线招聘会。此外，平台还提供了职业测评和个性化的求职建议，帮助学生更好地进行职业规划。

第二，企业校园招聘会：学校每年举办多场企业校园招聘会，邀请了包括国有企业、外资企业和地方企业在内的多家用人单位。这些招聘会为毕业生提供了面对面的求职机会，并帮助他们了解不同行业的职业需求和发展前景。

第三，一对一职业辅导：就业服务中心组建了专门的职业辅导团队，为每位毕业生提供一对一的职业规划服务。辅导内容包括简历修改、面试技巧、职业发展规划等。这种个性化的服务大大提升了毕业生的求职成功率。

成效分析：

通过这些措施，该高校的毕业生就业率显著提升，许多毕业生在毕业前就已获得了满意的工作机会。在线就业平台的建设尤其受到学生和企业的好评，为高校毕业生提供了便捷、高效的求职渠道。

案例二：内蒙古自治区人民政府实施的高校毕业生就业见习计划

背景介绍：

为了缓解高校毕业生的就业压力，内蒙古自治区人民政府启动了“高校毕业生就业见习计划”，该计划旨在通过提供见习岗位，帮助毕业生积累实际工作经验，提升就业竞争力。

措施与成效：

第一，见习岗位的设置：政府与多个企业合作，设立了大量的见习岗位，这些岗位不仅覆盖了传统的行政、营销等领域，还深入新兴的互联网和高科技行业中。见习期通常为 6 个月，政府提供一定的生活补贴，以减轻毕业生的经济负担。

第二，职业培训与指导：在见习期间，政府组织了一系列职业培训和指导课程，包括职业素养、技能提升和行业知识等。这些培训课程帮助毕业生更快地适应工作环境，并提升了他们的实际操作能力。

第三，见习转正机制：对于表现优秀的见习生，企业通常会提供转正机会。政府还鼓励企业对见习生进行长期培养，帮助他们在职业生涯初期找到稳定的工作。

成效分析：

该计划实施以来，许多毕业生通过见习获得了正式工作的机会。政府的生活补贴和培训课程，赢得了毕业生的广泛赞誉，增强了他们的职业技能，提升了他们在就业市场中的竞争力。此外，企业也从中受益，发现了潜在的优秀人才，建立了稳定的人才储备库。

案例三：互联网平台助力高校毕业生就业

背景介绍：

随着互联网的发展，内蒙古自治区涌现出一批专为高校毕业生量身定制的就业服务平台。这些平台整合了招聘信息、职业咨询、在线培训等多元化服务，已成为高校毕业生就业的重要工具。

措施与成效：

第一，综合服务平台建设：这些互联网平台整合了招聘信息、职业测评、在线培训等功能，提供一站式就业服务。毕业生可以通过平台快速找到符合自己条件的岗位，并参与在线的职业技能培训，提升自己的就业竞争力。

第二，数据分析与推荐系统：平台利用大数据技术分析毕业生的职业兴趣和市场需求，提供个性化的职位推荐和职业发展建议。这种精准的服务帮助毕业生更好地匹配岗位，并减少了求职中的盲目性。

第三，社交功能与网络拓展：平台还提供了社交功能，允许毕业生与行业专家、企业招聘官进行在线交流。这种互动不仅帮助毕业生获取了行业信息，还扩展了他们的职业网络，提高了求职的成功率。

成效分析：

互联网平台的引入显著提升了毕业生的求职效率和满意度。通过平台，毕业生能够更快速地获取到各类招聘信息，并借助在线培训不断提升自我，增强就业实力。此外，平台的数据分析和推荐系统也为毕业生提供了有针对性的职业发展建议，有效提高了他们求职过程中的成功率。

五、修订《内蒙古自治区就业促进条例》

《内蒙古自治区就业促进条例》（以下简称“条例”）自实施以来，在推动区域就业、促进经济发展方面发挥了积极作用。然而，随着经济形势和劳动市场环境的不断变化，现行条例在某些方面已显现出不足之处。特别是在应对新兴就业形式、优化就业服务体系、强化劳动者权益保护等方面，亟须与时俱进，进行必要的修订，以适应新时代的发展要求。

修订《内蒙古自治区就业促进条例》，不仅是完善法律法规体系、提高就业服务效率的需要，也是应对当前就业市场挑战、保障劳动者权益的必然选择。通过修订，可以更好地支持就业促进政策的实施，增强法规的科学性和针对性，为社会经济发展提供更加有力的法律支撑。

（一）现行《内蒙古自治区就业促进条例》的主要内容及不足

现行条例的主要内容：

《内蒙古自治区就业促进条例》自实施以来，涵盖了以下几个主要方面：

1. 就业服务体系建设

条例规定了政府和相关部门在就业服务中的职责，包括就业信息发布、职业培训、就业咨询等。

2. 就业政策与措施

条例明确了各类就业政策，包括对失业人员的就业援助、对企业的就业扶持等。

3. 劳动者权益保护

条例规定了劳动者的基本权益，如公平就业、职业安全与健康等。

4. 就业统计与监测

条例要求定期进行就业市场统计与分析，为就业政策制定提供数据支持。

现行条例的不足：

1. 对新兴就业形式的适应性不足

现行条例在应对共享经济、零工经济等新兴就业形式方面缺乏明确规定，导致这些新兴形式的劳动者权益保护不足。

2. 就业服务体系的细化不足

尽管条例中规定了就业服务的基本内容，但具体服务措施和标准的细化程度不够，导致实际操作中出现服务不到位的情况。

3. 劳动者权益保护不够全面

现行条例在保护劳动者权益方面的规定相对笼统，对于临时工、兼职工等新兴就业形式的权益保护不够细化。

4. 政策执行的协调性不足

条例中的政策措施在实际执行过程中，存在不同部门之间协调不畅的问题，导致政策实施效果大打折扣。

5. 信息发布和数据共享机制不完善

现行条例对就业信息的发布和数据共享机制缺乏详细规定，导致信息不对称问题严重。

（二）修订《内蒙古自治区就业促进条例》的必要性和目标

修订的必要性：

1. 应对经济形势变化

随着经济结构的调整和新兴产业的发展，现行条例已经无法完全满足当前就业市场的需求。修订条例可以帮助应对这些变化，确保就业政策与时俱进。

2. 保护劳动者权益

随着劳动市场的多样化，劳动者的权益面临更多挑战。通过修订条例，可以加强对不同类型劳动者权益的保护，保障其基本生活和工作条件。

3. 提升就业服务质量

现行条例对就业服务的规定较为笼统，修订后可以细化服务标准和措施，提高服务的有效性和针对性。

4. 完善政策执行机制

修订条例可以加强政策执行的协调性，确保不同部门的政策措施能够协同实施，提高政策的整体效果。

修订的目标：

1. 增强条例的适应性和灵活性

确保条例能够应对新兴就业形式和市场变化，为各种形式的劳动者提供相应的保障。

2. 细化就业服务措施和标准

通过详细规定就业服务的具体内容和实施标准，提高服务质量和覆盖范围。

3. 强化劳动者权益保护

针对不同类型的劳动者，特别是非传统就业形式的劳动者，制定更为详尽的权益保护措施。

4. 优化政策执行机制

提升政策执行的协调性和效率，确保各项就业政策能够得到有效实施。

5. 完善信息发布和数据共享机制

建立健全的就业信息发布和数据共享机制，减少信息不对称问题，提升就业服务的透明度。

（三）修订《内蒙古自治区就业促进条例》的主要建议

1. 增强对新兴就业形式的适应性

增加对共享经济和零工经济的规定：在修订条例中，明确对共享经济和零工经济从业者的定义和权益保障措施，如对平台劳动者的收入保障、社会保险覆盖等。

规定灵活就业的权益保障：明确对灵活就业形式（如兼职、临时工）的权益保障，确保其在工资支付、工作条件、安全保障等方面的基本权益。

2. 细化就业服务措施和标准

明确就业服务的具体内容：详细规定就业服务的具体措施，如职业培训的内容和标准、就业咨询的方式和流程等。

设立服务质量评估机制：建立对就业服务质量的评估机制，定期检查服务效果，并根据评估结果进行调整和优化。

3. 强化劳动者权益保护

完善对非传统就业形式的保护：制定详细的法律条款，保护临时工、兼职工等新兴就业形式劳动者的基本权益，如工资支付、工作时间、休息日等。

加强对劳动安全与健康的保护：在条例中增加对工作环境安全和职业健康的具体规定，确保劳动者在各类工作环境中的人身安全和职业健康。

4. 优化政策执行机制

增强部门协调机制：明确不同政府部门在就业政策实施中的职责，建立跨部门协调机制，确保各项政策的协同实施。

设立政策执行监督机构：成立专门的监督机构，对政策的实施效果进行监测和评估，及时发现并解决政策执行中的问题。

5. 完善信息发布和数据共享机制

建立统一的就业信息平台：建立集中发布就业信息的平台，确保招聘信息、培训机会等能够及时传达给毕业生和求职者。

加强数据共享和公开：推动就业市场数据的共享和公开，建立数据共享机制，减少信息不对称带来的问题，提高就业服务的透明度和效率。

（四）实施案例分析与效果预期

1. 案例分析

国外经验借鉴：以德国、加拿大等国家的就业促进条例为例，借鉴其在应对新兴就业形式、提升就业服务质量等方面的成功经验。这些国家通过设计详细的法律条款和全面的政策措施，保障了各类劳动者的权益，增强了就业服务的效能。

内蒙古地区试点项目：总结内蒙古在某些市县实施的就业服务试点项目的成效，例如某市推行的灵活就业保护措施和就业服务创新项目，分析这些试点项目在提升就业服务质量、保障劳动者权益方面的成功经验和存在的问题。

2. 效果预期

提升条例的适应性和灵活性：修订后的条例将能够更好地适应新兴就业形式和市场变化，为各种形式的劳动者提供更全面的保障。

提高就业服务质量：通过细化就业服务措施和标准，提升服务的针对性和有效性，帮助更多高校毕业生和失业人员顺利就业。

增强劳动者的权益保障：通过完善劳动者权益保护条款，特别是对新兴就业形式的保护，保障劳动者的基本生活和工作条件。

优化政策执行效果：通过构建政策执行机制和加强部门协调，确保就业政策的有效实施，提高政策的整体效果。

促进信息透明与共享：通过建立信息发布和数据共享机制，减少信息不对称带来的问题，提升就业服务的透明度和效率。

报告八　完善新业态就业者的社会保障

韩　慧①

一、内蒙古新业态就业者社会保障现状

随着科技的进步和经济的发展，新业态就业形式在内蒙古逐渐兴起。这些新业态包括共享经济（如网约车司机、外卖配送员）、平台经济（如自由职业者、网络兼职工）等。新业态就业的兴起虽然为劳动力市场注入了新的活力，但也对社会保障提出了新的挑战。传统的社会保障体系主要基于正式劳动合同和固定雇佣关系，这使得新业态就业者面临保障缺失的问题。因此，积极探究新业态就业者的社会保障现状，寻求并实施有效的解决办法，对于促进社会稳定和经济发展具有重要意义。

（一）新业态就业者的特点

1. 就业形式多样化

（1）共享经济

共享经济是新业态就业的重要组成部分，主要包括网约车司机、外卖配送员等多个职业群体。这些工作通常具有较高的自主性和灵活性，从业者可以自由安排工作时间。然而，这种灵活性也使得他们的收入不稳定，社会保障覆盖不足。例如，网约车司机和外卖配送员虽然能灵活调整工作时间，但他们的收入往往受市场需求波动的影响，导致其在收入稳定性和保障水平上存在问题。

---

① 韩慧，内蒙古大学公共管理学院讲师。

（2）平台经济

平台经济中的自由职业者和网络兼职工也是新业态的重要组成部分。他们借助各类在线平台进行工作，如设计、写作、编程等。这些工作形式多样，工作时间和地点高度灵活。然而，这种灵活性也伴随收入波动大和社会保障覆盖不足的挑战。自由职业者尤其面临着收入不稳定和社会保障参保困难的问题。

（3）临时工与短期雇佣

临时工和短期雇佣人员在一些特殊行业和季节性工种中较为常见。这些工种虽然提供了短期的就业机会，但由于其工作性质和时间的短期性，社会保障的连续性和稳定性难以得到保障。例如，农业生产中的季节性工人，在工作期间往往面临着社会保障缺失的问题。

2. 收入与就业状况

（1）收入波动

新业态就业者的收入通常受市场需求、平台政策和季节性因素的共同影响，导致收入波动较大。例如，网约车司机的收入受乘客需求的影响较大，而外卖配送员的收入则与订单量密切相关。收入的波动性不仅增加了新业态就业者的经济压力，还使他们在社会保障缴纳和享受上面临挑战，尤其是在经济低迷期，他们的收入减少，社会保障的稳定性也会受到影响。

（2）工作时间灵活

新业态就业者能够灵活安排工作时间和地点，这种灵活性虽然为他们提供了便利，但也带来了收入不稳定和社会保障参与不足的问题。工作时间的不固定性和地点的自由选择通常导致社会保障缴纳的不规律，增加了保障体系的复杂性。

3. 社会保障覆盖的难点

（1）保障缺失

新业态就业者通常没有正式的劳动合同，现行的社会保障体系主要为正式劳动关系下的员工设计，难以覆盖新业态就业者的需求，这导致很多新业态就业者在医疗、失业、养老金和工伤等方面面临保障缺失的问题。尤其是收入波动较大的新业态就业者，由于缺乏稳定的保障，面临的风险和压力较大。

（2）工作形式多样化

新业态就业者的工作形式多样化，增加了社会保障体系的复杂性和设计难度。现行保障体系难以适应不同形式的工作需求，如自由职业者、网约车司机和外卖配送员的社会保障需求各不相同，需要针对性的政策设计和保障措施予以应对。

（3）信息不对称

新业态就业者的社会保障参与情况信息不对称，导致政策实施和监管存在困难。信息的不透明性影响了政策的有效性和公平性，尤其是在数据采集和信息共享方面存在不足，影响了社会保障政策的科学制定和实施效果。

（二）现行社会保障体系对新业态就业者的适用情况

1. 医疗保障

（1）城乡居民医疗保险

内蒙古的城乡居民医疗保险在一定程度上为新业态就业者提供了医疗保障。然而，由于新业态就业者的收入不稳定，很多人难以按时缴纳保险费用，这直接削弱了医疗保障的覆盖广度和效果。尽管城乡居民医疗保险的覆盖面广泛，但保障水平和实际效果在不同地区和不同人群中存在差异。例如，城乡居民医疗保险的报销比例和支付限额难以充分满足新业态就业者在医疗方面的实际需求。

（2）商业保险的补充

一些新业态就业者选择商业保险作为医疗保障的补充。然而，商业保险的费用通常较高，尤其对于收入较低的从业者而言，这种补充保险的普及程度仍然有限。此外，商业保险在保障范围和保障水平上的局限性，也使其难以完全替代公立医疗保险的功能，因此，商业保险作为补充措施的实际效果也存在一定的局限性。

2. 失业保险

（1）传统失业保险的局限

传统的失业保险制度主要针对有正式劳动合同的员工，而新业态就业者的工作形式和收入不稳定使得他们难以享受现有的失业保险待遇。现行失业保险制度未能充分考虑新业态就业者的特殊需求，导致他们在失业期间缺乏有效的经济支持。例如，网约车司机和外卖配送员在失业后往往面临较大的经济压力，而现有的失业保险制度却难以为他们提供及时的援助。

（2）地方试点项目

一些地方政府尝试推出了针对性的失业救助项目，包括提供临时的经济救助和职业培训。但由于信息不对称和项目推广力度不足，这些项目的覆盖范围和实施效果仍然有限。很多新业态就业者并未能真正受益，导致政策的实际效果受到影响。

3. 养老金

（1）城乡居民养老保险

新业态就业者可以选择参与城乡居民养老保险，这为他们提供了一定的养老保障。然而，由于收入的不稳定性和不确定性，很多新业态就业者无法稳定缴纳养老保险费用，从而影响养老金待遇的稳定性和充分性。例如，一名网约车司机由于收入波动，无法按时缴纳养老保险费用，导致其养老金积累不足，影响退休后的生活质量。

（2）企业年金和个人养老金

企业年金和个人养老金通常由企业或个人自愿缴纳，少数新业态就业者通过商业渠道补充养老金。但这些补充机制的普及度不高，且大多数新业态就业者无法参与企业年金计划。因此，补充养老金的机制在保障全面性和系统性方面仍然存在不足。例如，企业年金通常适用于正式员工，而自由职业者和临时工由于工作性质的特殊性，难以享受到这一保障。

4. 工伤保险

工伤保险作为劳动者的重要保障之一，在新业态就业者中却存在明显的缺失。由于许多新业态从业者缺乏正式的劳动合同，他们往往难以获得工伤保险的保障。例如，网约车司机和外卖配送员在工作过程中发生工伤，通常难以通过平台获得有效的工伤赔偿。现行工伤保险制度在设计和实施上未能有效涵盖这些新兴就业形式，导致这部分从业者在工伤事件中的保障水平较低。

（三）内蒙古新业态就业者社会保障现状的具体数据与案例分析

1. 社会保障覆盖的数据现状

（1）医保覆盖情况

内蒙古统计局的数据显示，新业态就业者中仅有约40%参与了城乡居民医疗保险，这显然不足以覆盖所有新业态就业者。剩余的60%新业态就业者因未参保，可能面临较大的医疗费用负担。特别是在经济困难时期，缺乏医疗保障的风险更加突出。值得注意的是，城乡居民医疗保险的报销比例和支付限额在不同地区存在差异，导致部分新业态就业者无法获得足够的医疗保障。

（2）失业保险参与情况

调查数据显示，新业态就业者参与失业保险的比例较低，仅有约10%的从业者能够享受到相应的失业救助。由于工作形式的不稳定性和收入的波动性，大多数新业态就业者未能有效参与失业保险，从而在失业期间陷入经济困境。具体案例显示，部分新业态就业者在失业期间无法获得政府补助，而面临较大的生活压力。

（3）养老金参保情况

内蒙古社保局的数据表明，新业态就业者中约30%参与了城乡居民养老保险。然而，由于收入波动大，缴费情况不稳定，养老金积累受到影响。这导致养老金待遇可能低于预期水平，难以满足新业态就业者的养老需求。例如，一名外卖配送员由于收入不稳定，无法按时缴纳养老保险费，未来养老金水平低于预期，影响其退休后的生活质量。

（4）工伤保险情况

工伤保险的覆盖面较窄，据统计，约20%的新业态就业者曾在工作中遭遇工伤，但其中只有部分人能够通过商业保险或平台提供的保障获得一定的经济补偿。这一情况表明，现行工伤保险制度在保护新业态就业者权益方面存在明显不足。例如，一名网约车司机在工作中发生工伤后，因未能通过现有保险机制获得足够的赔偿而面临较大的经济压力。

2. 具体案例分析

案例一：网约车司机的保障状况

在内蒙古某市，网约车司机普遍面临收入不稳定和社会保障缺失的问题。虽然一些平台尝试提供商业保险，但由于费用高昂且保障内容有限，司机的实际保障水平仍然不足。例如，一名网约车司机在交通事故中受伤后，发现平台提供的商业保险难以覆盖其全部医疗费用和收入损失，导致其经济负担沉重。这种社会保障的不足使得网约车司机面临较大的经济压力。

案例二：外卖配送员的医疗保障

在内蒙古某县，外卖配送员主要依赖城乡居民医疗保险进行医疗保障。然而，由于收入波动大，很多外卖配送员无法按时缴纳保险费用，影响了保障的有效性。例如，一名外卖配送员因意外受伤需要接受医院费用高昂的治疗时，因未能及时缴纳保险费用而面临较大的经济压力。这种医疗保障的缺失，不仅增加了配送员的经济负担，还影响了其生活质量。

案例三：自由职业者的养老金问题

在内蒙古，一些自由职业者通过参与城乡居民养老保险进行养老储备。然而，由于收入波动大，缴费不稳定，养老金积累不够充分。例如，一名自由职业者在收入低谷期无法按时缴纳养老保险费，导致其未来养老金水平远低于预期。这种养老金积累的不足，使得自由职业者在退休后难以维持原有的生活质量水平。

（四）现行政策的不足与挑战

1. 现行政策的不足

（1）保障范围不全面

当前的社会保障体系主要聚焦于正式劳动关系下的员工，而对于新业态就业者这一群体的特殊性和多样性，其保障范围显得尤为狭窄。新业态就业者的收入波动性和工作形式的多样性，使得现有保障体系难以全面覆盖其实际需求。例如，现行的医疗保险和失业保险制度，其设计初衷主要针对的是传统意义上的正式员工，而对于新业态就业者而言，这些制度难以提供充分的保障。

（2）保障标准不明确

关于新业态就业者的社会保障标准，现行政策中缺乏明确的规定，这无疑增加了保障实施和管理的难度。由于缺乏具体的保障标准和措施，政策在实际操作中常常面临较大的不确定性，这不仅影响了政策的公平性，也削弱了其有效性。

（3）政策执行不力

政策执行过程中存在部门间协调不畅和监管不到位的问题，影响了政策的实际效果。例如，部分地方的试点项目未能有效推广或覆盖更多新业态就业者，导致政策未能真正惠及目标人群。政策执行中的不力，削弱了社会保障的实际效果和公平性。

2. 面临的挑战

（1）收入波动大

新业态就业者的收入波动大，为社会保障的实施带来了困难。收入的不稳定性导致保障水平难以保证，进而影响了社会保障政策的有效性。例如，在经济低迷期，新业态就业者的收入减少，社会保障的缴纳和享受都会受到影响，从而加剧了保障的不稳定性。

（2）工作形式多样化

新业态就业者的工作形式多样化，增加了社会保障体系的复杂性和设计难度。现行保障体系难以适应不同形式的工作需求，例如，不同的新业态就业者需要不同类型的保障，这对现有制度提出了更高的要求。

（3）信息不对称

新业态就业者的社会保障参与情况存在信息不对称的问题，导致政策实施和监管面临困难。信息的不透明性使得政策的效果难以评估，影响了政策的公平性和有效性。例如，社会保障数据的采集和信息共享不足，导致政策的实施效果受到限制。

（五）政策建议与改进方向

1. 完善保障体系

（1）建立专门的新业态就业者社会保障机制

建议建立专门的社会保障机制，以覆盖新业态就业者的医疗、失业、养老金和工伤等需求。例如，设立专项社会保障基金，为新业态就业者提供综合性的保障，并制定专门的政策文件明确保障标准和措施。通过构建这一机制，可以确保新业态就业者在各类保障方面得到有效的支持。

（2）拓宽保障范围

将新业态就业者纳入医疗保险、失业保险、养老金和工伤保险等保障范围。例如，调整现有政策，使新业态就业者能够参与正式的社会保障体系，并根据其工作性质和收入特征设计相应的保障措施。通过拓宽保障范围，可以提升新业态就业者的社会保障水平。

2. 改进现行政策

（1）明确保障标准和措施

制定详细的新业态就业者社会保障标准和措施，确保其在不同工作形式下的权益得到有效保障。例如，制定新业态就业者的社会保障政策，明确其权益保障标准和实施细则。通过明确保障标准，可以提高政策的执行力和公平性。

（2）加强政策执行和监管

建立健全的政策执行和监管机制，确保社会保障政策能够有效实施并真正惠及新业态就业者。例如，强化部门之间的协调机制，加强对政策实施情况的监督，确保政策落实到位。通过加强执行和监管，可以提升政策的实施效果。

3. 创新社会保障方式

（1）探索灵活的缴费方式

为新业态就业者提供灵活的社会保障缴费方式，如按月、按季度等，适应其收入不稳定的特征。例如，允许新业态就业者根据个人收入情况选择适合的缴费频率和金额，确保其能够稳定参保。通过灵活的缴费方式，可以提升社会保障的可及性和稳定性。

（2）引入商业保险与政府补贴结合模式

通过政府补贴和商业保险相结合的方式，为新业态就业者提供多层次的保障。例如，政府可以提供一定比例的补贴，降低商业保险的成本，提高其覆盖范围，并鼓励商业保险公司研发适合新业态就业者的保险产品。通过这一融合模式，提升保障的综合性和可持续性。

4. 加强信息共享与服务

（1）建立信息共享平台

建立新业态就业者社会保障信息共享平台，提高信息透明度，方便就业者参保和查询。例如，开发在线平台，提供社会保障信息查询、参保办理和政策咨询服务，提高信息的可及性和透明度。借助信息共享平台，实现社会保障管理效率和服务水平的双重提升。

（2）提供便捷的服务渠道

优化社会保障服务渠道，通过线上线下结合的方式，提供便捷的服务和咨询。例如，设立社会保障服务中心，提供面对面的咨询和服务，同时开发移动应用，方便就业者随时查询和办理相关业务。通过便捷的服务渠道，可以提高社会保障的服务质量和用户满意度。

二、完善新业态就业者社会保障的困难与挑战

在科技飞速发展和经济全球化的大背景下，新业态就业形式在内蒙古自治区及全国范围内迅速兴起。新业态就业形式不仅为劳动力市场带来了新的活力，还推动了经济的转型和升级。然而，这种新兴就业形式也对传统社会保障体系构成了严峻的挑战。传统社会保障体系主要基于正式的劳动合同和稳定的雇佣关系，而新业态就业者的工作形式灵活多变，收入状况也呈现出极大的不确定性，这与传统体系所依赖的基础存在显著的差异。因此，如何在新业态背景下，构建一套能够全面覆盖并有效保障新业态就业者基本权益的社会保障体系，成为当前亟待破解的难题。

（一）新业态就业者社会保障面临的主要困难

1. 保障体系适用性不足

传统社会保障体系的设计主要针对正式员工，基于稳定的劳动合同和固定的收入水平。然而，新业态就业者的工作形式和收入特点显著不同，这对传统社会保障体系构成了严峻考验。

（1）收入波动性

新业态就业者的收入通常受市场需求、工作时间长短、平台政策调整等因素的影响，表现出较大的波动性。例如，网约车司机的收入受乘客需求和交通状况的直接影响，外卖配送员的收入与订单量直接相关。收入的不稳定性使得新业态就业者在缴纳社会保障费用时面临困难。传统的社会保障体系通常要求稳定的缴费基础，这与新业态就业者的实际情况大相径庭，导致其社会保障权益难以得到有效保障。

（2）工作形式灵活

新业态就业者的工作时间和地点高度灵活，如自由职业者可以自主选择工作时间和地点。传统社会保障体系通常基于固定的工作时间和地点设计，这使得其在应对新业态就业者的灵活工作形式时显得难以适用。例如，网约车司机和外卖配送员的工作时间可能随时调整，这使得他们的社会保障缴费和管理变得复杂。

2. 保障标准的不明确

现行社会保障政策通常未能详细规定新业态就业者的保障标准和措施，导致政策的实施效果受到影响。这种不明确性影响了保障的公平性和有效性，也使得新业态就业者在权益保障方面承受较大风险。

（1）政策模糊性

目前，针对新业态就业者的社会保障政策往往存在较大的模糊地带。许多政策在具体标准和操作细节上不够明确，导致实施中的不一致性。例如，对于自由职业者的医疗保险和养老金保障，相关政策未能提供具体的指导和实施细则。这种政策模糊性使得新业态就业者在享受社会保障时面临不确定性，影响了他们的保障权益。

(2) 保障范围不足

现有的社会保障政策主要覆盖正式员工，对于新业态就业者的保障范围有限。例如，网约车司机和外卖配送员在工伤保险和失业保险方面的保障水平较低，且缺乏相应的政策支持。这种保障范围的不足，使得新业态就业者在面临工伤、失业等风险时，难以获得足够的支持和救助。

3. 保障参与的困难

新业态就业者的工作形式和收入特点使得他们在社会保障参与上面临一定的困难。这种困难主要体现在以下几个方面。

(1) 收入不稳定

新业态就业者的收入波动性大，使得他们难以稳定地缴纳社会保障费用。例如，外卖配送员和网约车司机的收入受订单量和乘客需求的影响较大，收入的不规律性使得他们在社会保障缴纳时面临困难。这种收入波动性导致社会保障缴纳不稳定，进而影响了保障的连续性和有效性。

(2) 工作形式多样化

新业态就业者的工作形式多样化，增加了社会保障体系的复杂性和设计难度。例如，自由职业者的工作形式多种多样，包括编程、设计、写作等多个领域。这种多样化的工作形式使得现有社会保障体系难以提供针对性的保障措施，从而影响了社会保障的适用性和有效性。

(3) 缺乏社会保障意识

部分新业态就业者对于社会保障的认识和参与意识较低，可能缺乏足够的保障意识和参与动力。例如，一些外卖配送员和网约车司机由于收入的波动性和工作时间的灵活性，可能忽视了社会保障的重要性。这种保障意识的缺乏导致他们在参与社会保障时积极性不高，进而影响了社会保障政策的实施效果。

4. 信息不对称与监管困难

新业态就业者的社会保障面临信息不对称和监管困难的问题，这使得保障政策的实施和管理变得尤为艰难。

（1）信息不对称

新业态就业者的社会保障参与情况信息不透明，导致政策实施和监管面临诸多障碍。例如，平台经济中的自由职业者和网约车司机的工作时间、收入情况等信息往往缺乏有效的记录和报告机制，这严重影响了社会保障政策的精准实施。信息不对称使得政府部门难以准确掌握新业态就业者的社会保障需求和参保情况，影响了政策的制定和执行。

（2）监管难度大

由于新业态就业形式的灵活性和多样性，社会保障的监管工作面临较大的挑战。例如，如何有效地监测和评估新业态就业者的社会保障参保情况，确保保障政策的公平和有效实施，是一个亟待解决的问题。新业态就业者的工作形式和收入特点使得监管部门难以制定统一的监管标准和措施，增加了监管的复杂性。

（二）新业态就业者社会保障面临的具体挑战

1. 医疗保障的挑战

医疗保障是社会保障体系中的重要组成部分，对于新业态就业者来说，医疗保障的覆盖和实施面临诸多挑战。

（1）医保覆盖范围不足

传统医疗保险体系侧重于正式员工，而新业态就业者往往未能纳入医保覆盖范围。例如，网约车司机和外卖配送员在医疗保险方面的保障水平相对较低，且政策实施不够全面。这种医保覆盖范围不足的问题使得新业态就业者在面临健康问题时，可能无法获得足够的医疗保障，从而对他们的生活质量和工作热情造成不利影响。

（2）医疗费用高昂

新业态就业者因收入的不稳定性，在医疗费用支出上承受较大的压力。例如，外卖配送员和网约车司机在突发疾病或意外受到伤害时，由于缺乏足够的医疗保障，不得不自行承担高昂的医疗费用。这种高昂的医疗费用会对新业态就业者的经济状况造成沉重打击，加剧他们的经济负担。

（3）医保参保困难

新业态就业者的工作形式和收入特点使得医保参保流程变得复杂。例如，自由职业者和临时工因收入波动大，缴纳医保费用时存在困难。现有的医保政策难以针对这些特殊情况提供有效的解决方案，削弱了新业态就业者的参保积极性。医保参保的困难使得新业态就业者在享受医疗保障时遭遇阻碍，损害了他们的健康权益。

2. 失业保障的困境

失业保险是社会保障体系的重要组成部分，对于新业态就业者来说，其覆盖和实施面临一定的挑战。

（1）失业保险覆盖不足

传统的失业保险主要针对正式员工，新业态就业者的失业保险覆盖范围相对较窄。例如，网约车司机和外卖配送员在失业期间可能无法获得足够的失业救助，导致他们陷入经济困境。现有的失业保险政策未能充分考虑新业态就业者的特殊需求，影响了他们在失业期间的经济援助。

（2）失业救助标准低

即使新业态就业者能够参保失业保险，现有的失业救助标准也可能无法满足他们的基本生活需求。例如，现行失业救助标准可能无法有效覆盖新业态就业者在失业期间的基本生活支出，导致他们生活质量下降。失业救助标准的低廉，使得新业态就业者在失业期间承受更大的经济压力，影响了他们的生活保障。

（3）失业救助申请复杂

新业态就业者在申请失业救助时，可能面临程序复杂和材料烦琐的问题。例如，自由职业者和临时工由于缺乏正式的劳动合同，在申请失业救助时需要提供更多的证明材料，这增加了申请的难度。失业救助申请的复杂性，使得新业态就业者在申请过程中面临困难，损害了他们的失业救助权益。

3. 养老金保障的挑战

养老金是社会保障体系中重要的一部分，对于新业态就业者来说，养老金保障面临诸多挑战。

（1）养老金缴纳不稳定

新业态就业者因收入的不稳定性，导致养老金缴纳存在困难。例如，网约车司机和外卖配送员的收入波动较大，可能无法稳定地缴纳养老金保险费用，从而影响养老金的积累。收入的不稳定性使得新业态就业者在养老金缴纳过程中面临困难，影响了养老金的连续性和有效性。

（2）养老金待遇低

即使新业态就业者能够参与养老金缴纳，现有的养老金待遇水平可能无法满足其基本生活需求。例如，现行养老金制度可能未能针对新业态就业者的特殊需求提供足够的保障，导致他们在退休后面临较大的经济压力。养老金待遇的低廉，使得新业态就业者在退休后面临较大的经济困境，影响了他们的退休生活质量。

（3）养老金制度适应性差

现有的养老金制度主要针对正式员工设计，新业态就业者的工作形式和收入特点使得现行制度的适应性不足。例如，自由职业者和临时工的养老金积累方式可能与正式员工存在显著差异，现有养老金制度需要进行相应调整以适应新业态就业者的需求。养老金制度的适应性不足，影响了新业态就业者的养老金保障效果，需进行制度创新和调整。

4. 工伤保险的挑战

工伤保险作为保障劳动者在工作过程中免受伤害的重要机制，对于新业态就业者来说，工伤保险的保障面临一定的挑战。

（1）工伤保险覆盖不足

新业态就业者在工伤保险方面的保障通常较为薄弱。例如，网约车司机和外卖配送员在工作过程中可能面临较高的工伤风险，但现有的工伤保险政策未能充分覆盖他们的工伤风险，导致他们在工伤发生后陷入经济困境。工伤保险覆盖不足的问题，使得新业态就业者在工伤发生后缺乏足够的经济支持，影响了他们的生活质量。

（2）工伤认定困难

新业态就业者的工伤认定流程可能较为复杂。例如，外卖配送员在工作过程中不幸遭受工伤时，需要准备并提交一系列详尽的证明材料。这一过程不仅增加了他们的负担，还可能导致工伤认定的周期延长，从而影响工伤保险制度在实际应用中的效果。工伤认定的复杂性成为新业态就业者在申请工伤保险时面临的主要障碍之一，进而损害了其工伤保障权益。

（3）工伤救助标准低

即使新业态就业者能够获得工伤救助，现有的救助标准也可能较低，无法有效覆盖其工伤相关费用。例如，现有的工伤救助标准可能不足以覆盖新业态就业者的医疗费和康复费，影响了他们的日常生活质量。由于工伤救助标准偏低，当新业态就业者遭遇工伤事故后，不得不承受巨大的经济负担，这直接削弱了他们的生活保障能力。

（三）应对新业态就业者社会保障挑战的建议

1. 完善社会保障政策体系

为有效应对新业态就业者在社会保障方面所面临的挑战，政府应当完善社会保障政策体系，制定针对新业态就业者的专项政策，并在以下几个方面进行改进。

（1）拓宽保障覆盖范围

将新业态就业者纳入社会保障体系，扩大保障覆盖范围。例如，可以针对网约车司机、外卖配送员和自由职业者等群体，出台专门的社会保障政策，确保他们在医疗、失业、养老金和工伤等方面得到有效保障。这不仅可以提高新业态就业者的保障水平，还能推动社会保障体系的持续优化和发展。

（2）明确保障标准

制定明确的社会保障标准和政策指南，为新业态就业者提供清晰的保障范围和标准。例如，政府可以出台政策文件，详细阐述各类保障措施的实施细则，为新业态就业者提供明确的保障依据，从而提升政策的执行力和公信力。

（3）优化保障参与机制

简化社会保障参与流程，提高新业态就业者的参保便利性。例如，可以设计便捷的社会保障、参保渠道和在线服务平台，实现参保和缴费的全程线上化，降低参保门槛，提高新业态就业者的参保积极性，同时提升社会保障的管理效率。

2. 推动社会保障制度改革

为了提高社会保障体系的适应性和覆盖面，需要推动社会保障制度的改革与创新，包括以下几个方面。

（1）调整保险缴费机制

根据新业态就业者的收入特点，调整社会保障保险缴费机制。例如，按月、按季度或按年度等多种缴费方式，以适应新业态就业者收入的不稳定性。这种灵活的缴费机制可以提高新业态就业者的参保积极性，确保其社会保障权益的持续性。

（2）创新保障产品和服务

开发适合新业态就业者的社会保障产品和服务。例如，可以推出针对自由职业者的职业保险、灵活就业人员的养老保险等，满足其不同的保障需求。创新的保障产品和服务不仅可以提高社会保障的覆盖面，还能提升新业态就业者的保障水平。

（3）加强保障监管

加强对社会保障政策实施的监管，确保保障措施的公平和有效。例如，可以建立健全的监管机制，对社会保障政策的实施情况进行监督和评估，及时发现和解决保障实施中的问题。加强监管不仅可以提高社会保障政策的实施效果，还能维护新业态就业者的合法权益。

3. 提高新业态就业者的社会保障意识

为了增强新业态就业者的社会保障意识和参与度，需要加大宣传和教育力度，包括以下几个方面。

（1）开展宣传活动

通过多种渠道开展社会保障宣传活动，提高新业态就业者对社会保障政策的认识。例如，可以利用互联网、社交媒体、社区活动等多元化渠道，宣传社会保障政策的内容和重要性，增强新业态就业者的参与意识。

（2）提供培训和咨询

为新业态就业者提供社会保障培训和咨询服务，帮助他们了解保障政策和参保流程。例如，可以设立社会保障咨询热线和在线服务平台，为新业态就业者提供专业的培训和咨询服务。

（3）激励参保积极性

通过激励措施提高新业态就业者的参保积极性。例如，可以建立社会保障参保奖励机制，对积极参保的新业态就业者给予一定的奖励或补贴，鼓励他们主动参与社会保障。激励措施的实施不仅可以提高参保率，还能增强新业态就业者的保障意识。

4. 增强社会保障的灵活性和适应性

为了更好地适应新业态就业者的需求，社会保障体系需要增强灵活性和适应性，包括以下几个方面。

（1）设计灵活的保障方案

根据新业态就业者的工作形式和收入特点，设计灵活的社会保障方案。例如，可以为不同类型的新业态就业者设计个性化的保障方案，以满足其不同的保障需求。这种灵活的保障方案可以提高社会保障的适用性和有效性，确保新业态就业者的基本权益得到保障。

（2）加强信息共享和数据管理

建立完善的社会保障信息系统，实现信息共享和数据管理的升级。例如，可以通过大数据和信息化手段，实时监测新业态就业者的保障情况，提升保障管理的效率和精准性。加强信息共享和数据管理将有利于推动政策的科学制定和实施。

（3）推动多方合作

社会保障的完善需要政府、企业和社会组织的共同努力。例如，可以通过政府与平台企业的合作，推动社会保障政策的实施和优化，提高新业态就业者的保障水平。同时，鼓励社会组织积极参与社会保障体系建设，形成政府主导、企业参与、社会协同的多元化保障体系。

三、完善新业态就业者社会保障的政策建议

新业态就业者的社会保障问题因其工作形式的多样化和收入的不稳定性而显得尤为复杂。为了确保新业态就业者能够享受到公平有效的社会保障，政策制定者需要从多个层面进行改革和完善。本节将详细探讨针对新业态就业者的社会保障政策建议，包括政策体系的完善、保障机制的创新、管理与服务能力的提升以及国际经验的借鉴等方面。以下内容将分为5个主要部分详细展开：政策体系的完善、保障机制的创新、管理与服务能力的提升、国际经验的借鉴与合作、政策实施保障措施。

（一）政策体系的完善

1. 制定专门的社会保障政策

为了适应新业态就业者的独特需求，需制定专门的社会保障政策。这些政策应涵盖医疗保险、失业保险、养老金、工伤保险等多个方面，确保新业态就业者在这些领域能够获得与传统员工同等的保障。

（1）医疗保险政策

扩大医疗保险覆盖范围：将新业态就业者纳入医疗保险范围，确保他们能够享受与正式员工相同的医疗保障。现行医疗保险制度主要针对传统劳动者，新业态就业者在参保过程中面临诸多挑战，包括参保流程复杂、信息不对称等。因此，需要通过法律法规的修订，将新业态就业者的医疗保险纳入法定保障范围，并规定各类新业态工作的医疗保险应覆盖的具体条款。例如，可以设立专门的“新业态就业者医疗保险”计划，规定其覆盖的基本医疗服务项目，确保他们在医疗服务中得到应有的保障。

制定灵活的缴费机制：根据新业态就业者收入波动大的特点，设计灵活的医疗保险缴费机制。例如，可以按月、按季度或按年的缴费方式选项，并允许根据实际收入调整缴费金额。这样可以减轻新业态就业者的经济压力，同时保持医疗保险的可持续性。

提高医疗保险待遇：在制定医疗保险政策时，考虑到新业态就业者的实际需求，提高医疗保险的报销比例和保障水平。例如，可以推出“补充医疗

保险”项目，为新业态就业者提高医疗费用报销比例，特别是在高额医疗费用和慢性病管理方面，给予额外的经济支持。

（2）失业保险政策

制定针对新业态就业者的失业保险政策：建立适应新业态就业者需求的失业保险制度，确保他们在失业期间能够获得必要的经济援助。由于新业态就业者往往没有稳定的雇佣关系，传统的失业保险制度难以覆盖他们的需求。因此，需要制定特定的失业保险政策，例如，建立“灵活失业保险”计划，允许新业态就业者在失业时根据其工作时间和收入水平获得一定比例的失业救济。

灵活缴费与领取机制：根据新业态就业者的收入特点，建立灵活的失业保险缴费机制，并简化失业救助申请流程。例如，可以实施按月或按季度缴费的方式，同时简化失业救助申请条件，提供更为便捷的申请途径，减少新业态就业者在申请失业救济过程中面临的烦琐程序。

提供职业培训与再就业服务：失业保险政策应包括职业培训和再就业服务，帮助失业的新业态就业者提升技能，增加其再就业机会。例如，可以设立“失业救助培训基金”，为失业者提供职业技能培训和职业规划服务，帮助他们重新顺利进入劳动力市场。

（3）养老金政策

建立灵活的养老金制度：针对新业态就业者的特点，制定灵活的养老金缴纳方案。例如，可以根据新业态就业者的收入水平和工作时间，制定不同档次的养老金缴纳方案，允许他们根据实际情况选择适合的缴费方式。

提高养老金待遇：在养老金政策中增加对新业态就业者的保障标准，确保其退休后的生活质量。例如，可以设立“新业态就业者养老金补充计划”，在基本养老金的基础上提供额外的补充养老金，保障退休后的生活质量。

制订养老金积累计划：提供多样化的养老金积累选项，如个人养老金账户，鼓励新业态就业者进行长期储蓄和投资。例如，可以设立“个人养老金投资计划”，允许新业态就业者通过个人养老金账户进行投资，获得额外的养老金积累。

（4）工伤保险政策

扩展工伤保险覆盖范围：将新业态就业者纳入工伤保险范围，确保其在工作过程中受到伤害时能够获得适当的保障。例如，可以在《工伤保险条例》中增加新业态就业者的相关条款，明确他们在工伤保险中的权益和待遇。

简化工伤认定程序：为新业态就业者简化工伤认定程序，提高工伤赔偿的效率和公平性。例如，可以设立专门的“工伤认定服务中心”，为新业态就业者提供工伤认定和赔偿申请的咨询和帮助，减少烦琐的程序。

提高工伤赔偿标准：根据新业态就业者的实际情况，适当提高工伤赔偿标准，确保工伤后能够得到足够的经济支持和医疗服务。例如，可以设立“工伤赔偿专项基金”，用于提高新业态就业者的工伤赔偿标准，并提供额外的医疗和康复支持。

2. 制定灵活的保障机制

新业态就业者的工作形式多样化，收入波动性大，因此需要建立灵活的社会保障机制，以适应其独特需求。

（1）收入波动性应对机制

设置阶梯式缴费标准：根据新业态就业者的收入水平设置不同的缴费标准，如收入高的缴费比例相对较高，收入低的缴费比例相对较低。这样可以根据新业态就业者的实际收入情况进行合理的缴费安排，减轻他们的经济压力。

推行按实际收入缴费：将社会保障缴费与实际收入挂钩，收入越高缴费越多，收入越低缴费越少。此举能在收入波动较大的情况下保证社会保障的持续性。例如，可以实施“按收入缴费制度”，根据新业态就业者的收入水平动态调整其缴费金额。

（2）弹性参保机制

提供自愿参保选项：对新业态就业者提供自愿参保选项，让其根据个人需求选择是否参保，以及选择参保的具体内容和范围。例如，可以设立“社会保障自愿参保计划”，允许新业态就业者根据实际需求选择不同的社会保障项目。

简化参保流程：通过简化参保流程、提供线上参保服务等措施，提高新业态就业者的参保便利性。例如，可以推出“线上参保平台”，通过移动应用程序和互联网服务简化参保流程，提高参保的效率和便利性。

（3）跨平台保障机制

实现信息共享：推动不同平台之间的信息共享，实现新业态就业者在不同平台之间的社会保障权益信息同步。这样可以减少信息不对称的问题，提高社会保障的透明度和公正性。

建立统一的社保账户：创建一个统一的社会保障账户系统，将新业态就业者的社会保障信息集中管理，方便其跨平台管理和查询社会保障情况。例如，可以设立“全国社会保障信息管理平台”，集中管理新业态就业者的社会保障信息，提供统一的服务和查询功能。

3. 加强社会保障制度的适应性

为了确保社会保障制度能够有效应对新业态就业者的需求，需要对现有制度进行适应性改革。

（1）制度灵活性

制定个性化保障计划：根据不同类型的新业态就业者的特点，制订个性化的保障计划。例如，自由职业者、临时工和平台劳动者的保障需求可能有所不同，可以针对性地制定保障措施，如提供专门的“自由职业者保障计划”和“临时工保障计划”。

推行动态调整机制：根据新业态就业者的变化情况，动态调整社会保障政策。例如，设立“动态调整委员会”，定期评估社会保障政策的实施效果，根据实际情况进行调整和优化。

（2）政策创新

引入社会保险科技：利用科技手段（如大数据、人工智能等）进行社会保障数据分析和风险预测，提升政策的科学性和前瞻性。例如，可以开发“社会保障大数据分析系统”，对新业态就业者的保障需求和风险进行实时分析，为政策调整提供数据支持。

探索新型社会保险产品：根据新业态就业者的特点，开发新型社会保险产品，如按需购买的短期保险、灵活配置的保障组合等。例如，可以推出“按需保险计划”，允许新业态就业者根据实际需要选择不同类型的短期保险产品。

4. 提高政策宣传和实施力度

新业态就业者对社会保障政策的了解程度可能较低，因此需要加强政策宣传，加大实施力度。

（1）多渠道宣传

利用数字媒体：通过社交媒体、移动应用程序等数字渠道进行政策宣传，提高新业态就业者对社会保障政策的认识。例如，可以通过“政策宣传微信平台”和“社交媒体广告”发布政策信息，扩大宣传覆盖面。

开展线下活动：在社区、企业和平台等地开展政策宣传活动，向新业态就业者普及社会保障知识。例如，可以组织“社会保障知识讲座”和“社区宣传活动”，提高新业态就业者对社会保障政策的了解。

（2）政策培训

提供培训课程：组织针对新业态就业者的社会保障培训课程，帮助他们了解相关政策、权益和申请程序。例如，可以开设“社会保障在线培训课程”和“职业培训班”，提供系统的政策培训和咨询服务。

设立咨询服务：提供社会保障咨询服务，解答新业态就业者在保障参保和权益申请过程中的疑问。例如，可以建立“社会保障咨询热线”和“在线客服平台”，提供实时的咨询和帮助。

（3）强化政策实施

建立监督机制：设立专门的监督机构，对社会保障政策的实施情况进行监督和评估，确保政策能够有效落实。例如，可以设立“社会保障监督委员会”，负责政策实施情况的监督和评估。

改进政策反馈机制：建立健全的政策反馈机制，及时收集新业态就业者的意见和建议，进行政策调整和改进。例如，可以设立“政策反馈平台”和“意见征集渠道”，收集和分析新业态就业者的反馈意见。

（二）保障机制的创新

1. 推动社保基金的创新

（1）设立专项基金

新业态就业者专项基金：设立针对新业态就业者的专项基金，用于支持其社会保障的各个方面。例如，可以设立“新业态就业者保障专项基金”，用于补贴医疗保险、失业保险和养老金的支出。

补充保险基金：设立补充保险基金，为新业态就业者提供额外的保障。例如，可以建立“补充医疗保险基金”和“工伤补偿基金”，提高保障水平。

（2）引入多元化资金来源

公共与私营部门合作：通过公私合营模式，引入私营部门的资金和资源，推动社保基金的多元化发展。例如，可以与社会保险公司合作，推出“企业参与社保基金计划”，为新业态就业者提供更加全面和有力的社会保障支持。

社会资本投资：吸引社会资本投资社保基金，推动资金的多元化配置。例如，可以通过“社会资本投资基金”，引导社会资本参与社保基金的管理和投资。

2. 制定灵活的保险产品

（1）短期保险产品

临时保险计划：为新业态就业者提供短期保险产品，满足其临时性的保障需求。例如，可以推出“临时健康保险”和“短期工伤保险”，满足新业态就业者的短期保障需求。

按需保险方案：制定灵活的保险方案，允许新业态就业者根据实际需求选择不同的保险产品。例如，可以提供“按需医疗保险”和“灵活工伤保险”选项，按照新业态就业者的具体情况进行选择。

（2）综合保障方案

多层次保障组合：提供综合保障方案，将医疗保险、失业保险、工伤保险和养老金等保障内容进行组合，满足新业态就业者的多样化需求。例如，可以推出“综合保障套餐”，将多种保险产品进行打包，提供全面的保障服务。

个性化保障计划：根据新业态就业者的个性化需求，设计定制个性化的保险方案。例如，可以推出“个性化医疗计划”和“自选工伤保障”，根据新业态就业者的具体需求进行配置。

3. 推动社保管理的科技化

（1）大数据应用

数据分析与预测：利用大数据技术进行社会保障数据分析和风险预测，提高政策的科学性。例如，可以搭建“大数据分析平台”，对新业态就业者的社会保障数据进行实时分析和预测，指导政策调整。

风险管理系统：建立基于大数据的风险管理系统，识别和评估社会保障风险。例如，可以推出“社会保障风险预测系统”，对可能的风险进行监测和预警，减少不确定性。

（2）人工智能技术

智能服务平台：搭建人工智能驱动的服务平台，提供智能化的社会保障服务。例如，可以开发“人工智能咨询平台”，通过聊天机器人和智能客服提供实时的咨询服务。

自动化审批系统：推动社会保障审批流程的自动化，提高审批效率。例如，可以实施“自动化审批系统”，利用人工智能技术进行审批和审核，减少人工干预，提高效率。

4. 改进社保信息系统

（1）信息整合与共享

统一社保信息平台：建立统一的社保信息平台，实现各类社会保障数据的整合与共享。例如，可以设立“全国社保信息管理系统”，集中管理新业态就业者的社保信息，实现信息的统一和共享。

数据标准化：制定数据标准，确保不同平台和系统之间的数据兼容性和可共享性。例如，可以推出“社保数据标准化规范”，统一数据格式和标准，提高信息共享的效率。

（2）隐私保护与安全

加强数据隐私保护：制定隐私保护政策，确保新业态就业者的个人数据安全。例如，可以实施“数据隐私保护法”，规范数据的收集、存储和使用，保障个人隐私。

提升信息安全水平：采用先进的技术手段，加强信息系统的安全防护。例如，可以引入“信息安全防护系统”，对社保信息系统进行安全监测和防护，防止数据泄露和被攻击。

（三）社会保障管理与服务能力的提升

1. 加强社保管理机构的建设

（1）建立专门机构

新业态就业者社会保障管理局：设立专门的管理机构，负责新业态就业者的社会保障政策的制定和实施。例如，可以成立“新业态就业者社会保障管理局”，推行并监督各项社会保障政策的实施。

区域服务中心：在各地设立区域服务中心，提供社保政策咨询和服务。例如，可以建立“区域社会保障服务中心”，提供地方化的社保服务，解决新业态就业者的实际问题。

（2）提升管理效率

引入信息化管理工具：采用信息化管理工具，提高社保管理的效率。例如，可以建立“社会保障信息管理系统”，实现在线申请、审批和数据管理，提高管理效率。

优化工作流程：优化社保管理流程，简化程序，减少审批时间。例如，可以实施“流程再造计划”，对社保管理流程进行优化和改进，提高服务效率。

2. 提升服务水平

（1）建立服务平台

线上服务平台：建立在线服务平台，提供便捷的社保服务和咨询。例如，可以开发“社保在线服务平台”，通过网站和移动应用程序提供服务和咨询。

线下服务网点：设立线下服务网点，为新业态就业者提供面对面的服务。

例如，可以在社区、企业和平台设立“社保服务网点”，提供现场咨询和帮助。

（2）提供个性化服务

定制化服务方案：根据新业态就业者的具体需求，制定个性化的服务方案。例如，可以设计制订“个性化社保服务计划”，为不同类型的新业态就业者提供定制化服务。

专业咨询服务：提供专业的咨询服务，解答新业态就业者在保障参保和权益申请过程中的疑问。例如，可以设立“专业咨询热线”和“在线客服”，提供专业的咨询和帮助。

3. 加强人才培养与建设

（1）培训专业人员

社保管理人员培训：对社保管理人员进行专业培训，提高其业务能力和服务水平。例如，可以开展“社保管理培训班”和“专业技能提升课程培训”，提升社保管理人员的综合素质。

引入外部专家：邀请社会保障领域的专家和顾问参与政策制定和实施，提高政策的科学性和合理性。例如，可以通过“专家咨询委员会”，邀请行业专家参与政策研究和咨询。

（2）增强服务能力

提升服务技能：加强社保服务人员的技能培训，提高服务质量。例如，可以开展“服务技能培训班”和“客户服务技巧培训”，提高服务人员的沟通能力和服务水平。

引入先进技术：采用先进的技术手段，提高服务的效率和质量。例如，可以引入“人工智能客服系统”和“在线服务平台”，提升服务的自动化和智能化水平。

4. 加强政策评估与反馈

（1）建立评估机制

定期评估政策实施效果：对社会保障政策的实施情况进行定期评估，发现问题并进行调整。例如，可以成立“政策评估委员会”，对政策实施效果进行定期评估和反馈。

进行专项调查：通过调查研究了解新业态就业者的实际需求和问题，为政策调整提供数据支持。例如，可以开展“社会保障需求调查”和组织“政策效果评估”，为政策改进提供依据。

（2）收集反馈意见

建立反馈机制：收集新业态就业者和相关部门的意见和建议，为政策调整提供依据。例如，可以设立“意见征集平台”和建立“政策反馈渠道”，收集和分析社会保障政策的反馈意见。

开展座谈会：定期组织座谈会，邀请新业态就业者、专家和政策制定者讨论社会保障政策的实施情况和改进建议。例如，可以举行“政策座谈会”和“专家研讨会”，促进政策讨论和改进。

（四）国际经验的借鉴与合作

1. 学习国际经验

（1）研究国外政策

借鉴成功案例：研究国际上对新业态就业者社会保障的先进政策和做法，有选择性地吸收借鉴适合我国国情的有益经验。例如，可以剖析欧美国家在新业态就业者社会保障方面的成功案例，如德国的社会保障创新和美国的灵活保险模式。

评估政策效果：评估国际社会保障政策的实施效果，了解其优缺点和适用条件。例如，可以通过“国际政策评估报告”，对各国社会保障政策的实施效果进行详细评估和比较。

（2）参与国际论坛

国际合作论坛：参与国际社会保障论坛和研讨会，与国际同行交流经验，推动政策的国际化发展。例如，可以参加“全球社会保障论坛”和“国际社会保险研讨会”，与国际专家交流经验和观点。

分享研究成果：向国际社会分享我国在新业态就业者社会保障方面的研究成果和实践经验，促进国际合作和知识共享。例如，可以发布“社会保障研究报告”和整理“政策实践案例”，向国际社会展示我国的研究和实践成果。

2. 加强双边合作

（1）建立合作机制

双边社会保障合作协议：与其他国家建立社会保障领域的合作机制，推动跨国社会保障合作和信息共享。例如，可以签订“社会保障合作协议”，在新业态就业者社会保障领域开展跨国合作。

开展联合项目：与国际组织和其他国家开展社会保障领域的联合项目，推动国际合作和政策创新。例如，可以启动“国际社会保障合作项目”，共同研究和解决新业态就业者的社会保障问题。

（2）开展联合研究

联合研究机构：与国际组织和研究机构开展联合研究，探索新业态就业者社会保障的国际合作模式。例如，可以成立“国际社会保障研究中心”，开展跨国合作研究和进行政策分析。

分享研究数据：与国际合作伙伴共享社会保障数据和研究成果，推动国际社会保障政策的科学化和规范化。例如，可以建立“国际数据共享平台”，共享社会保障数据和研究成果，促进政策的国际化发展。

（五）政策实施保障措施

1. 确保资金支持

（1）增加财政投入

设立专项基金：设立新业态就业者社会保障专项基金，确保政策实施所需的资金支持。例如，可以设立“新业态就业者保障专项基金”，用于支持医疗保险、失业保险、养老金等保障项目的支出。

提高财政拨款：增加财政拨款，用于支持新业态就业者的社会保障政策和措施的实施。例如，可以增加“社会保障财政预算”，提高对新业态就业者保障政策的财政支持。

（2）吸引社会资本

引入社会资本投资：通过政策引导和激励措施，吸引社会资本投资社会保障领域，提升保障水平和服务质量。例如，可以通过“社会资本投资计划”，鼓励企业和个人投资社会保障领域，提升保障水平。

推动公私合营模式：推广公私合营模式，在社会保障领域引入企业参与，提高保障服务的效率和质量。例如，可以策划并实施“公私合营社会保障项目”，与企业合作提供社会保障服务。

2. 加强政策监测与评估

（1）建立监测体系

设立监测机构：建立专门的政策监测机构，负责对新业态就业者社会保障政策的实施效果进行监测和评估。例如，可以设立“社会保障监测中心”，对政策实施情况进行全面监测和评估。

开展定期评估：定期对社会保障政策的实施情况进行评估，发现问题及时进行调整和改进。例如，可以制订“年度政策评估计划”，对政策实施效果进行定期评估和调整。

（2）收集反馈意见

建立反馈机制：建立政策反馈机制，收集新业态就业者和相关部门的意见和建议，为政策调整提供依据。例如，可以建立“政策反馈平台”，收集和分析新业态就业者的反馈意见和建议。

开展调查研究：通过调查研究，了解新业态就业者的实际需求和面临的问题，为政策制定提供数据支撑。例如，可以组织“社会保障需求调查”和开展“政策效果研究”，为政策优化调整提供科学依据和数据支持。

3. 加强社会各界参与

（1）鼓励企业参与

激励企业提供保障：通过政策激励措施，鼓励新业态平台企业为劳动者提供社会保障福利，提升整体保障水平。例如，可以推出“企业保障激励政策”，对提供额外保障的企业给予税收优惠和补贴。

推动企业责任：倡导企业履行社会责任，为新业态就业者提供更多的保障和福利。例如，可以设立“企业社会责任奖”，表彰为新业态就业者提供优质保障的企业。

（2）发挥社会组织作用

支持社会组织参与：支持社会组织参与社会保障政策的制定和实施，发挥其在社会保障服务中的作用。例如，可以与社会组织合作开展“社会保障服务项目”，提供专业化的服务和支持。

推动社会合作：鼓励社会组织与政府、企业合作，推动社会保障政策的落实和完善。例如，可以建立“社会保障合作平台”，促进社会组织、政府和企业之间的合作。

完善新业态就业者的社会保障政策是实现社会公平正义、推动经济社会持续健康发展的重要举措。为此，需要采取一系列综合措施，包括制定针对性强、适应性广的社会保障政策，构建灵活高效的保障机制，积极推动社会保障制度的改革与创新，并着力提升管理和服务水平。同时，加强国际的合作与交流，广泛借鉴先进国家的成功经验，对于应对新业态就业者社会保障领域的挑战至关重要。在政策实施过程中，必须充分考虑资金筹措与保障的可持续性，建立健全的监测评估体系，确保各项政策措施能够精准落地、有效实施。此外，广泛吸纳社会各方面的意见与建议，增强政策制定的透明度和公众的参与度，也是提升政策效果、增强社会认同感的必要途径。未来，我们应持续关注新业态就业者的社会保障需求变化，紧密结合经济社会发展的新趋势，不断优化和调整保障措施，推动社会保障体系朝着更加科学化、规范化、人性化的方向发展。通过持续不断地探索与实践，致力于为新业态就业者构建一个更加公平、安全、有保障的社会环境，为社会的和谐稳定与经济的繁荣发展作出积极贡献。

报告九　健全分层分类的社会救助体系

杜孟其[①]

一、内蒙古社会救助制度运行的整体情况

内蒙古在推进高质量发展中，更加注重和改善民生。近年来，内蒙古全区对低收入人口开展“动态监测+分类救助”的方式，构建了梯度社会救助新格局，并将其中的大部分人员纳入兜底保障范围。通过实施多项措施，以提升救助的精准性和覆盖面，为困难群众提供更加全面、及时、有效的救助服务。

一是改革完善社会救助制度。近年来，出台了《关于改革完善社会救助制度的实施措施》，围绕夯实最低生活保障等基本生活救助、健全专项救助、完善急难社会救助等七个方面提出了26项综合改革措施，以此来不断推动内蒙古构建分层分类的社会救助体系。印发了《关于加强低收入人口动态监测做好分层分类社会救助工作的具体措施》《关于加强政府救助与慈善帮扶有效衔接的若干措施》等一系列配套文件，拓展了低收入人口的专项救助措施，健全了包括低收入人口认定衔接、部门常态化信息共享、党建引领走访摸排、服务类救助资金配套、基层能力提升工程五项工作机制，有力推动了政策落实。同时，通过建立与自治区总工会、团委、妇联、残联、红十字会、慈善总会等组织的政策衔接、资源链接、信息共享、定期会商工作机制，有力推动政府救助与慈善帮扶融合互补。

二是保险助力社会救助工作。内蒙古在医疗救助方面落实了城乡居民医疗保险参保财政补助政策，分类资助困难群众参加居民基本医疗保险，对特

---

① 杜孟其，内蒙古大学公共管理学院讲师。

困人员参保的费用给予全额资助，对低保对象、返贫致贫人口按照不低于当期居民医保个人缴费标准的45%给予定额资助，减轻了困难群众个人参保缴费负担，确保困难群众享受到基本医保保险政策。同时，按照“先保险后救助”的原则，对基本医疗保险、大病保险等支付后个人自付医疗费用仍然较重的救助对象按规定实施医疗救助，对特困人员实施全额救助，对低保对象政策范围内费用按不低于70%的比例救助，对其他救助对象政策范围内费用救助比例不低于60%。最后，对经政府救助、社会保险、社会帮扶后基本生活仍然困难的救助对象由临时救助进行兜底保障，切实维护了困难群众的基本生活权益。

三是健全体系提升兜底保障能力。认真落实自治区党委提出的温暖工程，印发《关于2024年全区社会救助标准有关事宜的通知》，指导乌兰察布市、赤峰市、兴安盟、通辽市稳步提高农村牧区低保标准，增强兜底保障效果。加快推动防止返贫帮扶政策和农村牧区低收入人口常态化帮扶政策衔接并轨，助推乡村全面振兴。按时足额发放保障救助资金，已下拨2024年困难群众救助补助资金56.14亿元。目前，全区共保障低保对象157.1万人，特困供养人员9.85万人。2024年累计实施临时救助4.92万人次，支出资金8589.4万元，累计发放一次性生活补贴9669.8万元，惠及困难群众168.4万人；共为33.8万名困难残疾人、30.7万名重度残疾人发放“两项补贴”2.04亿元。

四是聚焦改革创新提升精准救助水平。深化社会救助改革创新，加强低收入人口动态监测信息平台建设，健全科学的预警指标体系，完善部门间数据共享机制，坚持线上监测与线下摸排相结合，精准识别救助对象，做到应纳尽纳、应救尽救，让救助服务有速度更有温度。打造“大爱北疆‘救’在身边”救助服务品牌，持续开展“提能争优、实干惠民”行动、“比武大练兵”活动，提升基层经办服务能力。经自治区政府同意，联合有关部门印发加强低收入人口动态监测、做好分层分类社会救助工作具体措施，推动基本生活救助、专项救助、急难救助制度的系统集成和服务协同，为困难群众筑牢兜底保障安全网。全面开展低保边缘家庭、刚性支出困难家庭等低收入人口认定工作，强化低收入人口动态监测和常态化救助帮扶机制，实现分层分类救助帮扶，形成梯度救助格局，将192.6万名低收入人口纳入监测范围。

五是便民措施提升救助服务质效。积极搭建慈善帮扶对接平台，深挖社工站潜力，推广应用“内蒙古救助通”，完善政策清单、幸福清单服务功能，推动救助服务向移动端延伸，提高“物质+服务”救助质效。以乌兰察布市为试点，率先推广运用“内蒙古救助通”小程序，依托小程序、App、人工智能、地理信息等技术，为困难群众提供用户注册登录、社会救助与社会慈善申请、电子授权书签署、发放资格认证、幸福清单、查询救助情况等服务，切实方便群众办事、减轻基层负担、保障社会救助政策落地。截至目前，乌兰察布市低保对象“内蒙古救助通”注册率达78.71%、签署电子授权书率达69.13%；特困人员“内蒙古救助通”注册率达65.74%、签署电子授权书率达57.04%。搭建全国慈善组织参与救急难信息对接服务平台，首批500万元社会捐赠资金对接医疗救助需求项目在乌兰察布启动，困难群众救助需求与公益慈善力量精准对接，效率进一步提高。

此外，内蒙古还通过提高社会救助标准、加强低收入人口动态监测和常态化救助帮扶等措施，进一步缩小城乡和区域差距，确保困难群众的基本生活得到保障。例如，2023年城乡低保标准分别达840元/月、670元/月，平均增幅6.6%，分别位居全国第9、第10；同时，内蒙古还健全低收入人口主动发现、监测预警和救助帮扶工作机制，将189.8万名低收入人口纳入常态化监测。并且，近年来，内蒙古通过“惠民生、解民忧、暖民心”困难群众关爱帮扶八项行动，社会救助领域“提能争优、实干惠民”行动等，累计排查困难群众16.4万人次，探访特殊群体16.9万人次，为失能、空巢、独居等老年人提供实物救助19.6万人次。

二、内蒙古分层分类社会救助体系的现状

2024年6月，内蒙古自治区人民政府印发了《关于2024年全区社会救助标准有关事宜的通知》，该通知旨在深入贯彻落实自治区“温暖工程”的部署要求和《内蒙古自治区“十四五”民政事业发展规划》关于“‘十四五’末农村牧区低保标准占城市低保标准比例达到75%”的预期性指标要求，稳步提高全区社会救助标准，进一步缩小城乡和区域差距。内蒙古在社

会救助方面取得了显著成效，通过持续推动社会救助提标扩围，加大兜底保障力度，不断完善社会救助体系，确保困难群众的基本生活得到有效保障。具体来说，内蒙古的社会救助制度运行情况体现在以下几个方面。

（一）社会救助标准逐渐提高

内蒙古自治区的社会救助标准逐渐提高，旨在改善困难群众的基本生活条件，确保他们的基本生活需求得到满足。城乡低保标准和特困人员供养标准逐年提高，城市低保平均标准由2012年的385元/月提高到2024年的802元/月，农村牧区低保平均标准由2012年的2583元/年提高到2024年的7476元/年。这表明内蒙古在提高救助标准方面取得了显著进步，有效提升了困难群众的生活水平。这一政策调整反映了政府对提高困难群众获得感、幸福感和安全感的重视，同时也体现了政府在兜住、兜准、兜好基本民生保障底线方面的努力。具体来说，内蒙古在社会救助方面的政策调整和实施措施包括以下几个方面。

1. 社会救助提标工作

根据内蒙古自治区人民政府印发的《关于2024年全区社会救助标准有关事宜的通知》，城市低保标准保持不变，而农村牧区最低生活保障标准按照《内蒙古自治区“十四五”民政事业发展规划》的目标要求，提高了4%，达到535元/月。此外，城市特困供养人员基本生活费和农村特困供养人员基本生活费也保持了一定水平。

2. 社会救助标准的动态调整机制

内蒙古自治区通过完善救助标准的动态调整机制，确保社会救助标准与当地经济发展水平相适应，同时强化低保标准与最低工资标准、失业保险的合理衔接，以应对城乡和区域差距逐步缩小的趋势和经济发展的变化。

3. 困难群众救助补助资金的发放

内蒙古加大对困难群众救助补助资金的投入力度，严格落实资金兜底保障责任，强化困难群众救助补助资金预算执行和绩效管理，确保资金及时足额发放到位，同时加强资金使用效益的监督和管理，杜绝地方预算列而不支、列而少支以及年底“突击花钱”现象，避免资金浪费和滥用。

4. 低收入人口动态监测和救助帮扶

内蒙古自治区制定了一系列针对低保边缘家庭及刚性支出困难家庭的认定措施，全面开展低收入人口的认定工作。在此基础上，构建和完善低收入人口的动态监测预警指标体系，拓宽相关部门间的数据共享渠道，强化信息比对机制，加强对低收入人口群体的严密监测，确保困难群众能够获得迅速且有效的帮助，建立健全“一门入库、分层管理、动态监测、因需推送”常态化救助帮扶机制，全面提升精准救助水平。

（二）社会救助覆盖面逐步扩大

内蒙古社会救助覆盖面逐步扩大，充分运用大数据和数字化技术，提高社会救助的精准度和实施效率。通过建立健全低收入人口主动发现、监测预警和救助帮扶工作机制，将更多低收入人口纳入常态化监测，确保了更多人能够享受到社会救助。内蒙古自治区的社会救助工作在近年来取得了显著成效，主要得益于以下几个方面。

1. 大数据赋能社会救助

内蒙古自治区民政系统通过发挥大数据的优势，搭建了低收入人口动态监测信息平台，与医保、教育、残联等部门建立信息查询推送机制，形成了“一户（人）一条救助链”。这种做法有效解决了城乡群众的现实困难，提升了社会救助的精准度和实施效率。

2. 数字化服务创新

内蒙古通过推广应用“内蒙古救助通”小程序，实现了社会救助申请和授权核对的线上办理，让政策清单、幸福清单“一码扫、码上知”，救助申办流程得以“加速跑、远程办”，提高了社会救助服务效能和质量。打破了部门间的信息壁垒，使得社会救助一门受理、家庭经济状况一键核对成为可能。这一举措极大地便利了困难群众，提高了救助服务的可及性和响应速度。

3. 基层社会救助能力提升

内蒙古积极实施基层社会救助能力提升工程，推行“党建＋社会救助”

深度融合模式，强化了基层社会救助服务供给效能和方式创新，建立了覆盖城乡的主动发现网络，提高了社会救助的响应速度和服务质量。

4. 社会救助政策的宣传和实施

内蒙古通过开展社会救助扩围增效“攻坚月”行动和深入基层开展调研督导，加强了政策的宣传和实施，确保了符合条件的对象能够及时纳入救助范围，同时也优化了救助政策，使得更多低收入群体能够受益。

内蒙古充分运用大数据和数字化技术，创新服务方式，加强基层能力建设，以及强化政策宣传和实施，逐步扩大了社会救助的覆盖面，提高了救助服务的效率和可及性，为困难群众提供了更加精准和高效的服务。

（三）社会救助方式不断创新

内蒙古的社会救助方式不断创新，积极践行“惠民生、解民忧、暖民心”困难群众关爱帮扶行动，深化对无劳动能力监测对象的分类救助策略，进一步提升了救助的精准度和实施效率。通过实施分层分类社会救助，确保了无劳动能力监测对象的救助保障工作更加精准和有效。具体来说，内蒙古通过以下措施实施分类救助。

1. 全面开展低收入人口认定工作

内蒙古明确界定低收入人口的范畴，涵盖最低生活保障对象、特困人员、防止返贫监测对象、最低生活保障边缘家庭成员、刚性支出困难家庭成员以及其他困难人员。这些措施为无劳动能力监测对象的识别和救助提供了明确的依据。

2. 加强低收入人口动态监测

内蒙古通过进一步完善自治区低收入人口动态监测信息平台，拓展优化数据录入、信息汇聚、数据共享、监测预警等功能应用，科学设置预警指标，为快速预警、精准救助、综合帮扶提供支撑。这一措施有助于及时发现和救助无劳动能力的监测对象。

3. 做好分层分类社会救助

内蒙古社会救助相关部门对符合最低生活保障、特困人员救助供养条件的低收入人口，给予最低生活保障、特困人员救助供养。同时，根据低收入人口的困难程度和类型，分层分类落实好基本生活救助、专项社会救助、急难社会救助等措施，确保救助的针对性和有效性。

通过上述措施，内蒙古在实施无劳动能力监测对象的分层分类救助方面取得了显著成效，不仅提高了救助的精准度和实施效率，也增强了无劳动能力监测对象的获得感、幸福感和安全感。

（四）资金管理持续优化

中央财政向内蒙古自治区拨付了总计56.33亿元的困难群众救助补助资金，自治区财政亦配套下拨了18.09亿元，支持保障全区167万城乡低保对象、特困人员、孤儿和事实无人抚养儿童基本生活需求，及时实施临时救助和流浪乞讨人员救助工作，确保困难群众的基本生活得到保障，加强了基层民政部门发挥好救助补助资金“救急难”“兜底线”作用。内蒙古在困难群众救助资金管理方面持续优化，通过加强组织保障、提升监管质效、优化资金使用和管理，确保资金依法合规、高效精准使用，切实保障困难群众利益。主要体现在以下几个方面。

1. 提高思想认识，健全监控制度

内蒙古监管局以提高政治站位为引领，将救助资金预算执行监督列为年度重要任务，联合内蒙古自治区民政厅、财政厅共同开展监督工作，构建常态化机制，明确监管重点和监管方式，压实各级各部门主体责任，健全完善救助资金监管制度。

2. 加强组织保障，落实监管职能

内蒙古利用财政预算管理一体化系统和直达资金监控系统的强化功能，对救助资金使用情况进行实时监控，同时开展实地重点监督工作，将日常监控和实地监督相结合，充分发挥规范、纠偏、警示、威慑作用，充分落实监管职能。

3. 提升监管质效，督促整改落实

内蒙古按季度对救助资金预算执行监督工作进行总结，针对日常监控和实地监督中发现的问题，印发问题清单，要求立即整改或列出整改时间表，及时反馈相关信息并限期整改，同时指导各地深入分析产生问题的原因，完善资金管理制度，强化源头控制，健全长效机制。

4. 优化资金使用和管理

内蒙古补助资金使用和管理坚持公开、公平、公正的原则，各盟市可结合工作实际，统筹用于城乡低保、特困人员救助供养、临时救助等工作的资金。补助资金按因素法分配，主要参考各地救助需求因素、财力因素和绩效因素等，重点向保障任务重、财政困难、工作绩效好的地区倾斜。

通过上述措施，内蒙古在救助资金管理方面的持续优化取得了显著成效，确保了困难群众救助补助资金的合理使用和高效管理，为保障困难群众的基本生活提供了有力支持。

三、分层分类的社会救助体系的重点难点

（一）分层分类社会救助的基本内涵

社会救助（Social Assistance）是社会保障的重要组成部分，是保障基本民生的兜底性、基础性制度安排，更是保障人民群众生存权利和生活安全的最后一道防线。全面推进内蒙古高质量发展，聚焦民生领域，落实习近平总书记关于边疆民族地区在走向共同富裕的道路上不能掉队的重要要求，健全分层分类的社会救助体系，采取“提、兜、扩、增”举措，切实筑牢建设祖国北疆安全稳定屏障。

社会救助制度随着政治、经济、文化及社会等因素不断发展而变化，是社会发展与进步的标志[①]。郑功成（2000）认为，社会救助指的是国家与社会面向由贫困人口与不幸者组成的社会脆弱群体提供款物接济和扶助的一种生活保障政策，通常被视为政府的当然责任或义务，采取的是非供款制与无偿救助的方式，目的是帮助社会脆弱群体摆脱生存危机，进而维护社会秩序

① 白维军，宋娟．社会保障学[M]．北京：经济管理出版社，2023：183.

的稳定。社会救助范围包括灾害救济、贫困救济以及对弱势群体的帮助①。关信平（2021）指出，社会救助制度是政府和社会向有需要的困难群众提供物质帮助和社会服务，以保障其基本生活和促进其摆脱贫困的社会保障制度②。

社会救助是保障基本民生的兜底性、基础性制度安排，是保障人民群众生存权利和生活安全的最后一道防线，也是社会保障安全网的“网底”。绝大多数国家的社会救助体系在社会成员遭受自然灾害、丧失劳动能力或其他导致基本生活难以为继的情形下启动，旨在向陷入生存困境的成员提供必要的基础生活条件支持，直到其摆脱生活困难。社会救助是国家治理过程中最基础和有效的方式。

实施主体是国家和社会，获得社会救助是公民的一项基本权利，国家通过立法保护贫困群体。社会救助的对象是那些出于各种原因而无法得到基本生活保障，仅凭自身的力量难以走出困境的社会成员及其家庭。社会救助的目标是克服贫困，当社会成员的收入达不到最低生活保障标准而面临生活困难的时候，社会救助就会发挥作用，在公平和效率之间寻找平衡，让受助者的基本生活得到保障；同时通过对困难群体的救助维持社会秩序、促进社会公平。社会救助的方式包括现金、实物和服务等；秉持的是“无偿”原则，即不需要被救助者承担义务，且不具有交易性质。

（二）内蒙古分层分类的社会救助体系的重点难点

分层分类的社会救助体系旨在根据困难群体的不同需求和特点，提供差异化、个性化的救助服务。这包括着眼前端划分圈层类型，全力做好低保和特困人员基本生活救助，确保外围层，扎实做好低保边缘家庭认定工作，以及紧抓外圈层，统筹做好其他困难群众救助工作。

在当今这个多元化和快速变化的社会，确保每一个公民都能获得必要的生活保障和支持是政府和社会的重要责任。构建分层分类的社会救助体系是

① 郑功成．社会保障学——理念、制度、实践与思辨[M]．北京：商务印书馆，2000：13－14.

② 关信平．“十四五”时期我国社会救助制度改革的目标与任务[J]．行政管理改革，2021(4)：23－31.

当前我国社会保障领域面临的一项重要任务。因此，内蒙古建立一个分层分类的社会救助体系显得尤为重要。这一体系的构建不仅关系到民生保障的有效性和精准性，也是实现社会公平与和谐的重要基础。然而，这一体系的构建并非易事，它面临着诸多重点难点问题，具体来看，主要集中于以下几个方面。

1. 救助对象识别何以精准

精准识别和救助不同类型的困难群体是分层分类社会救助体系的核心。内蒙古如何准确识别和界定救助对象是一个重大挑战。社会救助体系需要精准地识别出那些真正需要帮助的群体，这包括对不同层次、类型困难家庭的精准识别和合理分类，以实现差异化、个性化救助，扩大社会救助的覆盖面，提高社会救助的精准度。要求建立一个公正、透明且高效的评估机制。此外，随着社会的不断发展，救助对象的类别也在不断变化，这就要求我们的救助体系能够灵活地适应这些变化。

在全面建成小康社会的背景下，社会救助工作的核心使命转变为确保兜底保障与解决相对贫困问题。当前，内蒙古对于兜底保障对象的识别，其范围与条件均已明确界定，具备较强的可操作性。然而，内蒙古在应对相对贫困对象的认定这一任务时，现有的政策体系面临诸多挑战。具体而言，收入准入门槛设置相对较低，在家庭收入的全面核算、财产状况的精准认定方面存在不足，且相关条件和标准尚不够详尽与具体。这导致了一些实际上基本生活处于相对贫困状态的家庭，难以被有效纳入社会救助的覆盖范围之内。

（1）低收入人口认定和动态监测不足

内蒙古在构建分层分类的社会救助体系进程中，需不断深化社会救助领域的改革，全面着手对低保边缘家庭、面临刚性支出困难的低收入家庭等群体进行细致的认定工作。这一工作旨在实施更为精准和分层的救助措施，以形成梯度化的救助体系，确保救助资源的有效配置。为实现这一目标，必须强化低收入人口动态监测信息平台的构建，确保能够及时掌握救助对象的变化情况；同时，建立健全科学的预警指标体系，以便提前发现并应对潜在的救助需求；此外，还需完善各部门间的数据共享机制，打破信息壁垒，促进数据流通，从而实现救助工作的精准化，确保每一位符合条件的低收入人口都能得到及时、有效的救助。

（2）流动人口救助难点

随着社会的发展和人口流动性的增强，特别是大量农村人口向城市的转移，逐渐形成了庞大的流动人口群体。这些人口往往处于社会救助体系的边缘地带，难以享受户籍地的社会救助，同时受户籍制度限制，在居住地也难以获得相应的救助服务。因此，内蒙古如何改善流动人口的救助问题，是构建分层分类救助体系的一大挑战。

（3）低收入人口申请救助的积极性较低

由于对隐私权的重视与保护，许多低收入家庭不愿主动申请救助，进而无法采集这些家庭的数据，从而降低了内蒙古社会救助监测预警机制的对象覆盖率。提高低收入人口申请救助的积极性，不仅对完善低收入人口数据采集和数据库建设至关重要，更是构建更加精细、高效的分层分类的社会救助体系不可或缺的一环。

（4）救助对象的识别与认定标准存在不足之处

在全面建成小康社会的背景下，社会救助的主要职责已转向确保兜底保障和有效应对相对贫困问题。尽管内蒙古针对兜底保障对象的识别，其范围和条件已相对明确且便于操作，但在识别相对贫困家庭时，却遭遇了挑战。具体而言，内蒙古现行政策设定的收入准入门槛相对较低，而在家庭收入核算、财产状况认定等方面，相关条件和标准尚不够全面和具体。这一现状限制了内蒙古社会救助体系的覆盖范围，导致一些实际上基本生活处于相对贫困状态的家庭难以被纳入有效的救助范围之内。

（5）救助合力不强

救助职能存在交叉现象，容易导致“重复救助”或“救助缺失”的出现，政府救助与群团组织救助、慈善救助职能需要优化。此外，内蒙古核定难点较多，如灵活就业、在外就业、经营性收入、子女赡养费等难以认定，增加了民政部门的工作难度。

（6）救助对象核定难点较多

在灵活就业、在外就业、经营性收入、子女赡养费等方面的认定上存在难度，这些问题的复杂性增加了内蒙古救助对象核定的艰巨性，使得民政部门在未共同申请的情况下，难以全面了解申请人的真实情况，从而影响了救助的准确性和效率。

2. 资金筹集与分配何以合理

资金的筹集和分配也是构建分层分类社会救助体系中的一个难题。内蒙古实施分层分类的社会救助涉及部门多，统筹救助资源形成救助合力的制度机制还需要进一步健全完善。如何确保有足够的资金来支持这一体系，并且这些资金能够被公平、合理地分配到每一个需要帮助的人手中，是内蒙古必须面对的问题。例如，在居民家庭经济状况信息核对方面，虽然相关部门和单位联合建立了信息核对工作机制，但受“思想壁垒”“技术壁垒”“体制壁垒”等因素影响，一些部门的数据难以实现共享互通，导致财产超标、入职就业、死亡人员等信息不能通过核对及时发现，影响了救助保障实施的精准度。

（1）资金来源单一

社会救助资金的筹集主要依赖政府财政拨款，资金来源相对单一。因此，民间慈善基金的参与也十分重要。然而，目前民间慈善基金的参与度和规模相对有限，导致资金筹集面临一定的困难。此外，如何有效地动员社会资源，包括企业、社会组织、个人等，参与社会救助，也是资金筹集过程中的一个挑战。

（2）社会参与度不高

在实践中，公众对社会救助的认识不足，以及参与社会救助的渠道和方式不够明确，可能导致社会救助资金筹集不足，无法满足所有需要救助的人的需求，尤其是在面对突发情况时，如自然灾害或大规模疫情，政府财政压力增大，社会救助资金的筹集和分配面临挑战。尽管社会救助是社会保障体系中兜底性、基础性的制度安排，但是社会力量和资源未能充分动员起来，资金筹集的难度进一步加大。

（3）精准性和效率问题

资金分配的难点则主要体现在如何确保资金分配的精准性和效率上。

首先，对于救助对象的识别和认定是一个关键环节，需要建立科学合理的分类管理体系，对低收入群体进行细分，以便准确识别和评估他们的救助需求。这涉及对申请者的家庭情况进行深入调查和评估，包括家庭成员的健康状况、工作史、经济来源等，工作量大且复杂。其次，资金分配还需要考虑如何实现供需匹配，确保救助资源的有效利用，避免资源浪费或不足的情况发生。

（4）救助对象识别认定条件不完善

在全面进入小康社会后，社会救助的主要任务是兜底保障和解决相对贫困问题。目前，兜底对象的认定范围和条件相对明确，操作性强，但相对贫困对象的认定条件不够全面具体，导致一些基本生活处于相对贫困的家庭难以被纳入救助范围。例如，农村低保对象的年人均收入准入标准较低，家庭收入的核算、财产认定等条件不够全面具体，增加了识别的难度。

（5）低保对象的审核难度较大

在城乡一体化救助体系建设的实施过程中，低保对象的审核面临诸多挑战。一方面，部分低保申请者可能采取隐报、瞒报等手段骗取低保资格，增加了审核工作的难度。另一方面，对于非维持家庭生活消费品的拥有和使用情况难以准确掌握，如机动车辆、手机、空调及观赏宠物等，往往具有较强的隐蔽性，且易转移，给调查带来困难。

（6）家庭实际收入的核算困难

社会救助对象确定后，必须明确每个被社会救助家庭的救济金额，这需要对家庭实际收入进行全面的摸底。家庭收入的核算包括失业救济金、退休金、基本生活费、打零工的收入等多种来源，使得这项工作异常艰辛。

（7）定期随访及资格再确认难度大

在社会救助工作中，因部分家庭的收入不稳定，需要定期进行随访和资格再确认，但出于各种原因（如家庭成员的健康状况变化、工作史变动等），这项工作的执行难度较大。

3. 救助方式何以创新拓展

社会救助方式包含现金、实物和服务三种，其中现金和实物救助较为普遍。特困人员供养、低保、临时救助、教育救助、医疗救助、住房救助、受灾人员救助，都以现金救助为主或包含现金救助；临时救助、住房救助、受灾人员救助，则以实物救助为主；特困人员救助中的供养服务、受灾人员救助中开展的心理抚慰服务和就业救助中的就业服务，则属于服务型救助。

现有的社会救助方式基本上都是以现金或者实物为主的物资救助，缺乏心理干预、社会支持、生活照料、就业帮扶等专业化的救助服务，无法有效应对致贫因素的多样性和复杂性。有学者指出，物资救助不是全能的，其本身亦存在“救助缺陷”，如救助接受者的能力建设、心理支持及社会支持网络的构建等，就不是“制度性救助”所涉及的范围和所能解决的问题。救助不能止步于基本物质需要的满足，还要为受助者提供就业服务，为其子女提供儿童保护服务，为家庭提供心理咨询服务等，这一系列的服务是对物资救助的有益补充。

传统的救助方式往往以现金救助为主，缺乏对救助对象个性化需求的关注。现代救助体系强调根据不同群体的特定需求提供差异化、个性化的救助服务。例如，对于失业人员不仅要提供经济援助，还需要提供职业培训和就业指导；对于残疾人口除了提供物质帮助，还需提供康复服务和心理辅导等。这就需要现有救助体系在救助方式上进行创新和拓展。

（1）缺少社会组织参与

社会力量参与社会救助需要与政府、其他社会组织以及受助对象之间进行有效的资源配置与协调。然而，由于各方利益诉求不同，资源配置过程中可能出现不均衡或不合理的情况，甚至引发资源浪费和重复救助等问题。目前许多社会组织面临资金匮乏的困境，难以持续开展救助活动。专业救助人才的缺乏也是制约社会力量参与社会救助的重要因素，导致救助效果大打折扣。此外，由于社会救助工作的宣传普及程度不够，许多人对社会力量参与社会救助的重要性认识不足。这导致社会公众对社会救助的关注度不高，参与度有限。同时，受传统观念影响，部分人认为社会救助是政府的责任，与己无关，从而缺乏主动参与救助的意识和行动。

（2）救助方式单一

目前，对困难群众的救助方式，主要是通过社会化发放的现金救助和部分实物救助，根据困难群众的实际需求，提供“服务型救助”的方式方法不多。例如，对于失去生活自理能力的孤寡救助对象，可以提供照料护理方面的救助服务，对于残疾救助对象可以提供残疾人康复训练服务等。

（3）基层基础设施和人员配置的不足

基层基础设施有待进一步完善，同时，乡镇苏木（街道办）民政助理岗位任务繁重，工作不堪重负，直接影响到各项救助工作的开展和落实。

（4）救助对象的“等、靠、要”思想

部分贫困人口因为不想失去现有的救助政策和各种扶贫资源，消极对待就业、技术教育、技术扶贫等帮扶政策，这种“等、靠、要”的思想也是创新拓展救助方式的一个难点。

4. 救助服务供给何以有效

社会救助不仅是金钱上的援助，还包括医疗、教育、就业等各方面的支持。如何确保这些服务能够有效地提供给每一个需要的人，并且能够持续、稳定地提供，是我们需要深思的问题。

（1）社会救助领域信息化程度不高

社会救助对象（包括低保、特困、临时救助等）的认定流程细、环节多，程序规范严格，这些工作都需要基层工作人员手工完成，无法借助和运用互联网、大数据、人工智能等现代信息技术手段，开展对象识别认定、健全完善档案资料、收集分析数据等工作。如低保对象的认定，要经过个人申请、受理、入户调查、家庭经济状况核对、初审、公示、审核确认、公布等环节，涉及的表册逻辑性强、佐证材料要求严，只靠基层干部人为执行很难做到全面的精准规范，也给基层工作人员增加了工作量。

（2）基层社会救助经办服务能力提升存在一定短板

随着城镇化进程的加快，流动人口在居住地申请救助渠道不畅通、针对流动人口主动发现机制不完善等问题日益凸显。这要求提升基层社会救助经办服务能力，全面加强流动人口社会救助，推行在急难发生地直接实施临时救助，强化低收入人口动态监测信息平台功能，提升救助工作效率。然而，基层社会救助工作人员的配置不足，且人员流动性大，导致工作难以持续稳定进行。基层社会救助工作的体制机制不够完善，一些工作人员对自身职责认识模糊，工作执行不到位，并且由于缺乏系统的培训，工作人员在政策解读、入户核查、档案整理、系统操作等方面的能力不足，影响了服务质量和效率。

5. 城乡救助标准何以统筹

我国城乡二元结构背景下，城乡之间的社会救助标准和服务水平存在明显差异。构建分层分类的社会救助体系需要着重考虑如何实现城乡救助标准的有效衔接，确保农村和城市困难群众都能享受到公平、合理的救助服务。这不仅是推动社会救助体系均衡发展的需要，也是促进城乡一体化战略实施的重要环节。内蒙古东西跨度大，城乡发展存在较大差距，如何统筹城乡救助标准是完善当前分层分类救助体系的重要问题之一。

（1）救助对象识别认定条件不够健全完善

随着全面建成小康社会的实现，社会救助体系的主要任务已经转变为确保兜底保障和有效应对相对贫困的问题。尽管对于兜底保障对象的认定，其范围和条件已经相对明确，但在识别和处理相对贫困对象时，却存在认定条件相对模糊的情况。具体来说，当前政策的收入准入门槛设置较低，而在家庭收入的详细核算以及财产认定的具体条件上，还显得不够全面和具体。这一现状直接导致了部分基本生活已处于相对贫困状态的家庭难以被纳入社会救助的覆盖范围之内。

（2）救助政策需要适应性调整

社会救助政策需要随着经济社会的发展和城乡差异进行调整，以确保政策的适应性和有效性。在统筹城乡社会救助标准时，需要考虑到不同地区的经济发展水平、人口结构以及社会需求等因素，确保政策的公平性和可持续性。

（3）救助服务的均衡发展

在推动社会救助事业高质量发展的过程中，需要关注救助服务，如基本生活救助、专项救助、急难救助等各方面的协调发展。特别是在城乡之间，需要加强资源整合和优化配置，提高救助服务的可及性，扩大救助服务的覆盖面，确保困难群众能够公平享受到相应的救助服务。

6. 救助管理体制何以完善

社会救助的有效实施涉及多个政府部门和社会组织的协同工作，需要构建政府主导与各方联动的多元救助体系，确保各责任主体既各司其职又通力合作，以推动社会救助体系的可持续、高质量发展。目前，内蒙古分层分类社会救助管理体系还存在部门职责不清、协作机制不顺畅等问题。如何进一步明确各级民政部门的职责，加强跨部门协调合作，建立统一高效的管理体系，是提升社会救助体系执行力的关键。

（1）政策衔接问题

社会救助政策的碎片化导致不同救助政策之间缺乏有效衔接，造成资源配置不合理甚至资源浪费。例如，低保家庭在接受教育救助时可能因为信息不对称而重复领取补助。因此，如何在确保政策覆盖的全面性的同时，实现不同政策之间的无缝对接，是优化分层分类救助体系的又一大挑战。

（2）部门协同和信息共享

在实施分层分类社会救助时，需要强化部门责任，打通数据壁垒、实现信息共享，合力做好低收入人口动态监测和分层分类社会救助工作。这包括民政部门指导苏木乡镇（街道办事处）开展低保边缘家庭、刚性支出困难家庭认定工作，统筹相关部门开展分层分类社会救助工作。

（3）跨地区救助信息共享

为了实现救助对象信息的动态监测、实时掌握，需要落实社会救助协理员补助资金、购买服务补贴资金等，开通异地核查接口，提升救助工作效率，推动跨地区救助信息共享。

7. 公众参与和监督何以提高

公众的参与和监督也是构建分层分类社会救助体系中不可忽视的一环。如何鼓励和引导公众参与到社会救助中来，以及如何建立一个有效的监督机制来确保社会救助的公正性和透明度，都是我们需要认真考虑的问题。

（1）信息不对称

在分层分类的社会救助体系中，救助对象识别认定条件不够全面具体，导致一些相对贫困的家庭难以被准确识别和纳入救助范围。这在一定程度上阻碍了公众的有效参与和监督，因为公众可能无法准确了解哪些家庭真正需要帮助，从而影响了公众参与和监督的积极性。

（2）参与渠道有限

虽然有一些措施如“一门受理、协同办理”和“大数据＋铁脚板”的方法被用来精准识别救助对象，但这些措施在实施过程中可能存在障碍，导致公众参与的渠道相对有限。此外，公众对于如何具体参与和监督社会救助过程的信息获取不足，也是参与渠道有限的一个表现。

（3）监督机制不完善

现有的监督机制可能无法有效覆盖所有救助过程，尤其是在基层实施过程中，可能存在监管漏洞。这导致公众对救助资金的使用情况、救助效果等无法进行有效监督，从而影响了社会救助体系的透明度和公信力。

四、健全分层分类的社会救助体系的政策建议

（一）健全完善救助对象认定标准

第一，完善救助对象家庭收入和财产状况识别。申请救助的居民其共同生活的家庭成员人均可支配收入必须低于当地低保标准，且家庭财产状况符合当地人民政府规定条件。这包括但不限于房产、车辆、金融资产等。包括配偶、父母和未成年子女、已成年但不能独立生活的子女（如在校接受本科及其以下学历教育的成年子女）以及其他具有法定赡养、扶养、抚养义务关系并长期共同居住的人员。某些特定情况的人员不计入共同生活的家庭成员，如连续三年以上脱离家庭独立生活的宗教教职人员或在监狱服刑的人员等。建议适当提高救助对象收入准入标准，将家庭收入、财产状况认定等条件进一步明确化、具体化，建立与经济社会发展相适应、梯度合理的救助对象动态管理体系，确保救助工作的及时性、准确性和有效性，防止漏保漏救问题发生。包括经乡镇人民政府（街道办事处）民主评议未获通过、家庭中拥有特定资产如机动车、经营性房屋等、共同生活的家庭成员从事经营活动或拥有高档收藏品、在申请前3年内住房条件较大改善或购买商品房等，不得享

受低保。

第二，科学设置预警指标。不断深化拓展监测平台的应用功能，科学设置预警指标，为快速预警、精准救助、综合帮扶提供支撑。社会救助监测信息平台的功能既包括监测，也包括预警。监测是手段，预警是目的。低收入人口动态监测主要目标是及时发现困难风险，并提前预警介入。动态监测平台要实现预警功能的关键在于科学设置预警指标。目前各地监测平台实现预警的典型做法是跟踪医疗支出。例如，浙江省杭州市富阳区居民如果医疗自付费用超 3 万元，与社会救助监测平台低收入人口信息比对后，就会自动预警，将有关信息推送给基层排查。一些地方通过跟踪家庭用电、用水等数据能够较为准确、迅速地发现潜在的社会救助对象。但是，困难风险并不仅表现为收入和支出，对突发性的灾难性事件的监测更加重要。因此，社会救助预警指标设计应纳入更多非收入性指标（如死亡、残疾、服刑、失业、离婚、交通事故等），并综合计算其贫困风险之后再推送给基层排查。

第三，提升低收入人口数据采集能力。鉴于隐私权保护的重要性，若低收入家庭不主动申请救助，则难以获取其相关数据，进而影响了社会救助监测预警机制的覆盖面。因此，提升低收入人口申请救助的主动性，不仅是完善低收入人口数据收集与数据库建设的关键，也是推动分层分类社会救助体系发展的重要一环。当前，应聚焦于两大方面来改进。一是需加大宣传力度，广泛普及相关政策信息，确保更多低收入家庭了解并熟悉救助政策，从而激发他们主动申报救助的积极性。通过多种渠道，如社区公告、媒体宣传、网络平台等，让政策信息深入人心，鼓励符合条件的家庭及时申请救助。二是应优化救助申请流程，简化手续，提高便捷性。具体措施可包括设立专门的服务窗口，为低收入家庭提供一站式服务；同时，开发并推广手机端救助服务小程序，使困难群众能够随时随地在线提交申请，减少因程序烦琐或不便而造成的申请障碍。通过这些措施，进一步降低申请门槛，提升申请效率，让社会救助更加贴近民生，更好地发挥兜底保障作用。

第四，强化动态监测与主动发现。要充分发挥“大数据比对 + 铁脚板摸排”作用，线上线下相结合，及时、主动发现需要救助的困难群众。通过大数据比对发现救助对象是监测平台的核心功能之一，但传统“铁脚板摸排”

仍然是发现救助对象的重要方式。依托基层力量，组织动员社会救助协理员、社会工作者等经常性走访困难群众，发现救助对象。实际上，线下主动发现的方式还有很多。例如，一些地方依托村民小组和楼院网格，将村委会（社区）干部、小组长、网格员、楼栋长、社会工作者、社区志愿者、村（居）民代表、热心公益的老党员、离退休干部确定为联络员，鼓励他们协助开展困难群众发现、排查、信息报送等工作。地方建立乡镇（街道）干部包村（社区）、村委（社区）干部包户走访联系制度，通过干部定期走访和巡查了解困难群众生活和经济状况，发现需要给予救助的及时上报信息并纳入预警。一些居民在遇到困难时（如重病或重大事故）会拨打求助热线，相关部门在接听热线电话过程中，根据求助对象的实际情况主动跟进帮扶。

（二）完善资金筹集与分配机制

分层分类社会救助体系的资金筹集与分配的合理性主要依赖于以下几个方面。

第一，加大政府财政支持力度。政府是社会救助资金的主要提供者，通过财政预算安排，确保救助资金的充足性和可持续性。政府通过制定和实施相关政策，规范救助资金的筹集和使用，确保资金的有效分配和合理使用。

第二，持续鼓励社会力量参与。鼓励和支持社会力量参与社会救助，采取慈善捐赠、企业社会责任项目等方式，拓宽资金来源渠道。政府可以建立激励机制，如税收优惠等，鼓励更多的社会资源和力量参与到社会救助中来。

第三，规范收入核准认定流程。强化家庭经济状况核对工作，及时解决核对需求，逐步增加核对项目，扩大核对范围，将申请救助家庭的赡（抚）养人家庭纳入核对范围。完善收入核算办法，明确申请家庭收入及因病、因残、就业成本支出等扣减标准，量化非规范性职业收入参照标准。

第四，提升动态监测与精准救助水平。通过完善低收入人口动态监测信息平台，实现对低收入人口的精准识别和监测，确保救助资源能够准确、及时地送达最需要帮助的人群，提高资金的使用效率。

第五，建立分层分类救助资金使用体系。根据不同困难群体的具体需求，提供差异化的救助服务。这包括对绝对困难群体提供基本生活救助和专项救助，对相对困难群体则主要提供专项救助，形成梯度救助格局，确保资源的合理分配和使用。

第六，完善部门协同与信息共享机制。加强部门间的协同合作和信息共享，减少重复救助和遗漏救助的现象，提高救助效率。

第七，强化监督与评估。建立有效的监督和评估机制，对救助资金的筹集、分配和使用进行定期检查和评估，确保资金使用的透明度和有效性。

第八，强化医困应对。将解决医疗难问题作为当前社会救助工作的新课题，争取上级部门的支持，增加医疗救助对象资助参保费用，将医疗报销总体水平提高10%～20%；进一步降低救助门槛，放宽因病、因残加入“单人保”的准入条件，加大低保边缘对象医疗救助力度，实现“应救尽救”；进一步拓宽救助范围，加大对因病支出型贫困家庭急难救助力度，切实提高救助水平。

（三）不断丰富社会救助形式

在分层分类保障救助对象基本生活的同时，创新整合社会救助服务的内容和方式，积极探索拓展社会救助服务形式，实现从物资救助为主到包括照料护理、精神慰藉、能力提升等综合型救助的转型，进一步满足救助对象发展的需要。

运用大数据和信息技术手段，通过动态监测和分类救助，构建梯度社会救助新格局。建立低收入人口动态监测信息平台，与医保、教育、残联等部门建立信息查询推送机制，形成“一户（人）一条救助链”，实现对低收入人口的动态掌握和及时救助。

第一，构建“政府救助+慈善帮扶”模式。通过建立数据共享、群众共帮、优势互补的机制，实现政府救助与慈善帮扶的有效衔接。这种模式不仅满足了困难群众多元化的救助需求，还提高了救助的效率和效果。

第二，加强信息共享和资源整合。通过建立信息共享平台，如“内蒙古救助通”，实现了社会救助信息的在线申请、核查、审核确认等全流程管理，方便了困难群众，提高了救助服务的效率和透明度。

第三，动员社会力量参与。鼓励和支持社会组织、企业、个人等多元社会力量参与社会救助，通过设立社会救助专项基金、慈善冠名基金等方式，拓宽资金来源，增加救助手段的多样性。培育和发展本土公益慈善力量。通过培育和壮大本土的公益慈善组织，开展特色慈善活动和品牌项目，提升了社会救助的质量和影响力。

第四，优化服务流程，提升服务效率。通过数字化手段，如“内蒙古救助通”的应用，实现了社会救助事项的“掌上办”和“指尖办”，极大地方便了群众，提高了服务效率。

这些举措共同构成了内蒙古社会救助体系的重要组成部分，通过政府、社会、个人等多方面的努力，实现了社会救助的精准化、高效化和智能化，有效提升了社会救助的效率和满意度。

（四）提升社会救助服务水平

内蒙古自治区民政厅以社会救助扩围增效、强化救急难功能为重点，联合三部门印发《关于进一步做好最低生活保障等社会救助兜底保障工作的具体措施》，全面加强流动人口社会救助，推行在急难发生地直接实施临时救助，实行“先行救助”“跟进救助”“一次审批、分阶段救助”等政策措施，对遭遇重大困难导致基本生活陷入困境的对象，采取“一事一议”方式救助。强化低收入人口动态监测信息平台、家庭经济状况核对系统等平台功能，开通异地核查接口，提升救助工作效率，推动跨地区救助信息共享，实现对救助对象信息动态监测、实时掌握，做到“应保尽保、应救尽救”。同时，落实社会救助协理员补助资金、购买服务补贴资金等，以规范购买服务资金的使用，切实增强基层社会救助经办能力。

进一步健全社会救助体系，按照“政府托底保障，市场介入补充，社会积极参与”的总体思路，进一步整合救助资源，准确划分职能，防止出现重复救助、缺失救助的情况；发挥民政部门在社会救助中的牵头作用，强化制度衔接、部门配合；进一步巩固拓展脱贫攻坚成果，放宽低保减退缓退政策，强化急难救助功能，探索居住地实施急难救助，加强与就业等政策衔接，关注受疫情影响无法就业、新业态人群生活状况；大力发展慈善事业，扩大慈善救助覆盖面，提升全民慈善意识；进一步鼓励镇、村（居）、企业、社会团体建立救助基金会、互助会等相关组织，弥补政府救助不足。

（五）强化社会救助资源统筹机制

建议进一步完善居民家庭经济状况信息核对部门协作机制，由自治区联合相关部门，建立社会救助资源库，统一汇集、互通共享各类救助信息，实现市、县一级共享，彻底打破部门之间数据互通和信息共享的壁垒，形成社会救助工作合力，保障救助政策全面精准落实。

数据共享的前提是共用，共用可以协同增效。各地民政部门要通过低收入人口动态监测信息平台为教育、人力资源社会保障、住房城乡建设等单位开展救助帮扶提供信息查询、需求推送等服务支持。我国社会救助体系涵盖了住房救助、教育救助、医疗救助、就业救助和灾害救助等多个方面。由于申请社会救助需要进行家庭经济状况调查，而教育、住建、人社等部门并没有相应的信息平台，都需要民政部门提供支持才能准确地识别救助对象。因此，各部门在数据共享、共用的过程中及时将救助帮扶信息反馈给民政部门，有利于避免救助缺失或重复救助。

（六）完善救助管理体制

第一，进一步强化基层经办力量。全面构建县、镇、村（居）三级社会救助组织网络，各镇（区）按低保对象总量的一定比例，配备专职工作人员，各村（居）需要着力配备一名专职救助工作人员，并按年支出低保金的3%～4%安排保障县、镇低保工作经费。进一步转变政府职能，加大购买社会组织服务力度，充分发挥社会力量在救助中的补充作用。

第二，进一步深化主动关爱帮扶。充分发挥社会救助联席会议制度作用，完善困难对象结对挂包帮扶工作机制，健全困难对象分类走访探视制度。健全社会救助“早发现、早介入、早救助”工作机制，畅通求助渠道，建立临时救助“急诊模式”。落实特困人员住院护理补贴，填补特困人员因未参加居民医疗保险不能享受护理险的政策空白。拓展“物质＋服务”的救助方式，按需提供心理疏导、社会融入、资源链接等服务，增强困难群众内生动力和自我发展能力。

第三，进一步建立容错纠错机制。深化防范社会救助工作的腐败问题、作风问题，通过完善救助制度，建立健全社会救助工作容错纠错机制，降低基层工作人员履职风险，鼓励基层工作人员主动担当作为，主动落实救助政策，主动关心困难群体。同时加大对社会救助领域失信行为的惩戒力度，维护社会救助公平、公正的良好秩序。

（七）提高公众参与和监督

第一，加强政府救助与慈善帮扶的有效衔接。通过建立政府救助与慈善帮扶工作衔接机制，搭建信息共享平台，创新公益慈善力量与社会救助的途径方法，培育打造特色慈善活动和品牌项目，加强公益慈善力量参与社会救助的激励支持，强化组织保障等措施，畅通了公益力量参与社会救助的渠道，提高了公众参与度。

第二，提升社会救助透明度和公众监督。积极开展社会救助数字监督工作，充分利用民政数据资源进行分类比对，有效提高了社会救助监督检查工作的效率和水平，增加了社会救助工作的透明度，极大地鼓励了公众监督。

第三，强化社会救助领域监督问责。严查社会救助领域的违规违纪行为，加强组织领导、督导检查，形成救助合力，加大培训力度，并充分利用媒体宣传社会救助部门协同工作，强化问责机制，从重从严处理社会救助领域的违规违纪行为，提高了公众对社会救助工作的监督意识。

第四，利用大数据技术提高救助精准度。充分发挥大数据优势，赋能社会救助工作，构建覆盖全面、分层分类、综合高效的社会救助体系。通过大数据提供的数据支撑，不仅提高了救助的精准度，还增强了公众对救助工作的信任度和参与度。

报告十　社会保障数字化治理进程、问题与对策

杜孟其①

一、内蒙古社会保障数字化治理现状

为了让困难群众申请社会救助更便捷高效，内蒙古自治区民政部门充分发挥大数据优势，赋能社会救助工作，用数据说话、让信息跑路，为构建覆盖全面、分层分类、综合高效的社会救助体系提供了数据支撑。截至目前，全区累计对 197.97 万低收入人口开展动态监测，其中 169.45 万人被纳入兜底保障范围，有效解决了城乡群众现实困难，为维护边疆少数民族地区和谐稳定，提升人民群众幸福感发挥了重要作用。

2023 年以来，内蒙古自治区通过“动态监测 + 分类救助”模式，构建梯度社会救助新格局，将专项救助由低保对象、特困人员拓展至低保边缘和刚性支出困难家庭成员，实现了分层分类、精准高效救助的目标。构建内蒙古自治区低收入人口动态监测信息平台，与医保、教育、残联等部门建立救助信息查询推送机制，确保“一户（人）一条救助链”。强化低收入人口基础信息录入和动态更新工作，加大部门间信息共享和数据比对，分类分档设置低收入人口动态监测预警指标，动态掌握低收入人口就业状况、家庭支出、困难情形等变化情况，及时将符合条件的人员纳入社会救助范围。强化部门间协同配合，民政部门利用低收入人口动态监测信息平台为专项社会救助部门和单位开展救助帮扶提供信息查询、需求推送；相关单位及时将救助帮扶信息反馈给民政部门。

学生资助工作是“惠民生、解民忧、暖民心”的工作，事关教育公平和

① 杜孟其，内蒙古大学公共管理学院讲师。

社会公平。近年来，内蒙古自治区高度重视家庭经济困难大学生上学问题，不断完善政策体系，依托低收入人口动态监测信息平台高效开展困难大学生资助工作，帮助家庭经济困难大学生顺利就读，确保不让家庭经济困难学生失学。内蒙古自治区民政厅等十部门联合印发《关于加强低收入人口动态监测做好分层分类社会救助工作的具体措施》，该措施确定了低收入人口范围，对教育等专项救助明确了救助标准，录取到普通高校本科、专科（高职高专）的城乡低保家庭子女和孤儿按照每学年6000元的标准进行资助。同时还印发了《关于做好“福彩圆梦·孤儿助学工程”项目的通知》，从资助对象范围、资助方式及时限、发放程序进行规范。民政厅牵头联合教育厅、财政厅、扶贫办印发《关于实施普通高校家庭经济困难学生入学资助政策的意见》，对孤儿、事实无人抚养儿童及时给予助学资助。中央福彩公益金支持孤儿助学，每人每学年10000元，自治区支持孤儿、事实无人抚养儿童助学金每人每年6000元。为做好困难家庭学生的救助工作，自治区民政厅充分发挥临时救助“救急难”作用。动员基层民政人员、网格员等力量，通过入户调查的方式，全面摸清低保、低保边缘家庭高等教育大学生底数，在逐一了解家庭情况后，对困难学生家庭情况进行研判，为低保家庭申请临时救助，减轻了困难学生因学造成的家庭负担。2023年，全区共资助城乡低保家庭子女7804人，资助孤儿大学生185人。孤儿435人和事实无人抚养儿童360人。其中，本科生3622人，专科生4367人，共支出资金4792.8万元。

内蒙古自治区民政厅依托低收入人口动态监测信息平台，持续加强低收入人口动态监测和常态化救助帮扶，科学设置动态监测预警指标，综合运用“大数据+铁脚板”拉起主动服务“一张网”。加强部门间数据比对共享，民政部门与教育部门协同配合，通过对在保困难家庭高中毕业生录取情况进行专项比对，指导各盟市采取主动服务方式，核查困难家庭高中毕业生录取情况。开展政策宣传，提供一对一救助服务，主动告知救助对象申请所需材料，确保符合条件学生及时得到救助，确保困难家庭大学新生顺利升学。截至目前，内蒙古自治区依托数据共享交换平台，对全区197.52万低收入人口开展动态监测，其中对纳入监测的169.33万困难群众实施常态化救助帮扶。

通过“创新服务方式+夯实基层基础”的策略，内蒙古自治区实现了救助质量与效率的“双提升”。一是不断深化服务类救助的制度安排，加快推进服务类救助以及“政府救助＋慈善帮扶”试点项目的建设，鼓励各地因地制宜为困难群众提供精神慰藉、心理抚慰、照料护理等服务，形成救助服务多元供给格局，为困难群众提供更加多样化的救助帮扶。更好地满足困难群众多层次多样化救助服务需求，受益群众近 2.4 万人次。二是实施基层社会救助能力提升工程，推行“党建＋社会救助”模式，创新基层社会救助服务供给方式，将 1.41 万名基层社会救助协理员与基层党组织、社会工作者等力量有机融合，建立覆盖城乡、政社联动的主动发现网络，架起为民服务“连心桥”，有效提升了基层社会救助的服务能力和效率。三是聚焦打造“大爱北疆‘救’在身边”救助工作品牌，持续开展救助领域“提能争优、实干惠民”行动，引导困难群众感党恩、听党话、跟党走。

“内蒙古救助通”推动救助事项“掌上办、指尖办”。内蒙古自治区按照一张网建设、一体化发展的思路，全面推广应用“内蒙古救助通”，为全区社会救助改革创新装上了“数字引擎”。“内蒙古救助通”涵盖了签署核对授权书、幸福清单、救助申请、进度查询、资格认证、社会救助信息卡六大模块，切实提高基层社会救助业务经办能力，为出行不便、交通不畅、远在异地、政策不熟、信息不通的困难群众提供方便快捷的服务。“内蒙古救助通”实现了社会救助从申请、受理到核查、审核确认，全流程线上进行，为困难群众提供了便利，让救助群众少跑路，实现社会救助事项“掌上办、指尖办”。在基层充分发挥村（社区）社会救助协理员作用，全面推广“内蒙古救助通”小程序，帮助救助对象进行注册和授权实现政策清单、幸福清单“一码扫、码上知”、救助申办事项“加速跑、远程办”，全方位满足困难群众多方面需求。截至目前，全区 145.1 万名救助对象完成“内蒙古救助通”注册，139.4 万名救助对象已签署授权书，4465 人通过“内蒙古救助通”提交了社会救助申请。

内蒙古民政系统通过利用低收入人口动态监测信息平台，实现了部门间的信息查询和需求推送，确保了救助信息的及时反馈和共享。这种做法不仅强化了部门间的协同配合，还为专项社会救助部门和单位提供了信息支持，使得救助帮扶更加精准和高效。内蒙古自治区在社会保障信息化建设方面取得了显著成效，通过三年的集中统一建设，成功完成了软件统一、数据集中、互联互通、信息共享的阶段性任务，率先在全国建成省级大集中平台，为全区社会保障“一卡通”奠定了基础。这一平台的建设实现了全区社保经办服务的规范化、标准化和数字化转型，提升了社保经办服务质效。此外，内蒙古还建立了数据、灾备、监控三大中心，形成了12333电话、12333短信、服务网站集群、电子邮件、自助终端“五位一体”的公共服务平台，实现了全区人力资源、社会保险、基金财务等信息系统的统一建设和管理。

在社会信用信息平台方面，内蒙古自治区自2014年开始建设，经过近十年的不断完善，已成为全区信用信息的汇集中心、交换共享中心和大数据应用中心。该平台实现了对全区所有社会主体的信用档案的全面建档，构建了“上下贯通、横向联通、全面覆盖”的信息共享交换枢纽，为多部门和多领域的数据共享和应用提供了坚实支撑。截至2023年年末，该平台已与全区12个盟市和40余个部门实现了数据共享，完成了5个区直部门和7个盟市的数据接口对接，实现了数据的自动化大批量报送。这些举措极大地提高了内蒙古社会保障系统的运作效率和透明度，促进了信息的共享和使用，为居民提供了更加便捷的服务体验，同时也为政府决策提供了更加准确和及时的数据支撑。通过这些平台的建设和使用，内蒙古在提升社保经办服务质效方面取得了显著的进步。

此外，为了创新服务方式并夯实基层基础，内蒙古推进了服务类救助制度的完善，加快了服务类救助以及“政府救助+慈善帮扶”试点项目的建设。通过结合地方实际，因地制宜为困难群众提供精神慰藉、心理抚慰、照料护理等服务，形成了救助服务多元供给格局，更好地满足了困难群众多层次多样化的救助服务需求。

二、内蒙古社会保障数字化治理存在的问题与挑战

当前，新一代信息技术引领的新一轮变革正在蓬勃发展，数字化转型已成大势所趋，建立完善的社会保障数字化治理体系已成为每一位社会保障工作者面临的紧迫任务。社会保障数字化治理，是优化社会保障业务、促进社

会保障治理网络化发展的重要举措，对于我国社会保障制度的发展与完善有着不可忽视的意义。然而，在社会保障数字化治理的过程中，我们遇到了不少难点，因此，亟须立足我国基本国情进行认真思考，克服困难，实现社会保障数字化治理的新突破。数字时代呼唤与之相适应的数字化治理新形态，推动社会保障数字化治理既符合未来社会发展的需要，也是国家治理体系、治理能力现代化的现实要求。与国内数字治理先进地区对比，当前内蒙古社会保障数字化治理发展还存在以下问题与挑战。

（一）应用系统建设不完善

内蒙古的社会保障体系正处于从数字管理到数字治理的转型阶段，许多从业人员对传统模式仍然存在依赖性，导致治理方法不适应当前发展需求。这需要逐步推进社会保障数字化治理进程，优化与革新多层次社会保障体系。内蒙古社会保障应用系统建设的不完善主要体现在信息化建设体系、相关工作机制、项目效果、数据精准度和利用率以及人力财力投入等方面。学界提出，在系统建设方面，社会保障机构之间还缺乏统筹，虽然近年来民政部、人社部、卫健委等社会保障机构分别针对本部门或主要业务制定了信息发展规划，但跨部门协同尚未成为建设重点①。

第一，信息化建设体系不完善。随着信息化建设的深入，服务对象的需求多样化和管理范围的扩大，现有的技术架构与基础设施面临挑战，业务复杂度日益提升。这表明内蒙古在社会保障应用系统技术架构和基础设施建设方面存在不足，需要进一步优化和升级。

第二，相关工作机制发挥作用不明显。尽管内蒙古成立了信息化工作领导小组，但精细化的管理思维和相关制度仍有待完善，统筹协调能力不足。这说明内蒙古在社会保障应用系统管理和协调方面存在缺陷，需要加强内部管理和外部协调，以确保系统的有效运行。

第三，项目效果低于预期。内蒙古在推进信息化建设过程中，存在数据推送不准确、不符合要求的问题。这表明内蒙古在数据管理和应用方面存在

① 曲锋，白维军．我国社会保障数字化治理的难点及其突破［J］．行政论坛，2023（2）：148－153.

不足，需要提高数据的质量和准确性，以确保系统的有效运行。

第四，数据精准度和利用率不高。内蒙古各部门之间数据管理和分类标准不统一，导致数据底数不够明确，资源利用率不高。这表明内蒙古在数据整合和共享方面存在障碍，需要加强数据管理和分类标准的统一，提高数据的精准度和利用率。

第五，人力财力投入不足。专业的信息化人才队伍建设不足，同时，信息化专项资金的获取依赖于财政申请流程，其额度可能会因项目建设质量等因素而面临削减。这表明内蒙古在人力资源和资金支持方面存在不足，需要增加对信息化建设的投入，包括人才培养和资金支持。

（二）系统设施建设不健全

社会保障体系中的各个部门之间并没有实现数据资源共享，每个业务中心都建立起了自己的数据库，存在资源浪费问题。此外，部分业务系统只进行了本地备份，而没有实现数据共享。内蒙古社会保障体系建设不完善主要包括以下几个方面。

第一，部门业务系统建设统筹力度不够，应用系统的规划和建设多以满足本部门日常管理和上级部门业务需求，导致建设标准规范不统一，存在重复建设、分散建设情况。同时，缺乏有效的数据汇聚共享机制，部分基础信息没有实现真正共享，制约了智慧城市整体服务效能的发挥。

第二，缺乏市级制度对信息化项目申报、立项审批、实施验收、监督评估等过程进行规范，且各部门职责界定不明，导致项目审批与建设管理中出现衔接不畅、多头审批及监管缺失。同时，关于信息化建设和网络安全的制度尚未建立，而已有信息化内控制度执行不规范，数据安全保护责任落实不到位，信息系统安全等级保护也未按规定执行。

第三，内蒙古的社会保障体系亟待完善，特别是分层次的社保体系建设需满足不同群体需求。同时，缺乏系统性的法律法规支撑，社保基金存在收支不平衡及保值增值能力低的问题，影响了社会保障体系的正常运行和可持续性。

为了解决这些问题，内蒙古需要采取一系列措施，如建立分层次的社会保障体系、完善社会保障法律体系、丰富筹资渠道、解决隐性债务、拓宽筹资渠道和投资方式多元化等，以构建全面的农村牧区社保体系，从而提高社会保障体系的效率和公平性。

（三）包容性服务亟待拓展

社会保障数字化治理的难点之一是包容性服务亟待拓展，以及技术伦理风险持续存在。这要求在推进社会保障数字化治理的过程中，不仅要关注技术的运用，还要考虑其对社会的影响和潜在的伦理问题。内蒙古社会保障服务的包容性不足主要体现在以下几个方面。

第一，老龄化问题严重。与数字经济新业态相伴而生的是老龄社会的新形态①，截至 2021 年年底，中国 60 周岁及以上老年人口占比已达 18.9%，预计中国将于“十四五”时期进入中度老龄化阶段。随着年龄的增加，自理健康期望寿命和自评健康期望寿命总体上呈递减状态②，这也意味着国家在养老、医疗、照护等方面的压力将持续增大。据调查，中国空巢老年人占比已超过一半，部分大城市和农村地区的空巢老年人占比甚至超过 70%③。

第二，群体数字素养差距。中国网络信息用户规模不断扩大，但不同群体之间在信息获取上存在很大差异。目前，国家在信息无障碍基础设施建设方面还存在很大的短板，城市的无障碍基础设施建设缺失现象严重，农村更甚④。内蒙古部分老年人、残疾人、边远地区人群、农民等群体的数字素养和技能还有很大的提升空间，数据安全、隐私保护、技术伦理等风险持续存在。

第三，从业人员服务意识不强，导致公共服务难以精细化。这表明在提供社会保障服务的过程中，部分从业人员缺乏必要的服务意识和专业素养，

---

① 朱荟．数字老龄化的中国优势：释放数字红利［J］．中国特色社会主义研究，2022（2）：79－88.

② 英玉波，佟岩，张鑫鑫，等．我国老年人健康期望寿命测算及其影响因素研究［J］．中国全科医学，2021，24（31）：3949－3954.

③ 民政部作出详解：我国将推行独居、空巢等特困老人的探访关爱服务［EB/OL］．（2022－10－26）［2022－11－15］．https://news.cnr.cn/dj/20221027/t20221027_526043304.Shtml.

④ 李燕英．基于包容性数字服务的信息无障碍供给实现途径研究［J］．图书馆，2022（2）：32－36，50.

影响了服务的质量和效率。基层服务力量薄弱，导致公共服务难以均等化。这表明在基层服务提供方面存在资源不足的问题，影响了服务的普及和平等性。

第四，部门间信息不共享，使得公共服务难以协同化。这表明在跨部门合作和信息共享方面存在障碍，影响了服务的整体协调性和效率。信息化手段应用不足，导致公共服务难以便捷化。这表明在利用现代信息技术提高服务效率方面还有所欠缺，影响了服务的便捷性和用户的使用体验。

这些问题不仅影响了内蒙古社会保障服务的整体质量和效率，也制约了社会保障体系的发展和完善。解决这些问题需要从提升从业人员素质、加强部门间合作、加强信息化建设、加强基层服务力量等多个方面入手，以提高社会保障服务的包容性和均等化水平。

（四）数据资源开放共享程度偏低

与国内数字治理先进地区相比，内蒙古在数据资源开放共享方面存在不足，尚未形成多元主体数字化协同共治格局。

第一，数据实用性不高。各级政务部门开放的公共数据普遍存在数据质量不高、数据价值低、机读性差等现象，直接削弱了数据在助力社会公众办事创业方面的效能。其中，存在“形式开放”倾向，即虽然形成了较大规模的数据开放，但涉及核心业务办理、社会公众迫切需求的数据较少，实用性较强的公共数据开放程度不足，无法满足社会公众的迫切需求。此外，部分开放平台存在“有目录无数据”或“有数据无价值”的情况，使得开放工作流于形式。

第二，政务信息资源缺乏全方位的互联互通，数据资源共享融合程度不够。缺乏有效的数据汇聚共享机制，基础信息没有实现充分共享，数据资源的碎片化、烟囱化现象依然存在，部分市直部门现有数据资源不能有效满足自身业务需要。政务网络融合不够，大量应用系统部署在专网，与国家提出的“外网、内网”两张网的建设要求不匹配。也出现与其他地区相似的共享问题，不同层级、业务、系统之间的数据流通并不畅通，加之上传数据的质量不高，数据标准各异，数据共享、业务协同、系统联通等方面存在的问题仍然较为突出，在很大程度上影响了对数字价值的发掘与应用，大量由国家和省级有关部门掌握的数据，地方（市、县）暂时无法获取，而数据回流困难，特别是地方（市、县）与国家和省级有关部门的数据信息共享机制不健全①，严重制约了民生数据价值的提升和社会保障服务的拓展。

第三，数据更新不及时。内蒙古各级地方政务数据开放网站开放的数据普遍周期较长，约有46%的平台没有更新数据。这表明数据的时效性得不到保证，影响了数据的实用性和价值。个别单位存在信息系统建成后长期闲置和信息化设备购置后长期闲置的情况。监督约束机制弱。虽然各地都在探索建立数据开放的监督约束机制，但在实际工作中，各部门在是否开放数据、开放什么数据的自由裁量权还较大，现有监督约束机制难以有效落地。开放评价不到位。我国还未形成较为权威规范的公共数据开放评价机制，现有第三方评价工作缺乏权威数据支持、影响力还不足，不能全面反映用户的真实体验，难以发挥“以评促改”的作用。

这些因素共同导致了内蒙古社会保障数据资源开放共享程度偏低，影响了数据的有效利用和社会服务的提升。

（五）数字化服务效率和质量不高

在数字化服务效率和质量方面还有提升空间，需要进一步提高服务质量和用户满意度。内蒙古社会保障数字化服务效率和质量不高主要体现在以下几个方面。

第一，数据认证和信息可靠性问题。虽然内蒙古自治区社保中心推动了社保经办服务的数字化和规范化建设，但在数据认证和信息可靠性方面仍存在问题。这可能影响到社保经办服务的质量和效率。

第二，服务标准化和便民化不足。尽管内蒙古在加强公共服务标准化建设和便民化建设方面取得了一定的进展，如推广人社服务与基层治理有机融合的服务新模式，但在确保业务系统安全、经办安全、社保基金安全方面仍有提升空间。

① 李季，王益民．中国数字政府建设报告（2021）［M］．北京：社会科学文献出版社，2021：127.

第三，信息化建设有待加强。在公共服务信息化建设方面，虽然内蒙古积极推动社会保险公共服务事项的网上办理，但服务网格的建设和延伸仍需进一步加强，以提升社保经办服务的便利化水平。

第四，筹资和待遇保障问题。在城乡居民基本医疗保险方面，虽然财政补助和个人缴费标准有所提高，但在确保财政补助及时足额到位、优化大病保险筹资结构等方面仍有改进空间，这可能影响到医疗保障待遇水平的提升。

内蒙古在社会保障数字化服务方面虽然取得了一定的进展，但在数据认证和信息可靠性、服务标准化和便民化、信息化建设以及筹资和待遇保障等方面仍存在不足，需要进一步改进和提升。

三、完善社会保障数字化治理的政策建议

当前，新一代信息技术引领的新一轮变革正在蓬勃发展，数字化转型成为大势所趋。完善社会保障部门的网络平台建设，优化社会保障系统服务，运用数字化技术全面提升我国社会保障的工作效率和服务能力，方便人们的生活，减轻工作人员的负担，增加社会保障各个部门的联系，将它们有机结合起来，实现资源共享和信息共享，同时建立规范可行的社会保障体系，促进内蒙古社会平稳健康的发展，实现老有所养、病有所医的理想。

（一）完善数据开放机制

首先，制定并发布统一、权威的公共数据开放目录，探索建立数据开放许可协议机制，明确数据开放各方权责，规范数据开发利用。尽快出台数据分级分类的政策法规，明确可开放数据的范围，推进数据脱敏技术应用，完善各敏感程度数据的开放管理规定，化解制约公共数据开放所面临的个人隐私、国家安全等潜在风险。充分借鉴世界范围内现有开放知识基金会等机构的数据开放指标，探索建立基于公众需求的开放数据质量评估模型，加强社会监督，结合现有第三方数据质量评估模型，全面系统地评估开放数据的质量，强化评估工作的指挥棒作用。

其次，建立一个统一的社会保障系统。为了更好地进行社会保障活动，应该建立一个统一的数字化信息库，将各个部门的信息进行一体化管理，实

现社会保障各个部门之间的资源共享和业务整合，让客户可以实现“在一个地方、用一份时间办理多个业务”的愿望，显著提高社会保障业务办理效率，减轻工作人员的负担。如果条件允许，社保部门还可以实现办公室电子化，用电子档案存储备份信息并建立有效的安全管理机制，保证系统和数据的安全，并且及时将社会保障信息备份到网络上，防止因为部门设备问题而产生数据丢失的问题。

最后，逐步统一规范和标准。内蒙古社会保障各部门之间应该建立一个统一的数字化信息系统和交流平台，让社会保障各部门采用统一的数据管理方式，一个部门的信息可供多个部门同时使用，从而提高工作效率。并且应该根据社会保障业务管理的要求，给各部门布置任务，完善社会保障的整体规划。此外，社会保障各部门应该提升部门硬件设备的使用频率，利用互联网解决问题、办理业务，减轻工作人员的工作负担。同时，各系统还应该积极吸纳先进的科技力量和技术人员，建立一个数据平台，用高科技手段，将各系统的数据信息分享在统一的平台上。

（二）推进需求导向型开放

首先，在数据开放供给上，优先围绕数字经济发展、产业创新等现实需求，推进各部门高质量公共数据的开放，在保证数据的可机读性基础上，向社会公众开放内容更为多样、应用价值更高的数据。在社会需求反馈上，相关部门需要进一步突出数据开放的需求导向和结果导向，定期收集社会公众的使用反馈情况，根据反馈结果明确数据开放的重点领域，提高数据开放的针对性。在数据内容更新上，相关部门应在立足客观实践和公众需求的基础上，对开放数据进行分类管理，制定合理的更新周期，针对公众需求较大的数据适当缩短数据更新周期，并定期根据公众数据需求的变化改变数据更新周期。

其次，在平台互联方面，应加快推进各层级公共数据开放平台的互联互通，制定统一的公共数据开放平台管理制度和标准规范，构建全国统一的公共数据开放平台体系，逐步实现一站式、便捷化、全口径的公共数据开放服务。在平台功能方面，应从社会公众的角度出发，不断强化搜索功能，加强完善二级搜索，增强对数据的分级分类管理、关联数据管理，便捷社会公众；加强互动和交流板块的设计，及时展示意见交流和互动情况。增加适老化智能终端供给，加快推动信息无障碍建设，运用数字技术为弱势群体的生活、就业、学习等提供便利。推广互联网、智能终端、物联网等数字技术与设备在社会保障领域的普及应用，降低运营成本，改进传统服务方式，让数字化治理成果更丰富、更公平地惠及全体人民。在数据保护方面，应建立健全公共数据开放平台的安全管理机制，加强密码技术、身份鉴别技术、数据沙箱技术等关键技术的研究和应用，防范和化解公共数据汇聚、开放可能引发的各类数据安全风险挑战。

最后，强化数字包容性，确保社会保障服务更加暖心。在数字化治理的过程中，相关从业人员不仅要利用数字化系统的优点，同时也要关注那些处于数字弱势地位的群体。针对“数字弱势群体”的特点，从用户需求出发，将养老、救助、助残等服务与数字化建设有机统一起来，积极开发智能客服、远程服务、亲情办理、预约上门等暖心服务，不断提升服务的智能化水平，提升各类人群的获得感、幸福感、安全感。相关部门可以推行远程服务、亲情办理、预约上门等一系列暖心举措，逐步提升社会保障服务的智能化水平。数字化、智能化技术的发展会对我国的社会保障提出更多的要求，内蒙古也要随时了解数字化技术的发展趋势，逐步学习先进的数字技术手段，更好地适应数字化社会保障系统的发展与变革。未来，数字产业和人工智能可能会对我们的行业发展变革产生较大的影响，部分职业可能会随着数字经济的发展而消失，也会有新的行业兴起，只有强化数字包容性，推行数字化社会保障职业教育，让更多的人能够通过数字媒体习得新技能，才能获得更加广阔的发展空间。

（三）提高政府数字化履职能力

首先，通过提升经济调节能力、市场监管能力、社会管理能力、公共服务能力、生态环境保护能力、政务运行效能、政务公开水平等方面的举措，细化社会保障具体措施，以适应政府职能和自治区战略定位。不断完善数字政府建设制度规则，以数字化改革促进制度创新，保障数字政府建设和运行的整体协同、智能高效、平稳有序，实现政府治理方式变革和治理能力提升。积极引入大数据、人工智能、移动互联网、云计算、物联网和区块链等技术的应用，帮助政府实现数据的全面收集与分析，提升决策的科学性和精准度，优化公共服务流程，提供个性化的服务，减少资源浪费，从而提升公共资源的配置效率。

其次，数字治理理念的植入。政府数字治理理念强调以数据为核心资源，利用数据驱动的决策和管理模式。这一理念基于数据的广泛收集、分析和应用，支持政府决策的精准性和政策的有效性。通过数据共享和协同，鼓励跨部门、跨层级的信息互通，提升政策执行的整体效能。要推动数字技术嵌入政府的科层体制以推进治理结构再造、业务流程重塑和服务方式变革①，构建高效的组织体制，加速民生数据资源的流转和利用，激发创新活力，这包括技术和业态模式的创新、管理和制度层面的创新。应用新技术推动政府智能化发展，促进公共服务模式创新，增强政府与公众之间的互动和信任。

最后，法治与数字化的深度融合。面对新一轮信息技术革命带来的治理变革，内蒙古高度重视推进数字中国建设，特别是在政府治理过程中，法治化和数字化深度融合，数字法治政府应运而生。这是实现政府治理现代化、促进数字经济发展和推进数字社会治理精准化的必然要求。构建一个高效、透明、智能的社会保障数字化平台，以适应数字化时代的需求，提升政府治理能力和服务水平。

（四）强化平台支撑能力

首先，加强数字技术的创新应用，提升平台的技术支持和服务能力，以适应数字化治理的需求。全面开展金保工程大集中建设，建成全区统一的社会保障卡、人力资源、社会保险三大系统，实现金保工程自治区大集中和一体化、数据标准的统一和省级集中管理、集中存储，为进一步的数据整合和分析奠定基础。要从制度保障入手，明确数据采集、使用和共享的基本原则，规范数据开发尺度，严格保护个人隐私等敏感数据，确保社会保障的数字化

---

① 郑磊．数字治理的效度、温度和尺度[J]．治理研究，2021(2)：2，5－16.

治理步入良性的发展轨道。

其次，建设新的数据中心。与通信运营商共同建设了新的数据中心，确保信息系统安全稳定运行，为社保大数据资源的汇聚应用奠定基础。加快推进数据开放共享，与公安厅、质监局等部门建立跨部门信息共享机制，建成全区社会保障卡持卡人员基础信息库和用人单位基础信息库，实现各业务系统入口统一和基本信息唯一。实现社会保障卡全程无纸化办理，全面推行网上自主申领、制卡信息采集电子化、社保卡服务网络化工作，实现社保卡申领、发放和服务的全程无纸化操作。同时，加速推进“一网通办”平台的应用普及，秉持“一次注册，全网畅通无阻”的原则，迅速落实社会保障领域的“一网通办”业务，确保所有垂直建设的业务系统与自治区政务服务一体化平台实现全面、无缝的线上线下对接，从而提升服务效率，优化民众体验。运用大数据和互联网动态掌握政策实施、基金收支、资源配置和服务供给的实时数据，结合“先行先试”等传统探索方式，为社会保障体系的公平、可持续运行提供决策依据。通过对科学建模等多种分析手段的运用，深入开展社会保障数据的挖掘和应用，提升利用数据创新各项服务的能力。

最后，加快更新和维护社会保障部门的现有设备。现在，很多社保部门的设备都是很早之前就购买的，无论从功能还是性能方面，都无法满足现在社会保障服务对硬件设备的要求。所以，社会保障部门应该定期对设备进行维修检查，并适时采购新设备替代老旧设备，以支撑整个社会保障系统的稳定运行。结合社会保险、网络招聘、高校就业等方面的大数据，密切监测劳动力市场的变化趋势，及时掌握企业用工、劳动者就业和失业等状况，更好地对就业形势进行分析研判，满足社会保障数字化治理的需要，防止因为设备陈旧或者计算机性能不足引发的工作效率低下甚至数据丢失等问题。

（五）加强数字政府安全保障

首先，重视网络安全和信息安全，构建数字政府的安全保障体系，确保数字化治理的安全性和可靠性。健全安全责任体系，进一步强化政府部门网络安全、数据安全管理职责，全面落实基础设施、信息系统和数据资源的安全保障主体责任和监督责任，形成跨地区、跨部门、跨层级的协同联动机制。

加强安全管理，建立数字政府安全评估、责任落实和重大事件处置机制，强化网络安全、数据安全监管，防范公共数据被篡改、泄露和滥用。

其次，严格执行国家涉密系统分级保护、测评、风险评估等制度。加大对涉密网络和涉密信息的保护力度，深入实施涉密系统分级保护测评和风险评估工作。落实国家网络安全等级保护、密码应用等制度，加强关键信息基础设施安全保护和网络安全等级保护，建立健全网络安全和密码应用安全性评估机制。加快构建关键信息基础设施安全保护体系，形成覆盖物理设施、网络、平台、应用、数据的自主可控安全技术防护网。加强对新技术新应用的安全评估，规范参与政府信息化建设运维企业的管理，确保政务系统和数据安全管理边界清晰、职责明确、责任落实。

最后，构筑网络安全防护体系，提升网络安全主动防御、监测预警、应急处置、协同治理等能力。利用数据填充与机器学习进行数据演算和模拟分析，有效提升动态监测和预警的精准度。在不泄露参与方数据的前提下，通过隐私计算技术能够实现更加安全、高效的数据价值挖掘。当前，智能算法正在重新界定我们的生活理念、改变我们的决策方式①，开展算法治理同样是社会保障监督系统的重要责任。构筑数据安全防护体系，强化数据全生命周期安全管理和技术防护，推进数据加密、数据脱敏、数据水印、数据备份、数据溯源、隐私计算的技术能力全面应用。加强自主创新，支持数字政府建设领域的关键核心技术创新，加大信息技术应用研发创新力度，强化安全可靠技术和产品的广泛应用。

---

①　陈昌凤，吕宇翔．算法伦理研究：视角、框架和原则[J]．内蒙古社会科学，2022，43(3)：163－170，213.

Ⅲ　调研报告

调研报告一
“统种共富”农地合作经营的典型经验与风险防范
——基于达拉特旗案例

李　杰[①]

摘要： 针对农村空心化、农民老龄化、耕地细碎化、种地收益低等问题，鄂尔多斯市达拉特旗白泥井镇侯家营子村官牛犋南社党支部领办合作社，土地“确权确股不确地”“以人定地、以人定股”，统一耕种、统一管理、统一收获、统一销售，实现了粮食增产、群众增收、集体致富。达拉特旗官牛犋土地合作经营模式对农业生产模式现代化转型、实现土地增值收益全民共享起到了很好的示范作用。为深入了解这一模式的制度创新或运行亮点，笔者对达拉特旗白泥井镇侯家营子村官牛犋南社进行了调研。认为：整合土地资源、规模化管理农村土地是推动农业转型升级、促进农民增收的重要途径，“项目进村”是土地集约化经营的重要推手，“党建引领”是土地合作化经营的重要保障，“统种共富”是实现农民共同富裕的有效举措。同时，这一土地经营模式存在“公共福利池塘”风险和“内部人控制”风险，应对其提前防范。

关键词： 党建引领；统种共富；达拉特旗

一、调研背景及调研过程

20 世纪 80 年代实施的家庭联产承包责任制显著推动了我国经济发展并提升了农民收入。然而，随着集体组织内部人口的自然增长，农地经营权频繁调整，导致农地被不断细分，农户经营的土地逐渐呈现出细碎化、分散化和个体化的特征。这种农地细碎化现象严重限制了农业机械化和现代管理技

---

① 李杰，内蒙古大学公共管理学院讲师。

术的广泛应用，进而阻碍了劳动生产率和土地产出率的提升，使得农业生产经营者难以获取规模经济带来的收益，从而在资源配置上造成了显著的效率损失。内蒙古鄂尔多斯市达拉特旗是一个农业大旗，总耕地面积279万亩，直接从事农业生产经营活动的人口约11.9万人。为破解耕地细碎化、农村空心化、农民老龄化、种地收益低等问题，达拉特旗党政干部积极引导农牧民转变生产经营方式，培育壮大新型经营主体，通过土地流转、土地入股、代耕代种、土地托管等方式大力发展适度规模化合作经营，其中以官牛犋南社土地合作化经营模式最具代表性。

官牛犋南社户籍人口110户、281人，常住人口60户、95人，其中党员8人，全社耕地面积3161.6亩，人均承包耕地面积11.3亩。2008年以来，官牛犋南社积极探索土地集约化生产经营模式，先后经历单打独斗、企业承包、大户承包、统种共富等阶段，探索形成“党建引领、统种共富”土地合作经营模式。官牛犋南社党支部领办合作社，村民以土地经营权入股合作社，实行统一耕种、统一管理、统一收获、统一销售，土地增值收益按人分配。2023年亩产玉米达2200斤，人均分红突破18000元，同时社集体从土地经营收益中累计提留资金130万元用于发展集体经济和抵御风险，实现了“农田增量、农业增效、农民增收、乡村善治”。

2024年3月12—13日，笔者对官牛犋南社进行了调研，访谈对象为村两委、社管会成员、村民代表。

二、官牛犋南社“统种共富”土地合作经营模式的形成

官牛犋南社土地集约化经营先后经历了4个阶段的探索。

1. “单打独斗”阶段（2008年之前）

2008年之前，官牛犋南社共有土地2100亩，户籍人口为231人，且大部分居民为常住人口。按照二轮土地承包政策“以产定地”，人均土地5～20亩，人地不均。平均每30亩地开掘一眼浅井，以井为单位分地形成“地团”，围绕“地团”自然形成作业机道。浇水主要使用垄道进行大水漫灌，主要种植小麦、玉米、葵花、籽瓜等农作物，玉米亩产约1200斤，小麦亩产

约600斤。每户养5～8只羊，人均年收入2000～3200元。这一时期由于农业设施差、灌溉用水难以保障，高地基本上是靠天吃饭，撂荒现象严重。同时社会治理不够顺畅，存在土地划分、浇水时间冲突等矛盾，邻里多有摩擦。

2. “企业承包”阶段（2008—2013年）

2008年官牛犋南社积极争取并成功实施了国家农综项目，有效进行土地整理，土地面积增加到3161.6亩，人均新增土地超5亩。2009年又争取到集中移民产业扶持项目资金，新建大棚66栋（占地389亩），整合6个喷灌圈，实现了土地全部流转给企业。土地流转费用一年一付，第一年每亩300元，第二年350元，最高达到450元。分配方式为“一半地一半”（土地流转费一半按照户籍人口分，一半按照二轮分配土地分），全社总收入948400元，人均纯收入4105元。这一时期由于农民和企业利益联结机制不健全，部分解放出来的劳动力闲散在家，村民与企业利益矛盾突出，部分企业开始退出当地经营。

3. “大户创收”阶段（2014—2019年）

在“企业承包”阶段，部分农户积累和摸索出了一定的生产经验，在企业退出后承包土地，转由大户承包经营。这一时期全社土地由7个种植大户承包经营，实现机械化种植，流转费用为每亩400～650元。由于土地由种植大户承包经营，社员主要依靠土地流转获得收入，社员与大户之间收入悬殊较大，普通农户人均收入5120～7680元，大户户均纯收入20万～30万元。2018年冬，由于土地收益差距较大，部分社员想要收回流转土地自主经营，逐渐引发普通农户与大户之间的矛盾。与此同时，由于前期的土地整理工作已经消除了地力差异，社员收入主要是土地流转收入，按地分配收益存在人地不均的问题，经社员大会议定，土地按户籍人口进行均分，人均土地12.8亩。

4. 统种共富阶段（2019年至今）

2019年官牛犋南社在镇党委的鼓励推动下，通过注入产业扶贫资金，党支部领办合作社，村民以土地经营权入股合作社，实现规模化经营。合作社内设社管会、监事会、财务小组，社管会统一耕种、统一管理、统一收获、统一销售，按照成本均摊、风险均担、收益均沾原则，土地经营收益按人分配，每一个村民都有相同的分红额度，使得人口与土地、收益均等化，诸多矛盾得到解决。2023 年，官牛犋南社引进了当地的一家大型社会化服务公司，为 3000 多亩土地提供全程托管服务。实施“统种共富”以来，人均收入逐年递增，土地经营性收益加上各类政策性补贴，2023 年每人年底分红达到了 18500 元。此外，每年合作社都会从收入中截留 5% 的款项用于发展壮大社集体经济，用于基础设施完善、产业发展以及人居环境整治等公益事业，官牛犋南社成为全镇第一个拥有集体经济的社。

官牛犋南社土地合作经营模式具有以下优点：第一，这一模式重建了集体的土地关系，支配权、处置权归集体，收益权归社员，由此建立了土地权益集体和社员共享的土地模式；第二，这一模式解决了农民之间土地增值收益分配不公的问题，实现了农村集体土地公平与效率的价值统一；第三，这一模式完善了乡村治理体系，社员有了共同的利益、共同的目标、共同的责任，形成了紧密的利益联结，也进一步激发了参与乡村治理的积极性；第四，这一模式是在现有土地产权制度框架下对承包经营权的边际调整，通过稳定承包权确保农村社会的秩序稳定，通过集体土地所有权的管理功能推动土地经营权流转，通过农业适度规模经营实现了农业现代化转型。

三、官牛犋南社“统种共富”模式的成功经验

1.“项目进村”是土地集约化经营的重要推手

“项目进村”是官牛犋南社实现土地集约化经营的重要推手。2008 年，中央、自治区、鄂尔多斯市、达拉特旗大力实施农业项目，借助农综、土地综合整治、高标准农田建设等政策机遇，官牛犋南社对土地进行了集中连片整合，平整了垄道，整合了农机道，全社新增土地 1000 多亩，人均新增土地 5 亩多，为土地集约化经营打下了坚实的基础。高标准农田建设项目需要土地集中连片达 3000 亩以上，根据《鄂尔多斯市高标准农田建设项目管护奖补资金实施管理办法》，3000 亩以上每亩奖补 150 元、1 万亩以上每亩奖补 300 元，对农村土地集约化经营起到了重要的激励作用。2022 年，旗农牧业

局为官牛犋南社发放46.74万元农业高标准生产经营示范基地奖补资金，官牛犋南社利用这笔资金，为全体社员缴纳了医疗保险和养老保险。2023年，官牛犋南社又争取到旗里的智慧农田、节水灌溉示范项目，引进耐特菲姆小流量滴灌节水技术，实现了定时、定量“精准”灌溉。高标准农田项目实施后，提高了土地利用率、节约了水资源、降低了生产成本、提高了农作物产量，为规模化经营、种植业产业结构调整提供有力保障，进一步推动了智能化、数字化农业高质量发展。

2. “党建引领”是土地合作化经营的重要保障

党的领导始终是实现农民共同富裕的重要保障，侯家营子村党总支高度重视党建引领作用。在侯家营子村官牛犋南社土地合作化经营中，基层党组织充分发挥战斗堡垒作用。官牛犋南社党小组通过组织动员、宣传引导实现社员思想统一，党员及大户放弃自身利益、充分发挥先锋模范带头作用，组织协调企业、合作社及农民，有效处理土地矛盾，帮助联系订单、对接市场，实现高效化经营。以原村党支部书记刘兵同志为代表的党员，主动带领大家放弃大户经营权，在启动资金垫付、农资担保方面勇于承担责任，成为第一批加入合作社的社员。“统种共富”土地合作经营模式证明，实现新时代的乡村振兴，关键在党、关键在人。党的领导能够统一意识，增强村民对党的信任，进而有效降低集体行动的组织成本和制度创新的协商成本。要大力加强支部标准化、规范化建设，创新基层党员管理教育方式方法，认真执行“三会一课”制度，全面推进村级“三务”公开、完善村级权力运行机制等，不断增强基层党组织政治功能和组织功能，切实把基层党建打造成引领乡村振兴的“红色引擎”，为实现乡村振兴源源不断注入动力。

3. “统耕统种”是实现农民共同富裕的有效举措

官牛犋南社在土地确权登记颁证过程中，土地承包经营权以“确权确股不确地”的方式推进土地确权，将土地均分并确权到拥有土地承包经营权的社员名下。这一方式既是当前土地承包经营权制度上的继承和延续，也是土地承包经营权制度的创新探索，实现了土地承包经营权由空间形态向价值形态转化。土地确权后，社员把土地经营权以股权的形式流转给合作社，土地归于集体经营，而不是民间组织经营或资本运作，农民获得了土地剩余价值的直接收益权。合作社农资统一按批发价购进、田间管理和销售统一运作，通过与涉农龙头企业签订订单，使得收入有了保障。在股权分配上，合作社采取“以人定股”模式，避免了“以地定股”模式人地不均的问题。土地入股以后，减轻了无劳动力农户的后顾之忧，部分农民安心转向第二产业、第三产业，兼业收入也大幅提高。官牛犋南社“统种共富”土地合作经营模式使得社员有了共同的利益、共同的目标、共同的责任，个体与集体形成了紧密的利益联结，社员成了乡村经济社会的“股东”，由此也进一步激发了参与乡村治理的积极性。

四、应注意防范“统种共富”的两种风险

“统种共富”起源于鄂尔多斯市达拉特旗白泥井镇侯家营子村官牛犋南社的实践探索，是实现农民共同富裕和破解集体“空壳化”困境的最适模式，能够带来规模经营收益、社会治理收益、生态治理收益等多重收益。2024年，内蒙古自治区农牧厅印发《开展“统种共富”试点实施方案》，要求“各地发挥村集体组织协调作用，在具备条件的地方逐步推广，促进耕地高效利用和群众增收”。这也意味着，“统种共富”的地方经验已获得上级政府“政策吸纳”，进入“推广实行”阶段。然而，“统种共富”土地合作经营模式存在“公共福利池塘”风险和“内部人控制”风险，应对其提前防范。

1.“公共福利池塘”风险

在“统种共富”模式下，农民以承包经营权入股获取土地收益分红。承包经营权核心在“经营”，而土地所有权归属集体。当农民退出具体的农业经营活动、土地由集体统一经营时，农民获得的土地收益“分红”本质就是其凭借集体成员身份获取的一种集体“福利”。此时，土地成为“公共物品”，集体收益也成为“公共福利池塘”。

由于生产经营成了“大家的事”以及“上到九十九下到刚会走”的社员福利，农民的注意力就会从生产经营转移到对社员集体身份的获取上，可能

引发一系列新的社会治理问题，如外聘女的转籍问题、大学生的就业带来集体身份认定问题等。以官牛犋南社为例，2019 年户籍人口为 247 人，到 2021 年增至 281 人，实施“统种共富”阶段集体成员新增了 34 人。虽有“村规民约”对集体身份进行约束，但由于不存在新增成员对已有成员“争地”的问题以及村民普遍持有的“多个人无非多双筷子”的心态，集体身份的“进入门槛”反而较“统种共富”以前更低，由此造成集体的“膨胀”现象。

2. “内部人控制”风险

“统种共富”模式面临的另一大风险是“内部人控制”问题。这一现象源于所有权与经营权（控制权）的分离，以及村民与经营者之间利益的不一致。在“统种共富”模式下，村民以土地入股，导致股权高度分散，特别是在村庄人口众多、规模较大的情况下，村民容易产生“搭便车”心理，缺乏积极参与和监督合作社经营活动的动力。加之留守老人往往缺乏监督能力，使得经营过程变得不透明，日常的监督也仅限于不定期的社员大会，这可能导致社员对集体的信任逐渐减弱。

“内部人控制”问题的根源在于内外部治理功能的不足。因而，一是要健全规范法人制度，强化内部治理机制。尽管目前土地股份合作社已经建立了一些内部运行的制度规范，但往往遵循的是“合情不一定要合法”“村民协商同意”的运作模式。为了提升治理水平，土地股份合作社应建立符合现代市场经济要求的法人产权制度，并严格按照规范运作。二是要坚持“党建引领”，完善外部监督体系。“党建引领”是确保合作社“姓农属农为农”基本属性的关键。应畅通晋升渠道，鼓励和支持政治素质过硬、在带领农民合作社发展方面成绩突出的优秀村党支部书记报考公务员或事业编制。同时，各级党委应积极履行监督责任，依法对合作社进行监督。村党支部书记应定期向上级资政部门汇报合作社的资产运营情况和生产经营重大决策事项，以增加透明度，接受外部监督。

调研报告二

内蒙古社会医疗保险 DIP 支付方式政策优化研究

宋 娟[①]

摘要： 内蒙古社会医疗保险按病种分值付费（DIP）试点经过三年多的探索，取得了突出的成绩。但是在医保基金结算清算工作规范性、DIP 支付政策的临床适用性、对医疗服务质量的激励和重视以及对医疗机构的监管等方面还存在不足。建议逐步提高医保基金结算清算的科学性、规范性；适时启用 DIP 2.0 版病种库，完善落实特例单议机制和协商谈判机制；关注医疗服务质量提升；利用数字治理技术实现基金监管增能创新，做实常态化基金监管。

关键词： 医疗保险；按病种分值付费（DIP）；基金结算清算；政策建议

作为医保基金支付的关键环节，医保费用支付方式是整个医疗保险制度设计的焦点。深化医保费用支付方式改革是党中央、国务院的重大决策部署，是规范医疗机构诊疗行为、确保医保基金安全、实现医保制度高质量发展的有效手段。根据 2020 年国家医疗保障局制定的《国家医疗保障按病种分值付费（DIP）技术规范》，DIP 即按病种分值付费（Diagnosis - Intervention Packet），是在总额预算机制下，根据年度医保支付总额、医保支付比例及各医疗机构病例的总分值计算各病种的分值、点值，医保部门基于病种分值和点值形成支付标准，对医疗机构每一病种实现标准化支付。DIP 支付方式自 2020 年年底开始全国推广试点，内蒙古有三个盟市列入全国首批试点城市，经过三年多的探索，取得了突出的成绩。但是在医保基金结算清算工作、DIP 支付政策的临床适用性、对医疗服务质量的激励和重视以及对医疗机构的监管

① 宋娟，内蒙古大学公共管理学院副教授。

等方面还存在不足。本报告拟针对内蒙古推进医疗保险 DIP 支付方式改革的过程、DIP 支付方式在全面覆盖之后仍存在的问题以及促进 DIP 支付方式改革升级的政策建议三个方面展开探讨和研究。

一、内蒙古推进医疗保险 DIP 支付方式改革的过程

内蒙古自 2020 年年底开始推进医疗保险 DIP 支付方式首批三个盟市的试点，2021 年年底实现三个试点盟市的 DIP 实际付费。2021 年 12 月，自治区医疗保障局印发了《内蒙古自治区 DRG/DIP 支付方式改革三年行动计划》，决定从 2022 年到 2024 年，用 3 年时间全面完成 DRG/DIP 付费方式改革任务，实现 4 个全覆盖，即统筹地区全覆盖、医疗机构全覆盖、病种全覆盖（原则上达到 90%）和医保基金全覆盖（原则上达到 70%）。2022 年自治区所有盟市全部实现 DIP 实际付费，实现统筹区 100% 覆盖；2023 年全区 DRG/DIP 付费方式对病种和基金的覆盖率达到 90% 以上。

内蒙古利用两年多时间，提前完成三年行动计划的任务目标。机构、病种和基金覆盖率均超过国家要求，医疗机构逐步回归合理的功能定位，患者医疗费用负担明显减轻①。据统计，截至 2023 年年底，全区实施 DRG/DIP 的住院医疗机构达 1352 家，基本实现统筹地区、医疗机构、住院病种、医保基金全覆盖②。在积极推进 DIP 支付方式试点过程中，结合地方医疗特色和社会成员的就医需要，探索实施中医（蒙医）病种的 DIP 付费改革，适当提高中医（蒙医）医疗机构、中医（蒙医）病种系数。筛选中医（蒙医）优势病种，实行与西医病种“同病同效同价”③。

2024 年，在 DIP 支付方式全覆盖的基础上，开始探索 DIP 改革的提质增效。基金结算和清算是医保支付方式改革落地的重要环节，DIP 支付方式下

① 全区医保支付方式改革经验交流培训会在通辽召开[EB/OL].（2024－03－29）. https://ylbzj.nmg.gov.cn/slb/dtxx/202403/t20240329_2487031.html.

② 全区医疗保障工作会议在呼和浩特召开[EB/OL].（2024－01－26）. https://ylbzj.nmg.gov.cn/slb/dtxx/202401/t20240126_2447769.html.

③ 文字解读:《医保支持中医药(蒙医药)传承创新发展若干举措》政策解读[EB/OL].（2022－06－16）. https://www.nmg.gov.cn/zwgk/zcjd/bmzcjd/202302/t20230209_2228864.html.

医保基金结算流程按照时间维度主要包括基金预拨付、分段预结算和年度清算三个关键环节。《国家医疗保障按病种分值付费（DIP）技术规范》提出了DIP支付方式下医保经办机构与医疗机构之间支付的总体原则，即“基金预拨付、月度预结算、年预清算、年度清算”。各地的试点结算办法不同，但都包含月度预结算和年度清算两个重要的环节。内蒙古DIP试点中月度结算和年度清算也是新的医保支付方式落地的关键。为推进全区定点医药机构DIP支付方式结算清算工作，2024年1月，自治区医疗保险服务中心召开2023年度全区医保经办结算清算工作视频调度会。强调各统筹区要认真总结上一年长度清算经验，全面开展2023年度结算清算工作，确保3月底前完成DRG/DIP清算，5月底完成全区定点医药机构结算清算工作[①]。2024年3月，内蒙古自治区医保支付方式改革经验交流培训会在通辽召开。此次培训会强调，在建立管用高效协同的医保支付机制的同时，推动结算清算工作更加规范、科学、高效[②]。

二、DIP试点仍存在的问题和不足

医保费用支付方式，作为医保基金支出的核心环节，构成了医疗保险制度设计的重中之重。深化这一支付方式的改革，不仅是党中央、国务院作出的重大战略部署，也是规范医疗机构服务行为、保障医保基金安全稳健运行、推动医疗保险制度实现高质量发展的关键举措。医疗保险DIP支付方式是我国首创的总额控制下的按病种分值结算办法，是“按病种付费机制的中国创新”。它改变了激励机制，以区域预算总额和诊断及临床为基础，构建了科学合理的支付体系，既能防止过度医疗，又能在医疗机构内部引入良性竞争，促进医疗机构管理的精细化。2023年，内蒙古DRG/DIP付费方式对病种和基金的覆盖率已达到90%以上，提前完成国家三年行动计划的任务目标，改革效果明显。医疗机构逐步回归合理的功能定位，医保基金的使用效率显著

---

① 自治区医疗保险服务中心召开2023年度全区医保经办结算清算工作视频调度会[EB/OL].(2024-01-19). https://ylbzj.nmg.gov.cn/slb/dtxx/202401/t20240119_2443686.html.

② 全区医保支付方式改革经验交流培训会在通辽召开[EB/OL].(2024-03-29). https://ylbzj.nmg.gov.cn/slb/dtxx/202403/t20240329_2487031.html.

提高，患者的就医压力得到有效缓解。取得成绩的同时还存在不足，作为一项长期性、系统性的工作，仍需久久为功、持续推进，特别是改革的精细化水平还有待提高①：

首先，医保基金结算清算工作的规范性、科学性有待加强。2021 年，《国家医疗保障按病种分值付费（DIP）技术规范》提出了 DIP 支付方式下医保经办机构与医疗机构之间支付的总体原则，即“基金预拨付、月度预结算、年预清算、年度清算”。DIP 支付方式下医保基金结算流程按照时间维度主要包括基金预拨付、分段预结算和年度清算 3 个关键环节②。各地的试点结算办法虽有不同，但都包含月度预结算和年度清算两项重要工作。内蒙古 DIP 试点中月度结算和年度清算也是新的医保支付方式落地的关键环节。目前医保基金结算清算工作在工作流程规范性、结算时效性以及科学化、精细化水平上还存在不足。

其次，临床实际需要与 DIP 支付方式的适用性不充分，影响 DIP 支付方式的实效性和满意度。在试点中发现 DIP 支付方式对医疗创新应用落地临床产生了一定的阻碍。一些医疗创新应用如新药械、新技术的价格普遍较高，使用医疗创新应用的病例实际医疗费用往往超出该病种付费标准。此外，在实际诊疗中存在某些特殊的不可避免的“亏损病例”，即由于病情和治疗方案的影响，某些重症病例实际治疗费用很大可能会超过该病种付费标准，超支部分如果得不到合理补偿，可能倒逼医疗机构推诿重症患者。

再次，缺乏提升医疗服务质量的激励机制，基金支付对体现医疗服务质量的相关指标重视程度不够。目前在基金预付、结算、清算等环节中基于医疗服务质量的调整指标还没有得到很好的体现。DIP 支付方式利用病种分组和大数据实现了高效的医疗费用偿付，有效遏制了“供给方所诱导的过度需求”，但仍要注意防范医疗机构可能出于成本控制和收益最大化考量而采取的减少必要医疗服务或降低医疗服务标准的策略。

---

① 按病组（DRG）和病种分值（DIP）付费 2.0 版分组方案新闻发布会实录［EB/OL］.（2024 - 07 - 23）. http://www.nhsa.gov.cn/art/2024/7/23/art_52_13319.html.

② 姚强，张晓丹，姚岚．DIP 医保基金结算流程及关键技术研究［J］．中国卫生政策研究，2023（3）.

最后，对医疗机构的监管方式和监管手段比较传统，在数字治理模式下监管能力有待提升。DIP 付费下的违规行为往往更具专业性和隐蔽性，监管难度和监管成本更高。部分试点地区出现了个别医疗机构盲目冲量和点值贬值的行为。目前的监管理念和监管方式仍延续按服务项目付费时的传统思路与手段，存在监管不足，需要加强对医疗机构的监管审核。

三、推进 DIP 改革升级的政策建议

党的二十届三中全会再次对“深化医保支付方式改革”作出重要部署。“深化医保支付方式改革”作为医保改革的一项重要任务，写入了党的二十届三中全会决定中。按照既定的日程表，到 2024 年年底，全国所有统筹地区全部开展按病种或病组付费方式改革。从 2019 年以 DRG/DIP 为主的支付方式改革试点启动到新支付方式全面覆盖的 5 年间，DIP 支付方式不断完善，改革成效初步显现，人民群众就医获得感增强、医疗机构收入结构得到优化、切实保障医保基金的安全性。随着 DRG/DIP 支付方式的全面覆盖，制度更加聚焦规范化、科学化和精细化的发展要求，改革进入提质增效的新阶段。

第一，适时启用 DIP 2.0 版病种库，结合地方需求和临床实际优化 DIP 付费技术标准。2024 年国家医疗保障局发布了《2.0 版分组方案》，结合临床实际和地方需求，对病种库进行了更新升级。病种库是 DIP 付费技术规范的基础环节，这次 2.0 版病种库从结果来看，主要变化是病种总数有所减少，核心病种从 11553 组降到 9520 组；此外，做到结构优化，按规定对同时出现一个以上相关手术操作且相关手术操作资源消耗达到该病例原费用 10% 以上的这类病例可以单独成组，例如，由于相关手术操作形成的新增病种达到 1100 个①。2.0 版病种库满足了临床实际、医疗技术进步、治疗方式变化、数据更新、编码升级等客观要求，更好地契合了临床行为的复杂性和医保政策的导向性。按照国家医疗保障局的有关要求，要确保内蒙古自治区 2025 年开始能够顺利使用统一的新病种库。此外，根据病种所用的数据范围不同，分为国家病种库和地方病种库。内蒙古自治区也可以在病种库分组规则全国

① 按病种分值(DIP)付费病种库(2.0 版)。

一致的基础上，按照国家制定的技术规范，结合地方实际，调整确定内蒙古自治区的 DIP 地方病种库。

第二，进一步用好特例单议机制。一些医疗资源消耗差异过大、多学科联合诊疗的复杂危重症或缺乏历史数据参考的特殊病例，不适合按 DIP 标准支付。在 DRG/DIP 支付方式改革之初，技术规范中就提出了特例单议机制，但各地纳入单议的标准、申报程序、数量比例等不尽相同。《2.0 版分组方案》提出，因住院时间长、医疗费用高、新药耗新技术使用多以及需要多学科联合诊疗的不适用于按 DRG/DIP 标准支付的病例，医疗机构可以自主申报特例单议。特例单议数量原则上不超过 DRG 出院总病例的 5% 或 DIP 出院总病例的 5‰。医保经办机构按季度或月度组织专家审核评议，根据专家评议的结果，审议通过的可以实行按服务项目付费或调整该病例支付标准，医保基金及时给予补偿。通过将比例量化、程序规范化、政策透明化，使得特例单议更具操作性。对支持新药新技术的合理应用，保证危重复杂病例获得充分治疗具有重要的意义。

第三，提升医保基金结算清算工作的规范性。关于年度清算，规范基金清算的时效性，要求次年 6 月底前全面完成前一年度基金清算；规范清算流程，在清算中要注重激励与约束并重，将医保机构对定点医疗机构的绩效考核结果与清算相结合，让管理好、效率高、政策执行到位的医疗机构获得更多的医保红利。关于月度结算，提升结算工作的时效性，原则上费用结算时间自申报截止次日起不超过 30 个工作日。为了提高医保政策的导向性，引导医疗机构合理的医疗行为，医保机构要按季度或月度定期向医疗机构反馈入组、结算信息，指导医疗机构调整和规范医疗行为。

第四，健全完善谈判协商机制。谈判机制是指在 DIP 付费过程中购买方（医保机构）和提供方（医疗机构）就涉及各方利益的事务或共同关注的问题互相磋商并交换意见，以及时有效解决争议。通过谈判协商既可以实现合作共赢，也可以令医疗机构由被动管理转变为主动参与治理。近年来，谈判机制在医保制度中发挥着越来越重要的作用，医保药品价格谈判、与定点医疗机构就医疗服务的质量和价格进行的协商等。提高了医保基金的使用效率，让参保者获得更多的实惠。在 DRG/DIP 支付方式落实中也要用好谈判机制。

各统筹地区要建立和完善由医保部门、医疗机构代表、行业协会以及参保人代表共同参与的谈判协商机制，聚焦于总额控制、权重设定、分值分配、调节系数等支付体系的核心要素。

第五，优化DIP付费模式下的医疗成本控制与服务质量提升策略。DIP付费模式在有效控制医疗成本方面成效显著，但与此同时，必须高度重视医疗服务质量的同步提升。为此，建议将医疗服务质量监管考核结果与基金月度结算及年度清算紧密结合，构建基于服务质量的基金支付校正机制。例如，年度清算时，应重点评估医疗质量和患者满意度等关键指标，据此确定考核结果系数，并将其融入各定点医院年度分值计算公式中。通过经济激励机制，驱动医疗机构主动提升医疗服务质量，改善服务流程，增强疗效与患者满意度，从而在保障收入与声誉的同时，实现可持续发展。此外，鼓励医疗机构加大质量控制和病例审查力度，确保医疗服务质量与效果，以此在医院间营造良性竞争氛围，推动整体服务质量的不断优化。

第六，加强对医疗机构的监管。DIP付费下的违规行为往往更具专业性和隐蔽性，监管难度和监管成本更高。目前的监管理念和监管方式仍延续按项目付费的思路与手段，存在监管不足。《医疗保障基金使用监督管理条例》明确指出，要“创新监督管理方式，推广使用信息技术”，国家对医保基金的监管力度逐年增强。建议对DIP支付方式下的医疗机构依托大数据和算法实施靶向监管，及时有效发现编码高套冲点、分解住院、低标住院、费用转嫁等道德风险问题，从而更好地实现风险预警及监管工作。在监管的同时制定相应的惩罚措施，如对核定高套的分值按2倍进行扣减，于年度清算中减少相应的支付额度。

参考文献

[1]白维军,宋娟．社会保障学[M]．北京 ：经济管理出版社,2023.

[2]贝弗里奇．贝弗里奇报告——社会保险和相关服务[M]．北京:中国劳动社会保障出版社,2004.

[3]常春．“三孩”政策下生育保险制度的问题及普惠化改革[J]．中国劳动关系学院学报,2022,36(6):36－45.

[4]陈昌凤,吕宇翔．算法伦理研究:视角、框架和原则[J]．内蒙古社会科学,2022,43(3):163－170,213.

[5]陈文美,李春根．我国社会保障高质量发展水平测度、区域差异与结构分解[J]．中国行政管理,2023,39(12):83－95.

[6]成欢．以共同富裕和社会公平为目标的多层次养老金体系协同发展研究[J]．社会保障评论,2023,7(4):79－98.

[7]刁生富,吴选红,冯桂锋,等．区块链与民生服务[M]．北京:电子工业出版社,2022.

[8]丁芳,王婧博,和原芳,等．内蒙古残疾人就业保障金征收使用管理与对策研究[J]．北方经济,2023(12):68－71.

[9]丁建定,倪赤丹．论中国社会养老服务体系建设的重要转型——基于改革开放以来的一种历史比较分析[J]．学海,2021(6):109－113.

[10]丁元竹．AGI 视域下养老服务高质量发展技术解决方案初探[J]．社会保障评论,2024,8(3):90－107.

[11]董克用,孙博．从多层次到多支柱:养老保障体系改革再思考[J]．公共管理学报,2011,8(1): 1－9,122.

[12]杜园春,黄子涵．六成八受访应届生期待:就业指导要结合市场需求

和新兴行业[N]. 中国青年报,2023-11-02(5).

[13]段连敖. 关于内蒙古农村牧区高质量就业的几点思考[J]. 北方经济,2024(6):6-7.

[14]范世明,郑功成. 中国式现代化与公建民营养老服务模式创新[J]. 学术研究,2024(7):110-119.

[15]范云霞,孟凡杰. 就业促进视域下产业结构优化路径研究[J]. 内蒙古财经大学学报,2021,19(5):116-121.

[16]封铁英,南妍. 医养结合养老模式实践逻辑与路径再选择——基于全国养老服务业典型案例的分析[J]. 公共管理学报,2020,17(3):113-125,173.

[17]符美玲,陈锦,张伟,等. 常态化监管体系下医保智能监控应用现状及优化策略研究[J]. 中国医疗保险,2024(6):73-80.

[18]付超,朱丹丹. 马斯洛需求层次理论视域下大学生就业需求研究[J]. 国际公关,2024(5):185-187.

[19]顾静. 基于煤矿安全风险成因的国家应对体系研究[J]. 中国安全科学学报,2010,20(12):8-13.

[20]关信平."十四五"时期我国社会救助制度改革的目标与任务[J]. 行政管理改革,2021(4):23-31.

[21]关于推进完善工伤保险基金省级统筹的实施意见(摘要)[J]. 山东人力资源和社会保障,2024(Z1):64-65.

[22]广西财政厅课题组. 广西社会保险基金管理问题研究[J]. 经济研究参考,2015(17):26-30.

[23]郭瑜. 从"老有所养"到"老有善养":基本养老服务体系的构建与完善[J]. 人民论坛,2024(16):70-72.

[24]何文炯,潘旭华. 基于共同富裕的社会保障制度深化改革[J]. 江淮论坛,2021(3):133-140.

[25]何文炯. 数字化、非正规就业与社会保障制度改革[J]. 社会保障评论,2020,4(3):15-27.

[26]侯佳. 打造"北疆就业"品牌——内蒙古自治区教育厅就业工作实践

[J]. 中国大学生就业,2022(11):3－5.

[27]胡凤银. 优化样本结构提高就业失业动态监测质量——安庆市推进失业预警全国试点工作纪实[J]. 中国就业,2021(6):22－23.

[28]华颖. 中国式现代化与社会保险制度提质扩面[J]. 学术研究,2024(7):120－128.

[29]贾妍,蓝志勇,刘润泽. 精准养老:大数据驱动的新型养老模式[J]. 公共管理学报,2020,17(2):95－103,171.

[30]金双华,于征莆,孟令雨. 基于国际视角的工伤保险制度公平性研究[J]. 兰州学刊,2024(6):65－79.

[31]孔微巍,谭婷婷,廉永生. 基于探索性与验证性因子的公共就业服务质量研究[J]. 学习与探索,2021(6):145－151.

[32]匡亚林,梁晓林,张帆. 新业态灵活就业人员社会保障制度健全研究[J]. 学习与实践,2021(1):93－104.

[33]李季,王益民. 中国数字政府建设报告(2021)[M]. 北京:社会科学文献出版社,2021.

[34]李礼连,程名望,张珩. 公共就业服务提高了农民工就业质量吗?[J]. 中国农村观察,2022(4):134－152.

[35]李娜. 供给侧结构性改革对内蒙古就业质量的影响研究[J]. 赤峰学院学报(自然科学版),2020,36(8):68－76.

[36]李燕英. 基于包容性数字服务的信息无障碍供给实现途径研究[J]. 图书馆,2022(2):32－36,50.

[37]李苑. 人力资源社会保障部部长王晓萍:就业市场开局良好小微企业招聘需求明显增加[N]. 上海证券报,2024－03－10(2).

[38]梁翠华,方荃,贾永芳,等. 劳动力市场需求视角下促进民办高校毕业生高质量充分就业路径研究[J]. 中国就业,2023(12):38－40.

[39]林闽钢."系统集成、协同高效"的社会保障制度改革——以长三角社会保障一体化为例[J]. 社会保障评论,2022,6(3):34－43.

[40]刘芳. 基于多指标和 SOS－SVM 的失业预警研究[J]. 微型电脑应用,2020,36(6):112－114,118.

[41]刘丰伟,王凤华．空心化背景下推动农村互助养老模式的优化路径[J]．农业经济,2024(5):89－92.

[42]刘荣华,李云飞,陈子暄．以一体化信息平台助力人社服务新体系[J]．中国社会保障,2021(8):22－23.

[43]刘文,王若颖．我国试点城市长期护理保险筹资效率研究——基于14个试点城市的实证分析[J]．西北人口,2020,41(5):29－45.

[44]刘晓艳,许跃文．数字经济赋能养老产业的增长路径研究[J]．人口与经济,2024(4):45－58.

[45]刘媛媛,梁晓勇,刘佳．内蒙古地区高校国贸专业人才能力需求倾向与培养匹配分析——以内蒙古工业大学为例[J]．教育现代化,2018,5(1):19－22.

[46]马克思,恩格斯．马克思恩格斯文集:第8卷[M]．北京:人民出版社, 2009.

[47]马腾．高校体育教育专业学生就业指导策略优化:现实需求、目标取向及实施路径[J]．济宁学院学报,2024,45(1):96－102.

[48]马永堂,徐军．发达国家促进高校毕业生就业的实践经验及对我国的启示[J]．中国行政管理,2018(7):146－149.

[49]内蒙古优化营商环境就业扩容提质工程实施方案[J]．内蒙古自治区人民政府公报,2022(10):24.

[50]内蒙古自治区就业促进条例[N]．内蒙古日报(汉),2023－10－06(4).

[51]内蒙古自治区人民代表大会常务委员会．关于修改《内蒙古自治区就业促进条例》的决定[N]．内蒙古日报(汉),2023－10－06(4).

[52]裴敏．发展多层次多支柱养老保险体系:动力机制与实现路径[J]．经济问题,2023(10):52－59.

[53]乔庆梅．第四次工业革命背景下中国工伤保险制度的重构与发展[J]．社会保障评论,2022,6(3):70－80.

[54]秦前红, 王汝唯．平台依附型就业者权利统一的机制弥合[J]．江汉论坛,2024(1):124－129.

[55]青连斌."互联网+"养老服务:主要模式、核心优势与发展思路[J].社会保障评论,2021,5(1):115-128.

[56]青连斌."互联网+"与养老服务社会化[M].北京:中国劳动社会保障出版社,2020.

[57]曲锋,白维军.我国社会保障数字化治理的难点及其突破[J].行政论坛,2023(2):148-153.

[58]施文凯,董克用.中国多支柱养老金体系结构改革问题研究[J].宏观经济研究,2022(11):93-103.

[59]施文凯,杨良初.社会保险基金数字化管理问题研究[J].财政科学,2022(3):133-142.

[60]汤梅梅,胡务.政府工伤预防管制困境及路径优化[J].湖南社会科学,2020(2):86-94.

[61]汤兆云.城乡居民多支柱社会养老保险模式的构建[J].社会科学家,2018(1):80-84,97.

[62]童星.社会保障学科发展的三个转向[J].社会保障评论,2024,8(2):3-11.

[63]王宾.工伤认定争议的程序空转及解决[J].交大法学,2023(4):162-176.

[64]王斌斌,肖锦铖.我国医疗保障基金监管现状研究[J].卫生软科学,2022(5):3-8.

[65]王佳林,徐鹏,金方婷,等.基于企业需求的应用型本科大学生就业能力培养研究[J].办公室业务,2024(3):169-171.

[66]汪敏.新业态下劳动与社会保险政策的检视与选择[J].社会保障评论,2021,5(3):23-38.

[67]王晓宇.我国灵活就业群体的工伤保障研究——政策现状与发展方向[J].北京工业大学学报(社会科学版),2024,24(2):19-30.

[68]王雅惠.呼和浩特市长期护理保险制度建设中的政府责任研究[D].呼和浩特:内蒙古大学,2023.

[69]王阳.基本劳动就业创业服务建设与促进就业[J].中国软科学,

2019(3):69－85.

[70]王阳．完善服务政策　促进积极就业[J]．宏观经济管理,2017(10):27－31.

[71]王永梅,张硕,公晓艳．中国居家和社区养老服务改革试点政策效应分析[J]．人口研究,2024,48(3):81－97.

[72]魏崇辉．新质生产力的基本意涵、历史演进与实践路径[J]．理论与改革,2023(6):25－38.

[73]魏丽,戴稳胜,陈泽．现代保险制度建设[M]．北京:中国人民大学出版社,2024.

[74]翁仁木．工伤保险省级统筹进行时——工伤保险基金省级统筹探讨[J]．中国人力资源社会保障,2020(12):8－10.

[75]翁仁木．工伤保险省级统筹责任分担机制若干问题思考[J]．中国人力资源社会保障,2024(4):32－35.

[76]武玉宁．促进工伤保险制度更加完备、更可持续[J]．中国社会保障,2024(7):36－37.

[77]习近平．习近平著作选读,第1卷[M]．北京:人民出版社,2023.

[78]习近平．习近平著作选读,第2卷[M]．北京:人民出版社,2023.

[79]习近平在内蒙古考察时强调把握战略定位坚持绿色发展奋力书写中国式现代化内蒙古新篇章[J]．中国人力资源社会保障,2023(7):1－2.

[80]席恒,凯迪日耶·阿不都热合曼．社会保障促进共同富裕:来自地方的实践与创新[J]．中州学刊,2024(4):101－110.

[81]席恒．融入与共享:新业态从业人员社会保险实现路径[J]．社会科学,2021(6):3－11.

[82]厦门市医疗保障局监管课题组．厦门市创新与完善医保监管机制的实践探索[J]．中国医疗保险,2020(5):41－44.

[83]向春华．统一与分化:平台用工职业伤害保险制度之体系构建[J]．华东政法大学学报,2023,26(6):131－142.

[84]肖严华．劳动力市场、社会保障制度的多重分割与中国的人口流动[J]．学术月刊,2016,48(11):95－107.

[85]许素睿,梁梵洁. 我国职业伤害保障制度的现状、挑战与展望[J]. 中国安全科学学报,2023,33(5):213-220.

[86]杨胜利,刘金盼,王海燕. 流动人口失业风险预警模型与应用[J]. 人口与社会,2024,40(2):68-82.

[87]英玉波,佟岩,张鑫鑫,等. 我国老年人健康期望寿命测算及其影响因素研究[J]. 中国全科医学,2021,24(31):3949-3954.

[88]尤方明,国办发文加强医保基金使用常态化监管,飞行检查等五条防线做实监管高压态势[N]. 21 世纪经济报道,2023-06-01(3).

[89]尤方明,医保基金监管提质增效[N]. 21 世纪经济报道,2023-06-12(2).

[90]于保荣,王庆. 中国医疗服务价格管理的历史、现状及发展——兼言《深化医疗服务价格改革试点方案》[J]. 卫生经济研究,2021(10):3-7.

[91]于洋,安晓玲,医保飞行检查程序设计及实现[J]. 航空航天医学杂志. 2024(3):337-339.

[92]余腾飞. 大学生就业政策与市场需求的匹配度研究[J]. 中国多媒体与网络教学学报(中旬刊),2024(1):197-200.

[93]袁涛,仇雨临. 工伤保险省级统筹管理的问题与反思[J]. 中州学刊,2016(10):66-71.

[94]岳宗福. 新业态劳动者失业保险:改革思路与政策优化[J]. 中州学刊,2023(6):90-96.

[95]张海浪. 转型期中国结构性失业及其预警机制研究[D]. 成都:西南财经大学,2019.

[96]张海涛. 推动内蒙古全力迈向促进高质量充分就业新征程[J]. 北方经济,2024(6):11-14.

[97]张俊峰,姚拂晓,黄鹏阁. 增强失业保险预防失业促进就业功能研究[J]. 人才资源开发,2016(9):23-26.

[98]张占斌,毕照卿. 习近平关于共同富裕重要论述的理论逻辑与实践要求[J]. 中共党史研究,2022(2):5-16.

[99]张宗良,褚福灵. 多层次、多支柱养老金体系:改革回顾与优化思路

[J]. 中国特色社会主义研究，2024(1)：65－75.

[100]章健,胡金荣,周忠良. 社会企业何以促进城市养老服务可及性？——基于某养老社会企业的案例研究[J]. 公共管理学报,2024(9):1－13.

[101]章荧,张文洁,胡子超. 社区养老服务驿站政府监管问题研究——基于北京市M街道的案例分析[J]. 中国行政管理,2023,39(12):103－109.

[102]赵晨熙,医保基金飞行检查守护群众看病就医“钱袋子”[N]. 法治日报,2024－07－30(7).

[103]赵辉. DRG/DIP付费下医疗机构违规行为的认定依据及处理模式研究[J]. 中国医疗保险，2023(11):103－109.

[104]赵曼,邢怡青. 人工智能赋能的居家社区养老服务发展及其生态系统优化策略研究[J]. 社会保障研究,2024(2):16－25.

[105]赵青. 新业态从业人员社会保险参保选择及其影响因素：一项基于配送骑手和快递员群体的调查[J]. 社会保障评论,2024,8(3):57－74.

[106]赵晓燕,王娟. 山东：工伤保险基金省级统筹探索及实践[J]. 中国人力资源社会保障,2020(7):13－15.

[107]赵新峰,程世勇. 中国特色第三次分配的生成逻辑与实践路径[J]. 公共管理学报,2023,20(3):1－12,164－165.

[108]赵一红,聂倩. 供需与结构：中国社会养老服务体系建构的逻辑——基于六城市养老机构的实证调查[J]. 社会学研究,2022,37(6):164－179,229－230.

[109]郑秉文. 关于加快推进省级社保统筹的建议[J]. 中国经贸导刊,2007(18):9－10.

[110]郑秉文. 养老金三支柱理论嬗变与第三支柱模式选择[J]. 华中科技大学学报(社会科学版)，2022,36(2)：20－37.

[111]郑功成. 社会保障学——理念、制度、实践与思辨[M]. 北京：商务印书馆,2000.

[112]郑功成.“十四五”时期中国医疗保障制度的发展思路与重点任务[J]. 中国人民大学学报,2020,34(5):2－14.

[113]郑功成. 多层次社会保障体系建设：现状评估与政策思路[J]. 社会

保障评论,2019,3(1):3－29.

[114]郑功成. 面向2035年的中国特色社会保障体系建设——基于目标导向的理论思考与政策建议[J]. 社会保障评论,2021,5(1):3－23.

[115]郑功成. 社会保障学——理念、制度、实践与思辨[M]. 北京:商务印书馆,2020.

[116]郑功成. 中国式现代化与社会保障新制度文明[J]. 社会保障评论,2023,7(1):3－21.

[117]郑功成. 中国特色社会保障制度论纲[J]. 社会保障评论,2024,8(1):3－22.

[118]郑磊. 数字治理的效度、温度和尺度[J]. 治理研究,2021(2):2,5－16.

[119]郑晓珊,钟嘉瑶. 工伤保险制度的践行与展望[J]. 中国社会保障,2024(7):38－39.

[120]周健,白科,王营营. 内蒙古自治区经济发展与就业关系研究[J]. 边疆经济与文化,2022(1):31－37.

[121]周蕾,张长青,周兵. 新就业形态劳动者保障需求与政策供给路径——以南京市为例[J]. 中国人力资源社会保障,2023(10):35－38.

[122]周扬. 日本社会保障制度及养老服务业发展研究[M]. 北京:中国社会出版社,2022.

[123]周英锐. 工会在失业预警机制研究中的作用——以河北省为例[J]. 工会信息,2016(14):4－6.

[124]朱荟. 数字老龄化的中国优势:释放数字红利[J]. 中国特色社会主义研究,2022(2):79－88.

[125]朱铭来. 护理保险在中国的探索[M]. 北京:中国财政经济出版社,2017.

[126]朱小玉,施文凯. 人口老龄化背景下完善我国第三支柱养老保险税收政策的建议[J]. 国际税收, 2022(6): 25－36.

[127]子靖,张雷,于海迪. 基于区块链的社区居家养老服务模式创新研究[J]. 中国行政管理,2023,39(12):153－155.

